Klaus Englert / Hans-Peter Wodarz
Spargel · Geschichte – Anbau – Rezepte

Für Sybille und Annemarie

Klaus Englert / Hans-Peter Wodarz

SPARGEL

Geschichte – Anbau – Rezepte

Prisma Verlag

Sonderausgabe für Prisma Verlag GmbH, Gütersloh
ISBN 3-570-09744-7

Idee und Konzeption: Dr. Klaus Englert
Redaktion: Dr. Klaus Englert, Hans-Peter Wodarz, Franz J. Mayer, Günther F. Hastreiter
Fotos und Reproduktionen: Günther F. Hastreiter
Titelseite: Adolf Bachmann
Graphische Gestaltung: Graphisches Atelier Wilhelmine E. Hagemann, Michael Hagemann
Illustrationen: Rudolf Höfler

Titelbild: Édouard Manet, „Une botte d'asperges", 1880 (Wallraf-Richartz-Museum, Köln)

Autoren

Franz J. Mayer
Spargel: Kult – Kunst – Kultur

Dr. Klaus Englert
Vom Wildwuchs zum Edelgemüse / Asparagus und Justitia
Spargelkunstwerke / Spargelliteratur

Hans-Peter Wodarz
Geschichte der Spargelkochkunst / Spargelmenü
Spargelrezepte aus Meisterhand

Dr. Hans J. Lind
Vor Witzigmann – nach Witzigmann

Stephan Boos
Spargelgastronomie in Deutschland

Hardy Rodenstock
Wein und Spargel

Sebastian Summerer
Spargelanbau und -ernte

Rolf Schadt
Spargelspezialgeräte

Prof. Dr. Hans-Dieter Hartmann
Spargelversuche in Ingelheim

Ludwig Grieser
Zerbrechlicher Spargel / Spargelsilber

Dieter Distl
Spargelnachschlag / Spargelspitzen

Wilhelm Heuss
Schwetzingen – Spargelweltstadt mit Herz

Werner Vitzthum
Schrobenhausen – Spargelmetropole mit Pfiff

Otto Schöpf
Das Deutsche Spargelmuseum

Hanns Schultes
Vom Allheilmittel zur Naturheilpflanze

Rudolf Peterke
Johanni – der letzte Stichtag / Spargelwerbung

Wolfram Siebeck
Spargel ist einfach Spitze!

Josef Plöckl
Spargel – Namen, Städte und Begriffe

„Spargel", kol. Kupferstich aus dem „Herborarium Blackwellianum", 1752 (Botanisches Institut der Universität Zürich)

Vorwort

Daß es „in der Spargel-Cultur in Deutschland noch Nacht sey", beklagte vor mehr als 150 Jahren der Freiherr von Lamsdorf, ja daß es nicht einmal ein „Hülfsbuch" gebe, in dem der Unkundige Belehrung finde. Dieser „Hülfsbücher" gibt es mittlerweile genug, gleich ob es sich um landwirtschaft- oder gartenbauliche Werke über den Spargelanbau handelt oder um spezielle Spargel-Kochbücher. Zwischen all diesen Sammlungen sucht das vorliegende Buch eine Lükke zu schließen, die in der Aufbauphase des Deutschen Spargelmuseums in Schrobenhausen offenbar wurde: Das gesamte, ebenso interessante wie amüsante und delikate Umfeld des Spargels wurde noch nie zusammengestellt. So versuchen wir mit dem Bildband aufzuzeigen, daß es um das „königliche Gemüse" neben dem Konsum auch viel Kult gibt, im besten Falle sogar Kunst. Eigens auf die Kultur zu verweisen, die mit dem Spargel eng zusammenhängt, hieße Eulen nach Athen tragen.

Das Ergebnis der Arbeit unserer Mitautoren, Fotografen und Graphiker, denen schon an dieser Stelle unser besonderer Dank gilt, kann so als „Spargel-Menü" aufgetischt werden: Von jedem etwas und nur so viel, daß weder ein Lehr- noch ein reines Rezept-, Kunst- oder Geschichtsbuch entstand.

Entscheidende Beiträge dazu leisteten der Verlag Wilhelm Ludwig durch die prächtige Ausstattung des Werkes und Dr. Gerhard Drude, der Leiter der Gartenbaubücherei an der Technischen Universität in Berlin, durch die Überlassung ebenso zahlreichen wie seltenen Materials. Der große Dank für diese Hilfe verbindet sich mit dem kleinen Wunsch, daß dieser Band ein breites Echo finden möge.

Dr. Klaus Englert Hans-Peter Wodarz
Schrobenhausen/Wiesbaden, im April 1985

Inhalt

Andy Warhol, „Silver Asparagus“, 1957 (Sammlung Marx, Berlin)

Spargel: Kult, Kunst, Kultur

Über Spargel könnte man Abende lang reden und käme an kein Ende", sagte Direktor Dr. Reisacher, hob sein Glas Frankenwein und schaute seinen Tischgenossen in die Augen. „Spargel ist eine Sache des Genießens, des guten Lebens. Vom Spargel kann man zum Wein kommen und zu einer ausführlichen Darstellung aller Beigaben. Über die Art des Servierens ließe sich reden, über Porzellan und Silberzangen. Auf die Kunst wird man kommen und auch auf den Kitsch..."

Im folgenden Kapitel wird also der Spargel, wie sich schon andeutet, aus einer ganzen Reihe von Gründen eine wesentliche Rolle spielen, im Grunde die Hauptrolle. Dieses Kapitel könnte sich im „Löwen" von Schwetzingen ebensogut zutragen wie im „Haus zur Hanse" in Braunschweig oder im „Rad" von Tettnang. Da dem Chronisten aber die Darstellung vielleicht ein bißchen leichter von der Hand geht, wenn er sich in heimatlichen Gefilden bewegen kann, so möge ihm der geneigte Leser erlauben, sich das Hotel Grieser in Schrobenhausen zur Szenerie wählen zu dürfen. Zumal der Dichter Ludwig Thoma nicht mehr gefragt werden kann, ob er leihweise den Gebrauch zweier Namen aus seinen Bühnenstücken zuläßt. Zum einen sind die Personen frei erfunden, zum andern jedoch läßt sich der bayerische Hintergrund sicher nicht ganz leugnen, in jenem Landstrich im nördlichen Oberbayern, dessen Spargelboden erst zu Beginn dieses Jahrhunderts von einem Spargelbauern aus Groß-Gerau entdeckt worden ist. Aber das ist eine andere Geschichte...

Versetzen wir uns also an einen der elegant gedeckten Tische am Fenster des Hotels Grieser. Es ist Mai und das Frühjahrslicht gibt der Szene Helligkeit. Nehmen wir an, aus München sei der Galerie-Direktor Dr. Konrad Reisacher mit seiner Frau Eva-Maria zum Spargelessen nach Schrobenhausen gekommen, an einem Wochentag, um dem größten Trubel etwas zu entgehen, und er hat seine Schrobenhausener Bekannten herbeigerufen, den Studienrat Peter Neusigl mit seiner Gattin Christine.

Man sitzt beim Studium der Spargelkarte und liest sich vor und empfiehlt sich gegenseitig: Salat von Spargel und Crevetten in Sherrydressing oder Spargel mit heißer Butter und neuen Kartoffeln, Spargel à la creme wird genannt und Spargel Genfer Art, Spargel Italienisch oder Polnisch – die Auswahl fällt schwer.

„Ich laß mich in der Regel beraten", erklärt dann der Direktor Reisacher und schiebt die Karte etwas beiseite, als auch schon der Küchenchef persönlich kommt und seine Gäste begrüßt.

„In diesem Falle bin ich Puritaner", verkündet der Gast aus München und hält sich nach einer knappen Erläuterung wieder an Spargel mit Buttersauce und Kartoffeln.

„Und was zu trinken?“ fragt der Chef des Hauses.

„Was empfehlen Sie mir?“ fragt der Gast.

„Vielleicht einen trockenen Frankenwein, einen Silvaner...“

„Sehr schön“, nickt der Münchner und gibt sich von nun an der Vorfreude hin.

Derweil entscheidet sich Gattin Eva-Maria für Spargelsalat in Traubenkernöl und Sherry-Essig und läßt sich ihrerseits den passenden Wein vorschlagen, einen Pinot blanc aus dem Elsaß. Die zweite Dame fühlt sich von geriebenem Emmentaler angesprochen und entschließt sich zu Spargel Genfer Art. Auf der Suche nach dem rechten Wein kommt man überein, vom Pinot blanc für zwei eine Flasche kommen zu lassen, und der Herr Studienrat läßt sich dann auf eine bodenständige Zusammenstellung ein, auf Spargel mit Semmelbrösel zum Schinken, was seine Gedanken wiederum zu einem herben Pils führt.

Während nun in der Küche die Vorbereitungen beginnen, hinter der Theke das Bier gezapft und der Wein aus der Kühlung genommen wird, meint der Direktor: „Daß die Geschmäcker verschieden sind, wissen wir ja. Aber beim Spargel ist fast jeder auf eine bestimmte Art der Zubereitung festgelegt...“

„Ich weiß, Du magst keinen Spargelsalat“, gesteht ihm seine Eva-Maria zu. „Aber Spargelsalat in Traubenkernöl und Sherry-Essig wird nicht mit kaltem Spargel angerichtet, er ist lau.“

„Und so sehen wir“, meint dazu Studienrat Neusigl, „daß einmal die Geschmäcker verschieden sind, daß es außerdem Eigenbrötler und Puritaner gibt, daß man einem anderen nur schwer einreden kann, was er ablehnt. Aber – das Getränk muß zum Gericht passen! An diese alte Weisheit hält sich jeder.“

„Herber Weißwein...“, sagt hier die Studienratsgattin.

„... und das Bier paßt fast immer“, setzt der Studienrat noch einmal nach.

„Wichtig ist beim Spargel, daß der Eigengeschmack durch die Art der Zubereitung nicht zerstört wird“, läßt Direktor Reisacher seine Überzeugung hören und fährt fort: „Der Eigengeschmack beim Spargel ist äußerst empfindlich.“

„Um so mehr wundert mich“, sagt dazu der Studienrat, „wenn ich auf einer Spargelkarte – wie ich es schon erlebt habe – Spargel in Verbindung mit Gorgonzola vorfinde oder gar mit Schokolade!“

„Was wiederum zeigt“, nickte der Direktor, „daß auch die Spargelküche gegen Verirrungen nicht gefeit ist.“

„Apropos Verirrungen“, fällt da dem Studienrat ein, der in einem vergangenen Zeitalter seines Lebens einmal Pfadfinder gewesen war. „Ich hab' in einem alten Pfadfinder-Handbuch ein besonderes Spargel-Rezept gefunden.“ Und er holt aus seiner Brieftasche einen Zettel und liest aus dem Mitbringsel vor:

„Zur Verwendung kommen die geschälten jungen Sprossen von Adlerfarn (Pteridium aquilium), von Guter Heinrich, die Stocksprossen von Weideröschen, die Stengel und Wurzeln der Nachtkerze (Oenothera biennis). – Nach dem Reinigen und Putzen in leichtem Salzwasser weichkochen, das Wasser mehrfach wechseln, bis das Gemüse nicht mehr bitter ist. Die so gewonnenen ‚Spargel‘ werden wie normale Spargel verarbeitet, in Butter- oder Rahmsauce.“

Und während das Rezept rundum mit Schmunzeln zur Kenntnis genommen wird, protestiert Frau Eva-Maria: „Da muß man doch nicht von Verirrung sprechen! Ich finde das eher niedlich!“

Und ihr Direktor nickt wohlwollend und großzügig, was ihm um so leichter fällt, als eben der Wein auf den Tisch gestellt wird. Man kostet nun und trinkt sich zu...

„Was will man denn machen, wenn man keinen Spargel hat“, zeigt auch Frau Christine Verständnis für die Not der Waldläufer.

Und mit der Bemerkung: „Dann fahre ich dorthin, wo es Spargel gibt!“ sorgt Direktor Reisacher für eine neue Richtung des Gesprächs.

„So ist es!“ bestätigt der Studienrat. „Am besten schmeckt er im Anbaugebiet. Wie alle Genüsse der Natur am Ort ihrer Herkunft den reinsten Geschmack gewähren.“

A. Paul Weber, „Der Spargelesser“, 1955 (Deutsches Spargelmuseum Schrobenhausen)

Markus Lüpertz, „Ohne Titel“ (Spargelfeld), 1966 (Privatbesitz)

„Beim Wein ist dies am ehesten zu beobachten", geht Direktor Reisacher auf diese Philosophie ein. „Ob man in der Toskana ist oder im Burgund – was man dort als Vino oder Vin auf den Tisch bekommt, ist bestechend im Geschmack und wiegt beste Jahrgänge auf, die man zu Hause teuer bezahlen muß."

„Eine Parallele von Wein und Spargel", sinniert Peter Neusigl, „man muß ins Anbaugebiet."

„Der Wein steht wohl über allem", sagt der Direktor noch dazu, „aber den Vergleich werden uns die Wein-Verehrer sicher nicht übelnehmen."

„Und reden kann man darüber endlos", läßt sich eine der Damen vernehmen, „über den Wein und über den Spargel."

„Während Blaukraut und Gurken doch für alle Zeiten ins Hintertreffen geraten", ergänzt der Studienrat und läßt mit diesem schwungvollen Hinweis noch einmal das ganze Ausmaß der Problematik erahnen.

„König der Gemüse..."

Um diese Zeit wird das Gespräch etwas beeinträchtigt, denn das erste Gericht, der Spargelsalat, wird serviert. Und bald darauf bekommen auch die drei anderen am Tisch ihren Spargel, jeder nach seinem Gusto.

Was nun so am Tisch steht, fordert den Beifall der vier Genießer. Aber die Komplimente an den Küchenchef hebt man sich für später auf; wer heißen Spargel bestellt hat, läßt ihn nicht auf dem Teller kalt werden. Und während Direktor Dr. Konrad Reisacher zu Messer und Gabel greift, fällt ihm schon wieder ein neuer Aspekt der Spargelbetrachtung ein.

„Wenn wir nun ganz feine Leute in früheren Jahrhunderten wären, würden wir uns jetzt die Spargelzangen an die Finger streifen. Das waren ganz feine Geräte, spitze Greifer, die mit Ringen an den Fingern festgehalten wurden. So konnte man die ganze Spargelstange zum Mund führen, ohne die Finger eintauchen zu müssen."

„Gibt es das noch?" fragt Frau Eva-Maria, die derartiges nie zu Gesicht bekommen hat.

„Ja, im Spargelmuseum", sagt Peter Neusigl lapidar.

„In den Schweizer Tischsitten sind noch mitunter Spargelzangen verbreitet", weiß der Direktor, „ähnlich wie Eiszangen."

„Verirrungen?" fragt Frau Christine.

„Ach nein", meint der Studienrat, „man sollte diese Dinge unter dem historischen Gesichtspunkt betrachten."

„Es gab ja in früheren Zeiten zahlreiche Gegenstände, die sich um den Spargel entwickelten", meint dazu der Direktor, „ein bekanntes Beispiel ist das Spargelporzellan, oft feinste Handarbeit, die heute von Sammlern mit Tausendmarkscheinen bezahlt wird."

„Es gab Vorlege-Zangen aus Silber", ergänzt Peter Neusigl, „und Spargel-Deckel-Dosen aus Porzellan zum Warmhalten am Tisch oder Spargel-Liegen. Die berühmtesten Manufakturen haben daran gearbeitet."

„Und es gab auch manchen Kitsch", bemerkt Dr. Reisacher. „Spargelplatten, auf denen in Porzellan Spargelstangen nachgeformt sind, oder einen Salzstreuer, der ein aufgestelltes Spargelbündel darstellt."

„Es ist alles gesammelt", sagt Studienrat Neusigl und verweist noch einmal auf das Spargelmuseum.

„Nur Anekdoten kann man dort nicht ausstellen", hält der Galerie-Direktor dagegen und hebt sein Weinglas...

Dabei zeigt sich die Notwendigkeit, noch ein Viertel von dem Frankenwein zu bestellen, Peter Neusigl läßt sich noch ein Pils zapfen, nur den beiden Damen genügt offenbar die Flasche Pinot blanc.

„Unter den Anekdoten gäbe es viele Namen zu nennen", nimmt der Studienrat den Faden wieder auf. „Wissen Sie, daß in den dreißiger und vierziger Jahren auch der Wiener Schauspieler Hans Moser zu den Schrobenhausener Spargelliebhabern gehörte? Allerdings in privatem Kreise. Mit dem Bier konnte er sich nicht anfreunden, er blieb bei seinem Wein. Aber der Spargel hat es ihm durchaus angetan..."

„Es gibt noch mehr große Namen. Kennen Sie die Geschichte von Manet, dem berühmten französischen Maler?"

„Erzählen Sie!"

„Manet hat ein Bündel Spargel gemalt,

Edouard Manet, „L'asperge", 1880 (Louvre/Paris)

Dieter Kraemer,
„Spargelbund", 1982 (Privatbesitz)

ein ästhetisch sehr ansprechendes Bild. Er lieferte das Gemälde einem Kunstfreund, der das Werk in Auftrag gegeben hatte. Dieser Käufer war so beglückt von der Ausführung, daß er statt der vereinbarten 880 Franc glatte tausend bezahlte. Und Manet, von dieser Geste angetan, zeigte sich auch nicht kleinlich. Er malte sogleich noch ein Bild, das eine einzige Spargelstange darstellt, schickte sie am nächsten Tag dem Kunstfreund und ließ ausrichten: In Ihrem Bild fehlt ein Spargel. So sind also zwei Spargelbilder von Manet in der Kunstwelt berühmt geworden."

„Der Spargel hat ja so manchen bildenden Künstler herausgefordert", sagt Frau Eva-Maria an dieser Stelle.

„Vor allem im Genre des Stillebens", bestätigt der Galerie-Direktor. „Ich kann ein paar Beispiele zeigen." Und er öffnet seine schmale Handtasche und entnimmt ihr einige Bild-Wiedergaben.

„Der Spargel von Coorte ist sehr berühmt, einem alten Niederländer, und von Augustin Bouquet, dessen Spargelstangen in einem überreichen Gemüsekorb stecken. Dann sind da die Bilder von Carl Schuch und Ludwig Muhrmann, zwei Malern des späten 19. Jahrhunderts, die sich persönlich gekannt haben."

Der Galerie-Direktor weist die Bilder vor und spricht weiter...

„Auch für die Maler unserer Zeit ist der Spargel in seiner Form immer wieder eine Herausforderung. Sehr realistisch sind die Darstellungen des Spargelbunds des Kölners Dieter Kraemer oder der beeindrukkende einzelne Spargel von dem Worpsweder Künstler Thoman Hermsdorf."

Dr. Reisacher blättert weiter.

„Ein naheliegendes und in seiner Wirkung dann sehr überraschendes Spargelthema hat sich Markus Lüpertz vorgenommen. Unter dem Titel „Spargelfeld – dithyrambisch" malte er die gedeckten Bifänge eines Spargelackers, ein überdimensionales Bild. Andere Künstler wieder verarbeiten in ihren Spargeldarstellungen die Anspielung auf die aphrodisierende Wirkung, die man dem Spargel nachsagt. Der Italiener Nello Finotti ist ein solches Beispiel. Außerdem verleitet der Spargel zur verspielten Abbildung. Zum Beispiel in dem Bild „Spargelpicknick im Grünen" von Michael Heinlein, auf dem ein Flugzeug Spargelstangen in eine grüne Landschaft abwirft. Eine ganze Serie – Spargel in allen Lagen – entwarfen die Künstlerin Adelheid Keller-Schenitza und der Arzt Dr. Kurt Sauer, als Maler unter seinem Künstlernamen ‚Kusa' bekannt."

Kurt Sauer, „Spargelmahlzeit", 1984
(Deutsches Spargelmuseum Schrobenhausen)

„Fast ausnahmslos geht es um Spargelbündel oder Spargelstangen", bemerkt Eva-Maria Reisacher.

„Überwiegend", fährt der Direktor fort, „während Menschen beim Spargelessen ein sehr seltenes Motiv sind. Aber dafür gibt es ein ausnehmend gutes Beispiel für dieses seltene Sujet."

Aus den Bildern wird ein Spargelesser herausgesucht, „der Spargelesser".

„Dieser ‚Spargelesser' stammt von A. Paul Weber", erklärt der Direktor. „Der Weber-Galerist in München meint dazu, diese Darstellung gehöre nicht zu den ‚bösen', also zu den gesellschaftskritischen und satirischen Bildern des Künstlers. Ich möchte das nicht entscheiden. Will A. Paul Weber ausdrücken, daß auch ihm der Spargel Freude bereitet hat? Oder will er einen Wohlhabenden zeigen, der überheblich überlegen bei seiner Spargel-Mahlzeit sitzt? In diesem Gesicht kann man rätseln..."

Das Bild wandert von einem zum andern.

„Es gibt noch eine ganze Reihe von Künstlern, die sich mit dem Thema Spargel beschäftigt haben. Auch sogenannte Stars sind darunter, wie der amerikanische Pop-Art-Maler Andy Warhol."

„Hat er vielleicht einen Dosenspargel gezeichnet?" fragt Christine Neusigl.

„Nein. Warhols Dosen sind zwar berühmt geworden, aber Spargel aus Dosen ist mir nicht bekannt. Vielleicht verachtet auch Andy Warhol den Spargel aus der Konserve."

„Was ich verstehen könnte", meint Peter Neusigl.

Und der Direktor Dr. Reisacher lächelt: „Weil beim Dosenspargel für den Verehrer nicht die Irrwege beginnen, sondern die Abwege..."

Nach einigen Stunden genußvollen Beisammenseins, angefüllt von ihrem langen Gespräch über Spargel, über Kunst und Kitsch, Konserven und Konsum, erheben sich die vier und machen sich auf zu einem kleinen Spaziergang durch das Städtchen Schrobenhausen. Man kommt über den Stadtwall, betrachtet die Türme der Stadtmauer, wandelt durch Gassen, und während die Herren vorangehen, stehen die Damen an einem Schaufenster.

„Was ist das?" fragt Eva-Maria.

„Spargelstangen aus Marzipan", erklärt Christine.

Aber das hatte man ja schon beim Tischgespräch festgestellt: Jeder Spargelliebhaber schätzt unter den vielen Arten der Zubereitung eine ganz besonders...

Adelheid Keller-Schenitza, aus der Serie „asparagus vivens" (Privatbesitz)

Adrian Coorte, „Spargelbündel", um 1705 (Kurpfälzisches Museum Heidelberg)

Asparagus quo modo seratur

Locum subigere oportet bene, qui habeat umorem, aut loco crasso. Ubi erit subactus, areas facito, ut possis dextra sinistraque sarire, runcare, ne calcetur. Cum areas deformabis, intervallum facito inter areas semipedem latum in omnes partes. Deinde serito, ad lineam palo grana bina aut terna demittito et eodem palo cavum terrae operito. Deinde supra areas stercus spargito bene. Serito secundum aequinoctium vernum. Ubi erit natum, herbas crebro purgato cavetoque, ne asparagus una cum herba vellatur. Quo anno severis, sum stramentis per hiemem operito, ne praeuratur; deinde primo vere aperito, sarito runcatoque; post annum tertium, quam severis, incendito vere primo. Deinde ne ante sarueris, quam asparagus natus erit, ne in sariendo radices laedas. Tertio aut quarto anno asparagum vellito ab radice; nam si defringes, stirpes fient et intermorientur; usque licebit vellas, donicum in semen videris ire. Semen maturum fit ad autumnum. Ita, cum sumpseris semen, incendito, et, cum coeperit asparagus nasci, sarito et stercorato. Post annos VIII aut novem, cum iam est vetus, digerito et in quo loco posturus eris terram bene subigito et stercerato. Deinde fossulas facito, qua radices asparagi demittas. Intervallum sit ne minus pedes singulos inter radices asparagi. Evellito, sic circumfodito, ut facile vellere possis; caveto ne frangatur. Stercus ovillum quam plurimum fac ingeras; id est optimum ad eam rem; aliut stercus herbas creat.

Cato, De agri cultura, 149. Kapitel, um 175–150 v. Chr.

Vom Wildwuchs zum Edelgemüse

Das erste größere Kapitel der Spargelkultur schrieben die alten Römer. Zahlreiche Belege dafür finden sich in den überlieferten Schriften der Lateiner, aus denen sich etwa vom Jahre 200 v. Chr. an ein ziemlich genaues Bild nachzeichnen läßt.

Aus diesen frühesten Zeiten stammt die älteste erhaltene Spargelanbauanleitung, von Cato dem Älteren, und für die späteren Jahrhunderte läßt sich nachweisen, daß der (Grün-)Spargel immer dabei war, wenn die Römer genüßlich und aufwendig tafelten, am Ende so übertrieben, daß sich der politische Verfall dieses Großreiches aus dem Verfall der Sitten ebenso ableiten läßt wie aus dem Einfall feindlicher Mächte.

In welchen Gebieten des riesigen Römischen Reiches, das neben allen Ländern des Mittelmeergebietes u. a. auch einen Teil Germaniens umfaßte, Spargel kultiviert wurde, ist bis heute offen. Daß aber in der Peripherie der Stadt Rom Spargel angebaut wurde, darf aus den Büchern Catos abgeleitet werden.

Dieser Spargel war zunächst für den strengen Römer nicht jener vielzitierte „Gaumenschmeichler" und damit ein extraordinäres Genußmittel, wie es oftmals dargestellt wird. Wenn man eine Spekulation wagen darf: Zu jenen Zeiten waren wohl alle Gartenfrüchte nur in herber Handarbeit zu gewinnen, während sich heute der Spargel als eine der letzten Kulturpflanzen dem Einsatz von Maschinen hartnäckig widersetzt.

Es bestand also damals keinerlei Veranlassung, den Spargel unter die Rubrik „Luxusgemüse" einzuordnen, wie auch ein Seitenblick auf die hellenistische Kultur dieser Epoche zeigt.

Auch hier war Spargel ein gewöhnliches Nahrungs-, zum Teil auch Heil- und Zaubermittel, das sich gleichrangig mit Obst und anderem Gemüse auf dem bescheidenen und wenig variablen Tisch der griechischen Antike wiederfand: Bohnen, Spinat, Artischocken, Kichererbsen, Kohl, Rüben, Karotten, Mangold, Zichorie, Sellerie, Rettich, Mohn, Malven, Linsen, Lupinen und Gurken waren neben Spargel die Hauptlebensmittel für den einfachen Bürger bis hin zu so berühmten Denkern wie Pythagoras, Sokrates, Platon oder Aristoteles (384–322 v. Chr.).

Spargel war ein Gemüse unter vielen, und dementsprechend ist die Anweisung Catos zu lesen, eine Anleitung übrigens, die offensichtlich auf den Grünspargel abgestellt war.

Cato stammte aus Frascati südlich von Rom, wurde 234 v. Chr. geboren, arbeitete sich als „homo novus" in der römischen Politik nach oben und wurde 195 v. Chr. Konsul. Er war im öffentlichen Leben Roms ein steter Mahner zur politischen Moral, beklagte schon damals die Mißachtung der alten Sitten und wurde in diesem Sinne späteren Generationen ein immer zitierbares Vorbild. Auch Cicero wies oft auf Cato zurück.

So kann es also nicht der Hinweis auf ein genußreiches Pflänzchen gewesen sein, das

Cato veranlaßte, in seiner Darstellung der Landwirtschaft dem Spargel ein ausführliches Kapitel, das 149., zu widmen. In seinem zwischen 175 und 150 v. Chr. entstandenen Werk „De agri cultura" – „Über den Landbau" – heißt es: asparagus quo modo seratur, zu deutsch:

Wie man Spargel anbaut

„Man muß einen Boden, der Feuchtigkeit hat, gut umgraben, oder einen fetten Boden. Wenn er umgegraben ist, mache solche Beete, daß du rechts und links jäten und hacken kannst, ohne daß ein Beet betreten wird. Wenn du die Beete abteilst, mache einen Zwischenraum zwischen den Beeten einen halben Fuß breit nach allen Seiten. Dann säe an, indem du in gerader Linie mit einem Pfahl zwei oder drei Samenkörner hinunterdrückst, und mit dem gleichen Pfahle bedecke jedes Loch mit Erde. Dann streue über die Beete tüchtig Mist. Säe nach der Frühlings-Tag- und Nachtgleiche. Wenn (der Samen) aufgegangen ist, räume das Unkraut oft aus, aber hüte dich, den Spargel zugleich mit dem Unkraute auszureißen. In dem Jahre, in dem du angesät hast, bedekke ihn über den Winter mit Stroh, damit er nicht erfriert; dann decke ihn zu Beginn des Frühjahrs auf, hacke und jäte; im dritten Jahre nach der Aussaat brenne ihn im Frühjahr ab. Dann hacke nicht eher, als bis die Spargel aufgegangen sind, damit du nicht beim Hakken die Wurzeln verletzt.

Im dritten oder vierten Jahre reiße die Spargel von der Wurzel ab; denn wenn du ihn abbrichst, entstehen Stengel und sterben ab; du darfst ihn so lange ausrupfen, bis du siehst, daß er in Samen schießt. Der Samen wird reif gegen Herbst zu. Dann, wenn du den Samen genommen hast, zünde (das Spargelkraut) an, und wenn die Spargel (dann wieder) anfangen zu wachsen, hacke und dünge. Nach acht oder neun Jahren, wenn sie schon alt geworden sind, mußt du sie trennen und an dem Ort, wo du sie anpflanzen willst, die Erde gut umgraben und düngen. Dann mache kleine Gräben, um dort die Spargelwurzeln einzutiefen. Der Zwischenraum zwischen den Spargelwurzeln sei nicht kleiner als ein Fuß. Du mußt (den Spargel zum Verzehr von der Wurzel) abrup-

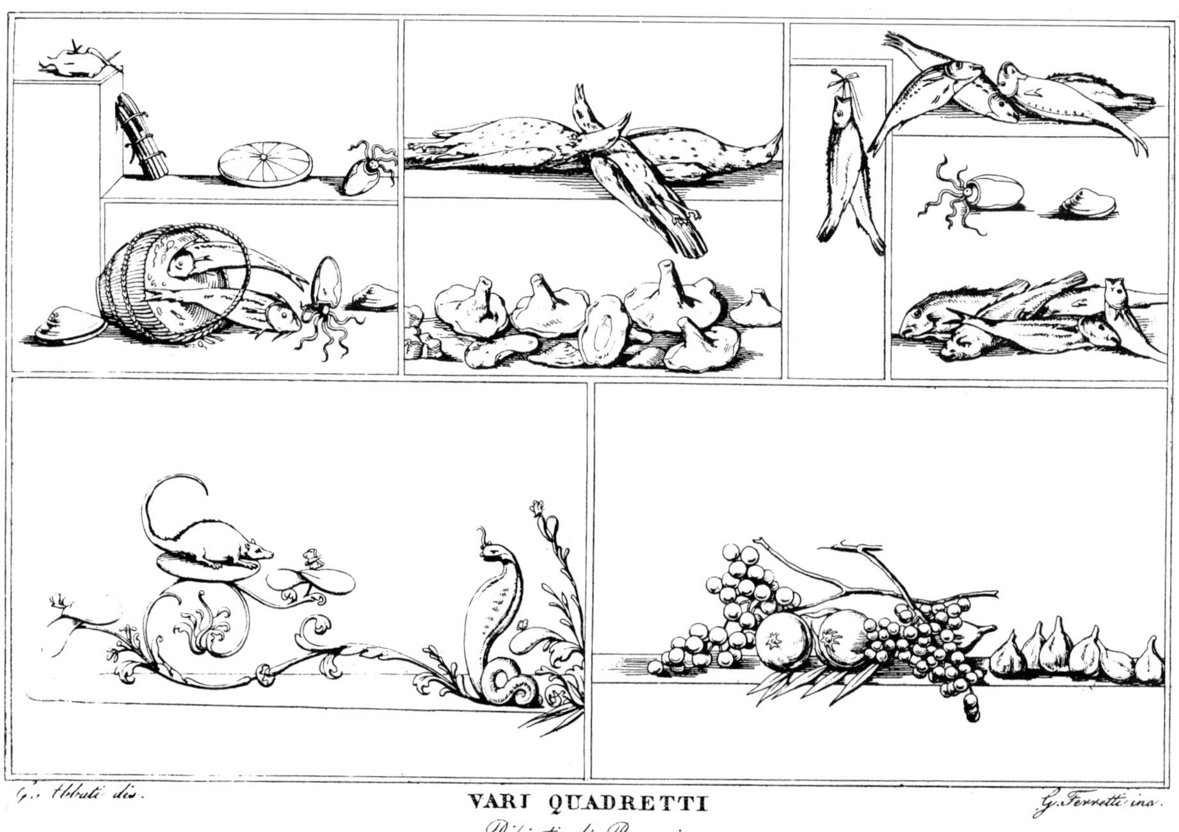

„Spargelbündel", um 10 v. Chr., ältestes bekanntes Gemälde, das Spargel zeigt (Pompeji, nun: Nationalmuseum Neapel)

Römisches Schlemmermahl mit Harfnerinnen, um 20 v. Chr. (Kupferstich, unbek. Verf., Privatbesitz)

fen; grabe ringsum so auf, daß du ihn leicht abrupfen kannst; passe auf, daß er (dabei) nicht abbricht! Mache, daß du möglichst viel Schafmist darauf bringst; der ist das Beste für diesen Zweck, (denn) anderer Mist läßt Unkraut aufkommen."

Doch der Weg von den strengen Sitten und der einfachen Tafel zu den mannigfachen ausschweifenden Genüssen der auf Cato folgenden Generationen war nicht weit, ja er setzte noch zu Lebzeiten Catos ein. Im Zuge dieses gesellschaftlichen und kulturellen Wandels fand sich auch der vormals so biedere Spargel plötzlich in einer Schlüsselrolle. Ob der Moralist Cato dies bei seiner Anbauanleitung bedacht hatte?

Mit Spargel fing das Schlemmermahl an . . .

Am Anfang der Üppigkeit stand eine Schlacht. Der römische Geschichtsschreiber Livius (59 v. Chr.–17 n. Chr.) berichtet gleichzeitig mit der Beschreibung des großen Triumphes von Manlius Vulso über die kleinasiatischen Gallier von der Einführung des Tafelluxus, beides zu datieren in das Jahr 187 v. Chr.:

„Mit diesem Heere hielten die ersten Reize der ausländischen Üppigkeit in Rom ihren Einzug. Dies Heer brachte zuerst die Tafelsofas mit ehernen Füßen, die kostbaren Zeugdecken, die Vorhänge und andere Kunstgewerbe nach Rom, und die damaligen Prachtstücke des Hausrats, Rundtische mit einem Fuße und die Trinktischchen. Nun erhöhte man die Freuden des Mahles durch Sängerinnen, Harfnerinnen und durch die während der Tafel belustigenden Kunstspieler; auch das Mahl selbst wurde mit größerer Sorgfalt, mit größerem Aufwand ausgerichtet. Nun erhielt der Koch, bei den Alten im Preise und im Gebrauche der schlechteste Sklave, einen Wert, und was Knechtsgeschäft gewesen war, galt nun als Kunst. Und doch war alles das, was damals auffiel, im Verhältnis zu der Üppigkeit, welche noch kommen sollte, kaum der Keim."

Livius hatte recht. Die Zeit der „unsinnigen Verschwendung und widerlichen

Schlemmerei“, wie der Satiriker Juvenal die Epoche der Gaumenfreuden bezeichnete, kann heute mit Worten kaum nachvollzogen werden. Und immer dabei: Spargel, der seinen Auftritt meist im ersten Teil eines vollständigen Gelages hatte, um, zusammen mit weichen Eiern, im Rahmen der gustatio oder Vorkost den Appetit für die cena genannte Hauptmahlzeit zu reizen. Dazu genoß man ein aus Wein und Honig bestehendes, metartiges Getränk. Der Nachtisch schließlich bestand aus verschiedenem Backwerk sowie Obst, vorwiegend Äpfeln. Hierin liegt der Ursprung für das damals geflügelte Wort „ab ovo ad mala“ für „Von Anfang bis Ende“.

Gegessen wurde von schweren silbernen Tafelgeschirren und dezent auf einen Arm aufgestützt liegend. Messer und Löffel waren im Gebrauch, nicht aber Gabeln, die erst im 15. Jahrhundert in Italien aufkamen. Dafür bediente man sich – wie auch heute noch manche Spargelenthusiasten – einfach der Hände. Jedoch nicht irgendwie, sondern mit raffiniert ausgefeilter Technik nach der Vorgabe: „Zeige mir, wie du ißt, und ich sage dir, wer du bist!“

Durch Augustus, den ersten römischen Kaiser und Adoptivsohn Cäsars (63 v. Chr.–14 n. Chr.), dessen Vorliebe für Spargel von Sueton (70–140 n. Chr.) ausdrücklich beschrieben wird, wurde in diesem hervorragenden Abschnitt der römischen Geschichte die erste, auf den Spargel bezogene Redewendung geprägt. Denn in Fällen eiligst auszuführender Anordnungen und Befehle pflegte Augustus stets hinzuzufügen: „citius quam Asparagi coquantur!“ Dem Befehlsempfänger standen damit allenfalls zwanzig Minuten zur Verfügung, um den Auftrag „schneller, als der Spargel zum Kochen braucht“ ausführen zu können. Aus diesen Tagen des krassen Unterschiedes zwischen Herrschenden und Sklaven ist auch die Einführung einer Art von Speise- oder Menükarte überliefert. Sie diente jedoch weniger zur Unterrichtung der Tafelnden, sondern bei der Vielzahl der Gänge –

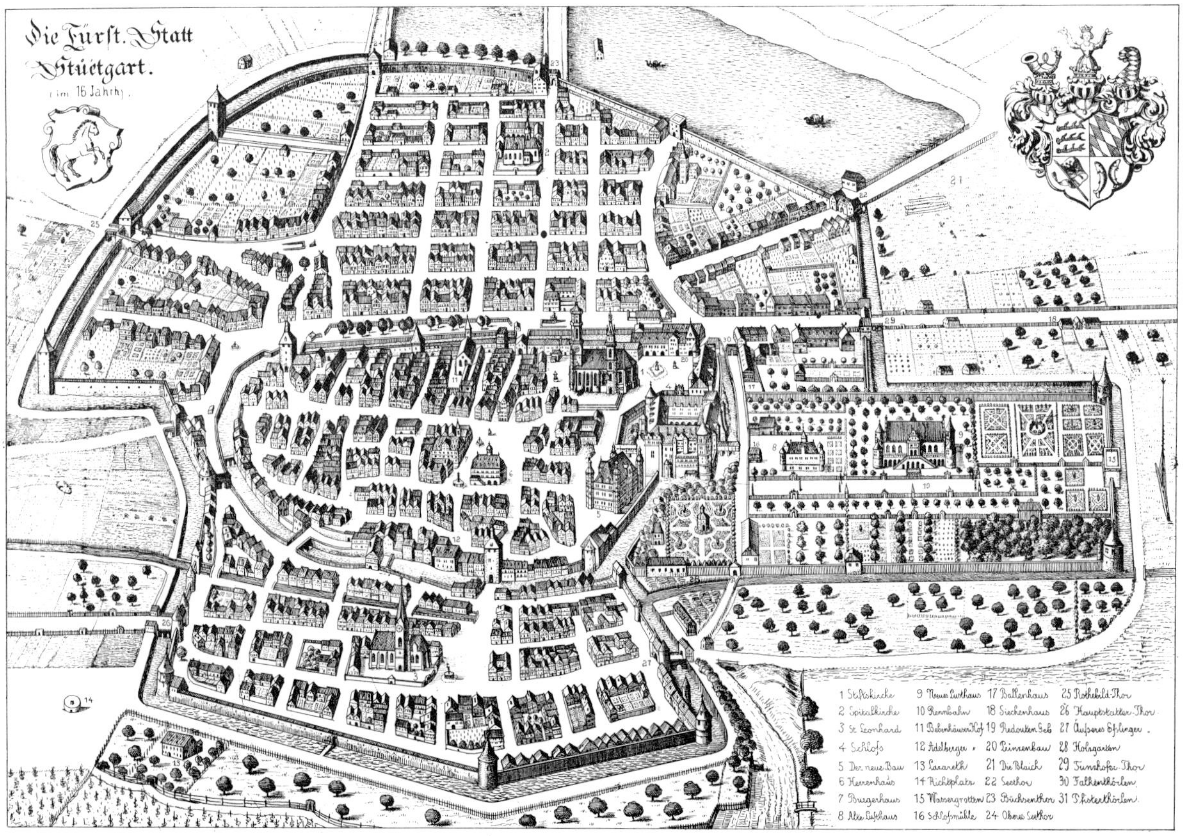

Erster urkundlich erwähnter Spargelanbau in Deutschland: 1565 im Lustgarten zu Stuttgart (Kupferstich, unbek. Verf., Deutsches Spargelmuseum Schrobenhausen)

alleine das Hauptmahl konnte bis zu sieben enthalten – zur Kontrolle der aufwartenden Sklaven, damit diese weder einen Gang unterschlagen oder sonst Teile des Mahles wegstehlen konnten. Ihnen sollte ausschließlich das zustehen, was unter den Tisch abfiel, etwa die Brotbrocken oder die ausgezogenen holzigen Spargelenden.

In dieser Zeit der Völlerei, in der das Essen überwiegend dem Genuß und nur am Rande der Nahrungsaufnahme diente – weshalb ein Großteil des genossenen Mahles mittels Pfauenfedern einen von Natur aus ungewöhnlichen Weg nahm – verfaßte Marcus Gavius Apicius, ein Zeitgenosse des Augustus und Tiberius, ein noch heute erhaltenes, jedenfalls ihm zugeschriebenes Kochbuch: Apitii Celii de re coquinaria libri decem, das bereits die gebräuchliche Art, den Spargel abzukochen, und eine andere, denselben in Eierkuchen gerollt zu genießen, beschreibt. Daneben wird Spargel in dieser wohl ältesten Rezeptsammlung der Welt bei vielen Tunken als Zutat und Würze genannt.

Und was für Spargel dies gewesen sein müssen, nachdem Gaius Plinius (d. Ältere, 23–79 n. Chr.) in seinem 37 Bücher umfassenden Werk *„Naturalis historia"* von dem damals berühmtesten Anbaugebiet um Ravenna berichtet, daß dort *„drei Stengel auf ein Pfund"* kamen.

Zur gleichen Zeit, als in Rom Riesenspargel genossen wurde, muß es nach den Ausführungen von Plinius zu folgern aber auch schon Spargel, allerdings anderer Art, *„in Obergermanien reichlich vorkommend"* gegeben haben, den sich die am Limes dienstableistenden Römer mangels Direktbelieferung aus Ravenna schmecken lassen mußten.

Im Originaltext:

> *est et aliud genus incultius asparago, mitius corruda, passim etiam in montibus nascens, refertis superioris Germaniae campis, non inficeto Tiberi Caesaris dicto herbam ibi quandam nasci similliman asparago.*

Die erste Erwähnung des Spargels, wenn auch in wilder Form, für den Raum Deutschlands!

Gleichlaufend zur ständigen Verfeinerung der Tischkultur entwickelte sich im Römischen Reich auch das Wissen der heute Spargelerzeuger genannten Landgut-Besitzer, denen in den je zwei Jahrhunderten vor und nach der Zeitenwende, auf Catos Grundwerk aufbauend, ausgefeilte Anweisungen zur Verfügung gestellt wurden. So die Lehrschrift von Saserna (um 100 v. Chr.), die drei Bücher des Terentius Varro (um 37 v. Chr.) oder die 12 Bücher des bekannten landwirtschaftlichen Schriftstellers Moderatus Columella (um 100 n. Chr.).

Mit der zunehmenden, allseits gewünschten Veredelung hielt jedoch auch – und hier sei an die Parallele zu den heutigen Verhältnissen erinnert – der Preis Schritt, so daß spätestens zu Zeiten Kaiser Diokletians (243–313 n. Chr.) Spargel zu den teuersten Delikatessen im Römischen Reich zählte, den sich nur noch die wohlhabendsten Bürger leisten konnten.

Dadurch wachgerüttelt, veranlaßte Diokletian im Jahre 304 n. Chr., so wird berichtet, ein vielbeachtetes Dekret, das als „Spargelhöchstpreisverordnung" möglicherweise heute in den einschlägigen Gesetzblättern aufgeführt sein könnte.

Ein weiterer Höhepunkt in der Geschichte des Spargels ist aus diesem Jahrhundert überliefert: Orobasius, der Leibarzt des Kaisers Julian (332–363 n. Chr.) soll um 362 die erste Monographie über Spargel verfaßt haben.

Dies ist die letzte Nachricht aus der ruhm- und spargelreichen Zeit der Römer, deren einmaliges Staatsgebilde dem Untergang zustrebte. Während jedoch das Römische Reich endgültig Abschied von der Bühne der Weltgeschichte nehmen mußte, bedeutete der Einfall der Germanen 476 n. Chr. für den Spargel nur ein vorübergehendes Intermezzo der Verborgenheit, das still, aber systematisch in den von der Welt abgeschiedenen Gärten der Klöster über Jahrhunderte hinweg gespielt wurde.

Die Vorzeit bleibt grau . . .

Daß der Spargel schon vor der Römerzeit zu den Nahrungsmitteln und auch zu den Heil- und Zauberpflanzen gehörte, ist nachgewiesen. Ob allerdings die oft sehr plastisch ausgeschmückten „Überlieferungen" von „mit phantasievoll zubereiteten Spargelgerichten" verwöhnten Gottkaisern des alten Chinesischen Reiches aus dem dritten vorchristlichen Jahrtausend oder ihrer Kollegen in Ägypten, den Pharaonen, zutreffend sind, muß nach den heutigen wissenschaftlichen Erkenntnissen angezweifelt, wenn nicht gar in das Reich der Phantasie verwiesen werden. Diese Darstellungen sind einer Fehlin-

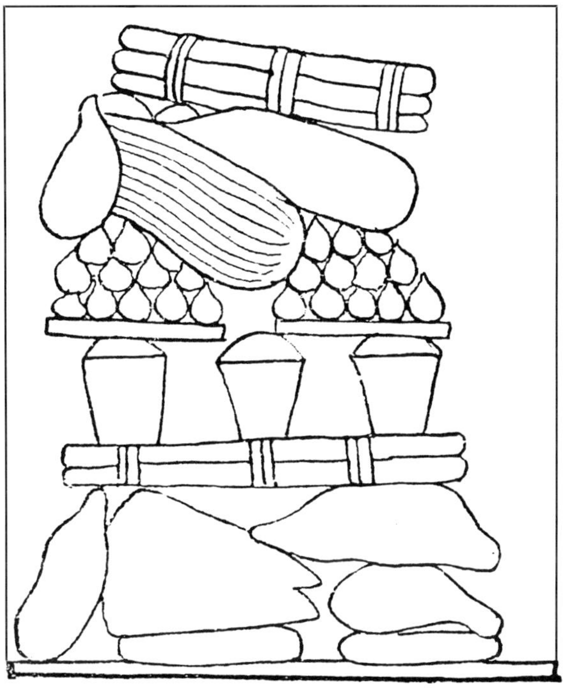

Grabgemälde aus der Pyramide von Saqquara, um 3000 v. Chr.

terpretation des bislang ebenso berühmten wie oft zitierten „Spargel-Grabgemäldes" aus der Pyramide Nr. 17 in Saqquara zu danken, das bis in die jüngste Zeit hinein als sicherster Beleg für Spargelanbau und -genuß bei den alten Ägyptern betrachtet wurde. Zugeordnet der V. Dynastie (3. Jahrtausend v. Chr.), zeigte die Zeichnung nach Ansicht bedeutender Forscher und Wissenschaftler neben Flaschenkürbissen und Melonen auch ein Bündel Spargel. Die Grundlage für eine bis heute in spezieller Spargelliteratur, journalistischen Abhandlungen und Lexika verwendeten Standardeinleitung war geschaffen: „Schon die alten Ägypter kannten den Spargel . . .!"

Maßgeblichen Anteil an der Herbeiführung dieses Irrtums hatte der angesehene Natur- und Ägyptenforscher Woenig, dem sich Reinhardt 1911 in seiner „Kulturgeschichte der Nutzpflanzen" voll anschloß. Woenig führte in seinem Buch „Die Pflanzen im alten Ägypten" aus: „Die Heimat unseres beliebten Spargels ist unbekannt. De Candolle gibt als Indignat Europa und das gemäßigte Westasien an. Da er in allen Mittelmeerländern wild wächst und bei den klassischen Völkern des Altertums viel begehrt war, so ist wohl anzunehmen, daß sich auch die alten Ägypter mit seinem Anbau beschäftigten. Zwar schweigen die alten Schriftsteller über seine Pflege in Ägypten, doch brauchen wir nur die Denkmäler zu befragen, um darüber unzählige Beweise zu erhalten, daß er daselbst zu den beliebtesten Gemüsen gehörte. De Candolle setzt den Anfang seiner Kultur etwas vor Beginn unserer Zeitrechnung. Dieser Annahme widersprechen auf das entschiedenste die in frappanter Treue vermerkten zahlreichen Spargelbündel auf und zwischen den Opfergaben und den Gemüsevorräten." Diese großzügige Interpretation alter Texte und künstlerischer Darstellungen ohne Kenntnis der Primärquellen wurde in den vergangenen Jahren, insbesondere von Renate Germer, einer Spezialistin auf dem Gebiete ägyptischer Pflanzenwelt, durch eine einfache Erklärung ersetzt. Danach sind die einem Spargelbund ähnlichen Abbildungen nichts anderes als die eßbaren unteren Teile von Papyrusstengeln. Da substantielle Reste des Spargels – im Gegensatz zu vielen anderen Pflanzen – bisher noch bei keiner Ausgrabung gefunden werden konnten, kann der Genuß von Spargel in Ägypten nach Germer allenfalls in griechischer Zeit angenommen werden, nachweisbar ist die Nutzung durch die Aussagen griechischer Papyri des 1. Jahrzehntes v. Chr. aus Oxyrhynchus erst für eine Zeit, als im Römischen Reich Spargel schon Luxusgemüse war.

Auch wenn damit der traditionelle Einstieg in die Spargelgeschichte ad acta zu le-

Der Spargelpflücker", Teil des Codex Casanatense, Rom, um 1400. Die Darstellung zählt zu den ältesten und schönsten Abbildungen des Spargels.

gen ist und so ein Zeitraum von mehreren tausend Jahren bis zum Beginn der Antike noch mehr der Theorie und Phantasie ausgesetzt werden muß, wird doch der Gewichtigkeit geschichtlicher Vorgaben kein Abbruch getan. Im Gegenteil, die sicher identifizierten frühen schriftlichen Zeugnisse zur Verwendung des Spargels erhalten dadurch eine Aufwertung, die in der damit gegebenen Erstmaligkeit liegt.

So bleibt die Vorzeit zwar grau, das Dunkel der Spargelgeschichte beginnt sich aber schon mit Hippokrates, dem um 460 v. Chr. auf der Insel Kos geborenen und später berühmtesten Arzt der Antike, auf den noch heute die Ärzte ihren Berufseid ablegen, zu lichten. Er erwähnt Spargel – offenbar in der wilden Form – als Medizinalpflanze. Später folgen Diocorides, Plinius und Galen. Erstmals als Speisepflanze führt Theophrast (371–285 v. Chr.) den wildwachsenden Spargel – corruda – auf: Der Siegeszug begann!

Vergessen, gehütet oder nur nicht aufgeschrieben?

Es gehört zu den Eigenheiten der abendländischen Geschichte, daß man über die Hochkulturen der Griechen und Römer im Mittelmeerraum weit besser Bescheid weiß, als – grob gesagt – über jene fünfhundert Jahre, die dem Untergang des weströmischen Reiches folgten. So liegt es in der Natur weit größerer Zusammenhänge, daß auch über den Spargel über Jahrhunderte hin nichts aufzufinden ist. Es muß deshalb einem spekulativen Rückschluß überlassen bleiben, die Klöster als Bewahrer des Spargels aufzuführen, gestützt auf klösterliche Akten aus dem 9. Jahrhundert. Hier führen die Benediktiner des Klosters St. Gallen in der Schweiz die Zucht des Spargels für ihren Apothekenbedarf – und wahrscheinlich auch den Mittagstisch – auf.

Mehr Licht in das Dunkel dieser Spargelepoche bringen zwei Jahrhunderte später zwei Gelehrte u. a. aus dem Vorderen Orient, der von vielen Forschern als Urheimat des Spargels angenommen wird. Zunächst berichtet der Byzantiner Simeon Seth um 1100 n. Chr.: *„Diese Art Gemüse war vordem unbekannt, mit Ausnahme der bitteren Spargel, welche Sumpflorbeeren genannt werden. Jetzt aber ist sie reichlich im Frühling vorhanden und allen bekannt."* Zu etwa der gleichen Zeit verfaßte der christliche Arzt Ellucasim Elimittar, auch Meister Ububchasym de Baldach genannt, ein „Theater der Gesundheit", in dem er mit Tafel XXVIII die Wirkungen des Spargels knapp und präzise unter Einbeziehung seiner einleitenden Weisheiten beschrieb:

„Theatrum Sanitatis über die sechs Dinge, derer jeder Mensch zur Erhaltung seiner Gesundheit bedarf, samt den täglichen Weisungen für das Tun und Lassen.

1. Weisung:	*gute Luft, die wir immer atmen sollen.*
2. Weisung:	*bekömmliches Essen und Trinken.*
3. Weisung:	*zuträgliche Bewegung und Ruhe.*
4. Weisung:	*den Leib vor übertrieben langem Schlaf und allzu ausgedehntem Wachsein bewahren.*
5. Weisung:	*das Zurückhalten und das Freilassen der Körpersäfte.*
6. Weisung:	*die Mäßigung von Freude, Angst und Furcht.*

Die Befolgung dieser Weisungen bringt die Wahrung eines guten Gesundheitszustandes mit sich, ihre Vernachlässigung hat, so Gott, der ruhmreiche und höchste, es will, Krankheit im Gefolge."

Aufbauend auf diesen Grundregeln führte der Meister, dessen 47 Tafeln auch die Kastanie, den Lauch oder das Johannisbrot abhandeln, zum Spargel aus:

„Die Spargeln sind von Natur warm und feucht im ersten Grade. Die besten von ihnen sind die frischen, deren Spitzen sich zum Boden neigen. Sie helfen, weil sie den Beischlaf fördern und verbessern und auch dadurch, daß sie Verstopfungen lösen. Doch schaden sie den Magenfasern, was sich vermeiden läßt, wenn man sie siedet und mit Gewürzen zubereitet."

Etwa zwei Jahrhunderte später, um 1300, schließt sich Peter de Crescentiis in seinem

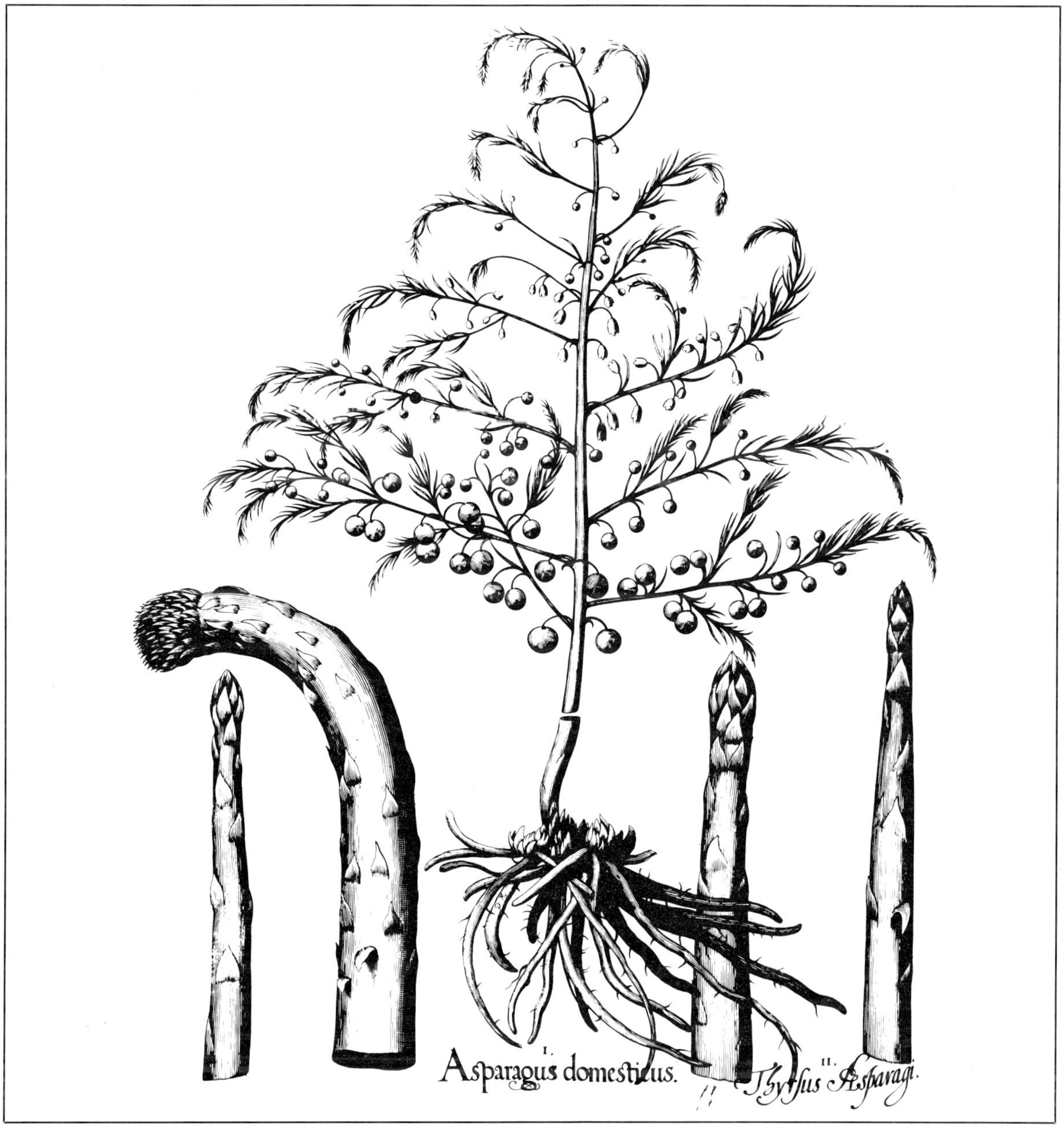

Das bekannteste wissenschaftliche Werk des Mittelalters, das „Hortus Eystettensis“ des Basilius Besler (links), Erstauflage 1630, nennt Spargel „Asparagus domesticus“.

Werk „Neu Feld- und Gartenbau“, heute in der Ausgabe von 1583 erhalten, auffallend genau den Worten des arabischen Arztes an, wenn er im 7. Buch „von Sparitzen“ ausführt: *„Sparitzen ist warm und trucken im dritten Grad. Das Kraut und der Same sind gut in der Artzney, die Stängel jung und zart gekocht mit Fleisch oder mit Wasser öffnet die Verstopfung der Leber und Miltzes und stillet die Harnwinde und den Blutgang. Auch sind sie gut also gegessen wider das Magenwehe,*

Spargen.

Von den Namen.

So bald die hohen Spargen stengel/ die roten corallen zwischen den zerknitsten Fenchel blettern gewiñen / nent man sie im gaw Teüffels drauben. Sonst ist der nam Asparagus/oder wie die Athener schreibē Aspharagus ein gemeiner name aller kreütter die da erstmals jre jungen dolden oder bletter herfür stossen / dauon leß man selbs Paul.Aegine.lib.j.cap. lxxv.de Asparagis holerum.Diosc.lib.ij. cap. xiiij. schreibt von eim Spargen geschlecht / das nent er Asparagon/ Petreon/Myacantham/vnnd Orminion / wiewol das wort Asparagus / dem Smilaci Hortensi zügelegt würt / Diosc.lib.ij.cap. cxxxv. Also auch mit dem namen Orminion/ist der Aloe in Diosc.lib.iij. cap. xxiij.getaufft.Ferner nent Dios.Asparagum Myacāthā/id est/spinam muriam/welcher nam dē Rusco / oder dem sylvestri Myrto züsteht/Dios.lib.iiij.ca.cxlj. Jn Theophra.heißt Spargen Corruda lib. vj. cap.iij.oder Corrudago. Jn Serap.cap.iiij.Halion. Jn Plinio lib. xx. cap. x. lißt man Libycum vnd Horminium / bei ettlichen Nalion Affursung. Jn Apul.cap.lxxxv.Aspharagos/Acanthillis/Asparagus rusticus et noster. Auerrohis sagt ettlich nennen Corrutham Alhasce wiewol Alhasce von andern Thymus geteütschet ist.

Von der Krafft vnd Würckung.

Köche. Apotecker.

Die jungen Spargen dolden gehören dem Koch in die kuchen/der samen vnd wurtzelen dem Apotecker vnd artzet/ Jnnerlich vnd Eüsserlich zügeniessen / Jst einer abtreibenden Würckung / mittelmäßig/ nit zü warm noch zü kalt/treibt den harn/sagt Simeon Januensis.

Jnnerlich.

Weichen bauch/ Brust Harn.

Junge Spargen dolden in wein gesotten / mit buttern vnd eßig abbereit/als die Hopffen/erweichen den bauch/raumen die brust/vnd treiben den harn / ein liebliche speiß für die leckmeüler / doch stätigs genossen/

schwecht

Därmwehe und Lendenwehe. Also ist der Wein, darinnen je Samen gesotten wider alle genannte siechlagen gut.“

Noch ein Dokument läßt die Wiederentdeckung des Spargels in der Anfangsphase des 2. Jahrtausends unserer Zeitrechnung plastisch werden. Es ist die köstliche Genreszene des Grünspargel erntenden Mannes, entstanden um 1400. Sie zählt heute zu den ältesten und schönsten Darstellungen des Spargels und befindet sich in der Biblioteca Casanatense in Rom als Teil des gleichnamigen Codex.

Auch wenn im Vordergrund dieser frühen Berichte die heilende und helfende Wirkung des Spargels stand, so war doch, fast zwangsläufig, der zuträgliche Genuß mit der „Artzney-Einnahme“ verbunden. Offen muß jedoch für diesen Zeitabschnitt die Frage bleiben, welche Art von Spargel Verwendung fand. Greift man den von Plinius gesponnenen Faden wieder auf, so dürfte es sich um wilden Spargel gehandelt haben, der ja als „reichlich vorkommend“ nicht zugleich mit dem Abzug der Römer aus Obergermanien von den deutschen Landen Abschied genommen hatte. Umgekehrt hätte sich eine spezielle Zucht hinter hohen Klostermauern, wie etwa vom Kloster St. Amé in Douai/Frankreich um 1481 vermeldet wird, erübrigt, wenn nicht eine kultivierte Art dazu Anlaß gegeben hätte.

Ob diese Sorte mit dem späteren, vielleicht sogar heutigen Spargel wenigstens teilweise vergleichbar in Form und Farbe war, muß zumindest für den weißen Spargel offenbleiben. Erste Abbildungen von Gemüse-Spargelstangen mit grünen Köpfen finden sich auf Gemälden italienischer Meister frühestens um das Jahr 1530, so etwa im „La Fruttivendola“ von Campi Vincenzo (1523–1591), ausgestellt in der Mailänder Pinacoteca di Brera. Oder noch deutlicher in dem Stilleben „Natura Morta con Asparagi e fiasco“ von Jacopo Chimenti, genannt L'Empoli (1554–1640), Sammlung Pradelli-Bologna. Welchen Weg der später asparagus domesticus latinisiert bezeichnete Spargel tatsächlich genommen hat, bis er mit dem heutigen Deutschland das Land erreichte, in dem nur gegessen wurde, um zu leben – während die Franzosen schon lange diese Aussage in umgekehrter Form für sich in Anspruch nehmen konnten –, kann nur über Theorien nachvollzogen werden.

Neben der „Bewahrungs-Theorie“, wonach die Mönche über Jahrhunderte das Geheimnis gehütet und weiterentwickelt haben sollen, gibt es zwei weitere, die jedenfalls nicht ganz in den Bereich der Spekulation gewiesen werden können: Die „Kreuzzugs-“ und die „Limes-Theorie“.

Für die erste Version spricht der Appendix der Fasti Limburgenses von Johannes Gensbein, Stadtschreiber zu Limburg an der Lahn, herausgegeben durch Faust von Aschaffenburg im Jahre 1617. Darin befindet sich eine bemerkenswerte Stelle: *„Als man schrieb 1271 in der Karwoche kahmen die letzten Kreuzfahrer aus dem gelobten Lande heim; sie brachten weder Silber noch Gold noch Edelsteine, aber kostbare Sämereyen aus warmen Ländern mit, genannt Artischokken, Spargel, Isop, Lavendel und andere mehr.“* Die andere Theorie stützt sich auf die geographische Übereinstimmung der ersten bevorzugten Anbauregionen im Bereich der früheren römischen Herrschaft entlang des Limes und die erste nachweisbare Nennung von Spargel im Jahre 1350 in der frühen Römerstadt Regensburg durch den mittelalterlichen Schriftsteller Konrad von Mengenberg, Kanonicus am Regensburger Dom, der die erste deutschsprachige Naturgeschichte verfaßte und für Spargel die Bezeichnungen speragus und sperhagen verwendete. Auch wenn diese Ansicht, die von einem Überbleibsel der römischen Besatzung ausgeht, zusätzlich durch die erste nachweisbare Nennung von „Spargel“ – ähnlich dem Kerbel oder Fenchel – wiederum in einer Römerstadt, Augsburg, im Jahre 1516 sich stützen lassen will, so ist doch den ersten beiden Theorien, die sogar miteinander in Einklang gebracht werden können, der Vorzug zu geben. Denn die zeitliche, geschichtliche und naturkundliche Überein-

---

Das „Kreuterbuch“ des Hieronymus Bock, 1539, enthält den vielzitierten frühen Ausspruch über Spargel: „ein lieblich speisz für leckmeüler“.

stimmung aller objektiv nachvollziehbaren Anhaltspunkte besticht hier mehr als die Annahme, das römische „Kulturgut Spargel" sei nach Jahrhunderten plötzlich wieder virulent geworden.

Daran ändert auch der Bericht von Hieronymus Bock, Tragus gerufen, einem der bekanntesten Kräuterbuchverfasser des 16. Jahrhunderts, nichts: *„. . . ein gemeiner Sallat (gemeint: Spargel) bei den Walen und Hispaniern/ist nun mehr auch (wie ander lecker*

Hieronymus Bock, der Verfasser des ersten umfassenden Kräuterbuches

bißlin) ins Teütschland komen." Denn diese Feststellung, daß „nunmehr" Spargel auch in Deutschland, speziell im *„Wormßer Gaw"*, zu finden sei, enthält keine Zeitvorgabe. Als Bock 1539 sein „Kreuterbuch" vorlegte, hatte Spargel schon über fünfzig Jahre Eingang in Aufzeichnungen deutscher Pflanzenforscher gefunden, auch wenn die Art der Darstellungen die Vermutung nahelegen, daß die Verfasser nur vom Hörensagen über den Spargel berichteten. Etwa Peter Schöffer im Jahre 1484 in seinem Herbarius Maguntiae impressus oder ein Jahr später Hanns Schönsperger im „Gart der Gesundheit".

Dem Nürnberger Apotheker und Botaniker Georg Oellinger war es schließlich als erstem 1553 vorbehalten, eine im wesentlichen korrekte und zugleich meisterlich gezeichnete Wiedergabe der Spargelpflanze in seinem Herbarium der Nachwelt zu hinterlassen.

Die Zeit des Vergessens und Behütens war damit endgültig vorbei. Spargel trat aus dem Schatten klösterlicher und Apothekengärten in das strahlende Licht der Königs- und Fürstenhäuser, sein neuer Name hieß: Königsgemüse.

„Pflanze er mir hier Spargel!"

Was für die Könige Frankreichs bereits eine Selbstverständlichkeit war, sollte ab der Mitte des 16. Jahrhunderts auch für den deutschen Fürstenstand gelten: Spargel aus dem schloßeigenen Garten als Gaumenschmaus für auserwählte Gäste.

Dem höfischen Luxus angepaßt, ging der kulinarische Trend unaufhaltsam in Richtung des Spargelgenusses unabhängig von der Jahreszeit, so daß nicht nur die Hofgärtner mit dem Anbau, sondern auch die Küchenmeister mit der Konservierung der damals noch ausgefallenen Speise gefordert waren. Die „liebliche speisz für leckmeüler" wurde so in den standesgemäßen Lustgärten kultiviert, erstmals urkundlich erwähnt im Jahre 1565 in dem „Verzeichnis der Kräuter und Bäume im fürstlichen Lustgarten" zu Stuttgart. Mit den dort aufgeführten „Spargeln" avancierte der württembergische Herzog Christoph vielleicht zum Urvater des deutschen Spargelanbaues.

Ihm taten es in der Folgezeit viele andere Regenten gleich. So ist für den brandenburgischen Kurfürst Johann Georg ein Befehl an seinen Schloßgärtner Corbinianus aus dem Jahre 1573 überliefert: *„Insonderheit uns allhier hinter unserm Schloß im Thiergarten einen neuen Lustgarten, daraus wir allerlei zu unserer Küchennothdurft haben mögen mit allem möglichen und besonderen Fleiß zu erbauen und einzurichten."* Mit dem Spargel scheint der Gärtner jedoch seine Mühe gehabt zu haben, denn noch hundert Jahre nach diesem Erlaß wurde der Spargel für die regierenden Fürsten in Berlin aus Hamburg, Braunschweig, Erfurt und Leipzig bezogen,

Cxxxi

Spargus **Spargen**

Spargus calide et sicce cõplexionis habet vir-
tutem aptiuã opilationũ splenis et epatis et re-
num. et habet etiã virtutẽ abstersiuã. Et aprie se-
men eius et radix. Et qñ decoquitur radix eius ꝛ
bibitur decoctio ip̃ius cõfert strãgwirie et icte-
ricie et sciatice passionibꝫ in vino decoquẽdo Et
qñ ex decoctione eius cũ vino addito piretro fit
mixtio et inde abluat' os ofert ꝯtra dolorẽ dentiũ
Et quãdo elixatur vna elixacõne seu ebulicõne

Sparagus Spargen
Capitulum. ccclxxxix

Sparg⁹ latine et grece ara
bice nalion. vel halion
Serapio in dem bůche ag
gregatoris in dẽ capitel. na
lion. id est sparagus beschre
ibet vns vñ sprichtt. das diß
sey ein gewechs. des frucht
vnnd samen wirtt genüczett
in der arczney. Auch wert d
sam ein gancz jar vnuerseret
an seiner natur. Die frucht
gesoten mit fleisch vnd gessẽ
ist gůt für das verstopfft vñ
verhortt milcz. desgleichẽ d
verstopffung der leber a tůt
sy auff. Für dye gelsuchtt
ytericia genantt. siede dye
wurczel võ disem gewechs
in wey vñ trinck dẽ es hilft
on zweifel. Võ der brũ do
spargẽ jñ gesotẽ sind dye ist
gůt dẽ mũd damit gewasch
en. vnnd benymet allẽ wee
vmb der zene. Von disem kraut ließ pandectam. das fünffhun-
dert vnnd. lxiij. capitel. das sich anhebt nalion. so findest du dye
warheyt. Item spargen sind von warmer vnd feüchter natur
Item wein darjnnen gesotẽ ist spargen wurczel oder samẽ gůt
wider bestopffung leber vnnd milcz vnnd nyeren. Vnnd ist auch
gůt wider den kalten saich vnnd wider die gelsucht. vnnd wider
das gegicht genant sciatica. vnnd ist auch fast machen harmen.
Q iij.

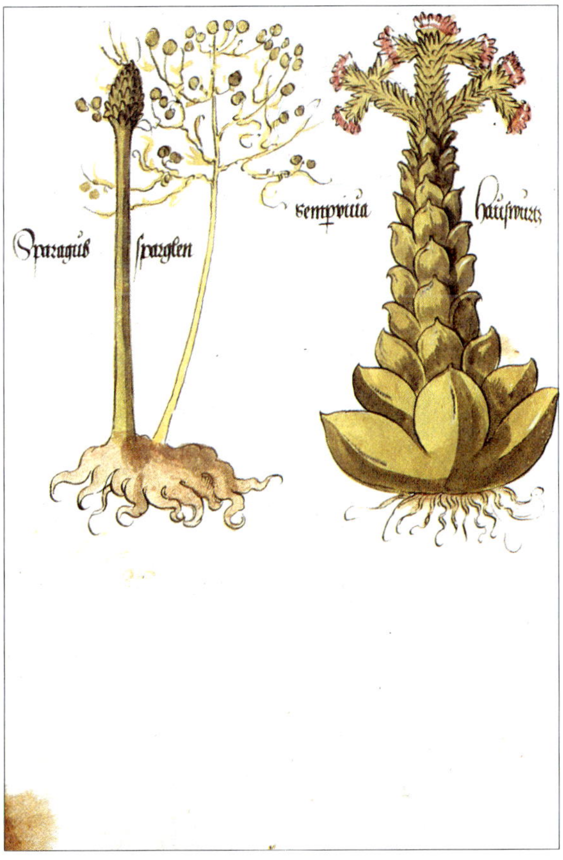

(oben links): „Spargus“ – „Spargen“ im „Herbarius Maguntiae“ des Peter Schöffer, 1484;
(oben rechts): „Sparagus“ im „Gart der Gesundheit“ des Hanns Schönsperger, 1485;
(unten links): „Sparagus – sparglen“ im Kräuterbuch eines Mönches, 1618;
(unten rechts): „Asparagus – Spargen“ im „De historia stirpium“ des Leonhard Fuchs, 1542

Wie man die Spargen groß ziehen/ und wie man sie über Winter behalten soll.

Man muß die Spargen in ein gut Land setzen/ und Taubenmist/der wol verwesen ist/nehmen/dieselbigen wol damit bedecken/ fast eines Knies tieff/ so treibts mit Gewalt. Wenn man Samen davon auffheben will/ so soll man den behalten/ der auff dem Hauptstengel gestanden ist/ über Winter zu behalten/ soll man auff den Herbst/ oder so bald der Winter herzu gehet/ verwesenen Taubenmist/ wie oben gemeldt/nehmen/und Knies tieff darauff decken/und Bretter/so hoch der Taubenmist ligt/umbher machen/ darauff ein Schafhürden legen/ und auff die Hürde Pferdsmist/ und also stehen lassen/ biß zum Mertzen/ so thut man die Hürde mit dem Mist hinweg/ aber den Taubenmist läst man drüber/ wenn man meynt sie seyen zimlich gewachsen/ so mag man den Taubenmist ein wenig hinweg scharren/damit man desto besser dazu kommen kan.

Wie man den Spargensamen säen/ und die Erde soll bereiten/daß sie gern wachsen.

Man soll ihn im Ostermonat/ im Vollschein Vormittag umb 8. Uhr zimlich dünn/ aber fleissig säen in ein gut sandig Land/ wenn er nun gesäet/ so soll das Land einer zwerch Hand dick mit kurtzem geriebenen Mist gleich beschüttet werden/ wenn er denn also wächst und auffscheust/ so soll er den gantzen Sommer stetigs beschnitten und weggeworffen werden/ biß auff den Herbst/ alsdenn soll man denselbigen erstlich mit mürbem Mist einer zwerch Hand hoch vor dem Frost bedecken/ und solchen auff den Frühling 14. Tag vor Ostern wieder herunter thun. Wenn denn die Spargen wieder mit Schmelen auffschiessen/ so sollen sie wieder den gantzen Sommer über abgeschnitten werden/daß sie in der Erden wol starck werden. Auff den andern Herbst deckt man sie wieder mit Mist/ und thut denselben auff den Frühling/ wie gemeldt/ wieder davon/ so wachsen alsdenn die Spargen. Wenn mans also 2. Jahr nacheinander/ wie oben vermeldet/ abschneidet/ so werden sie schön starck und vollkommen/ die man alsdenn zum Salat speiset. Man muß sie aber nicht über einer Hand hoch wachsen lassen/sonst werden sie zu hart.

Wenn man sie versetzen will/ so muß solches im Ostermonat bey vollem Schein geschehen/ und sollen allweg 3. Schuch voneinander gesetzt werden/ doch soll man zuvor ein wenig Taubenmist in die Stuffen legen/ alsdenn wachsen sie fein starck/ daß man den Sommer davon essen kan. Man muß sie auch nicht zu hoch auffwachsen lassen/ denn es sonst den Wurtzeln Schaden bringt.

Wie man Spargen-Salat im Winter haben könne.

Will man die Spargen über Winter in dem Keller haben/ so muß man fein halb truckenen Sand/und halben Schafmist untereinander mengen/ein Land machen/ solches ein wenig begiessen/ hernacher die Spargen also gantz auß der Erden heben/in das Land in den Keller setzen/un gar zudecken/auch solchen im Winter nicht viel Lufft lassen/ alsdenn wachsen sie und sind zu essen/ man soll dieselben nicht höher denn einer zwerch Hand hoch auffschiessen lassen. Sie werden im Keller etwas gelber denn im Garten.

Spargensamen zu ziehen.

Den soll man ziehen von den Spargen/ so im Keller gestanden/ wenn man denselbigen außsetzt/ welches im Ostermonat geschehen soll. Er soll mit guter feister Erden gar bedeckt werden/ und soll jedem Stock den ersten Stengel/ so herfür dringt/ auffwachsen lassen/und beyzeiten Stickel dazu binden/daß den der Wind nicht abwehe/ der Same wird zeitig umb Jacobi/ und sind die Häutlein darüber so roth als Corallen/ aber der Same so schwartz als Peonienkörner/ alsdenn nimt man solchen ab/ und macht das Häutlein davon/ das schwartze Körnlein aber behält man zum Samen.

Ein anders/ daß man mitten im Winter in acht Tagen Spargen-Salat haben kan.

Erstlich soll man ein Beth von warmen langen Pferdmist/ ungefehr 4. Schuch hoch/ und 4. breit/und so lang man will/ machen/ solchen Mist so fest man kan/ auff einander tretten/ und begiessen/ so wird er geschwind warm werden/ darnach soll man ein Spargenstock oder zween/ oder so viel man haben will/außgraben/ doch soll man bey der Spargenwürtzel eines Schuchs breit und eines Schuchs hoch/ Erden lassen/und den Spargenstock mit samt der Wurtzel in ein küpffern Geschirr mit leichter Erden einsetzen/ so tieff als sie vor im Garten gestanden sind/ und soll das gemeldte Geschirr 1. Schuch tieff/und 2. Schuch weit seyn/ und unten im Boden viel kleiner Löchlein haben/ auff daß die Wärme durch solche Löchlein tringen könne/ darnach soll man solch Geschirr mit samt den Spargen in obgemeldtes Mistbeth so tieff als das Geschirr ist/einsetzen/ und über dasselbige Boden machen/darüber ein alt Tuch spannen/ un auf das Tuch warmen langen Pferdmist thun/ daß er eines Knies hoch darüber gehe/so fern der Mist an einem Ort erkaltet/soll man sie an ein anders warmes Ort setzen/und also mit dem Tuch und Mist bedecken/ alsdenn wachsen die Spargen in dem küpffern Geschirr auff dem Mistbeth mitten im Winter/ daß man in 8. Tagen Spargen haben kan.

Der Schloßplatz von Schwetzingen, Schauplatz des berühmt gewordenen „Schwetzinger Spargelmarktes“ (Ansicht um 1860)

wobei der Nachteil, durch lange Transportzeiten mit Kutsche oder Kurier Geschmackseinbußen hinnehmen zu müssen, offensichtlich nicht so groß war, daß doch dem Eigenanbau der Vorzug gegeben worden wäre.

Mehr Glück hatte in dieser Richtung Kurfürst Karl Ludwig, der im Jahre 1658 im Schloßgarten seiner Residenz in Schwetzingen erstmals Spargel anbauen ließ und damit nicht nur für sein eigenes Wohlbefinden, sondern auch für den angemessenen Einstieg in die Geschichte des später weltberühmt gewordenen Spargelortes sorgte. Der hofgärtnerischen Kunst bestmöglicher Spargelerzeugung standen die fürstlichen Köche nicht nach. Sie entwickelten raffinierte Aufbewahrungsmethoden ebenso wie noch heute anwendbare Zubereitungsregeln. Hier darf auf das spezielle Kapitel über Rezepte verwiesen werden.

„Jedermann-Spargel“

Bald schon fand der Ruf des geschmackvollen Gemüses auch den Weg aus den Schlössern zu den Bürgern, die sich das notwendige Wissen dank der Erfindung des Buchdrucks durch Gutenberg im 15. Jahrhundert und späten Nachfolgern Catos nun aus allgemeinbildenden Sachbüchern beschaffen konnten. Eines der bekanntesten davon, das „Oeconomia ruralis et domestica“ des mecklenburgischen Pfarrers Johann Coler (1566–1639) ist heute noch erhalten und stellt das erste umfassende Werk der sog. Hausväterliteratur dar. Der „Spargel für Jedermann“ feierte Premiere, das Angebot konnte schon bald die Nachfrage nicht mehr befriedigen, so daß findige Gärtner und Landwirte nach neuen Mitteln und Techniken suchen mußten, Spargel in großem Umfange erzeugen zu können.

Die Geburtsstunde dieser „Massenproduktion“ des Spargels läßt sich in die Mitte des 18. Jahrhunderts legen. Die damalige deutsche Metropole Ulm belieferte nahezu den gesamten Raum zwischen der Nordsee und den Alpen. Ausgerechnet der unmittelbare Nachbarort Söflingen war den Ulmern jedoch als Konkurrent mehr als unliebsam. Dies hatte zur Folge, daß den Söflinger Anbauern mit einer Verordnung vom 13. April 1768 das Feilbieten von Spargel auf dem Ulmer Markt gänzlich untersagt wurde, ja diese sich sogar verpflichten mußten, *„ihre Spargelstöcke heraus zu nehmen, und dergleichen weder für jetzo noch in der Zukunft nicht mehr zu bauen und anzulegen.“* Dieses Verbot sollte jedoch nicht lange halten, der Siegeszug des zwischenzeitlich offiziell als königliches Gemüse gehandelten Gewächses war nicht mehr aufzuhalten und hatte in seinem Gefolge Kuriosa, Raritäten, Geschichten und Anekdoten, von denen an anderer Stelle berichtet sei. Die Schönheit der Pflanze und die Ästhetik der weißen, grünen, vio-

Älteste bekannte deutsche Spargelanbauanweisung, um 1600, des mecklenburgischen Pfarrers Johann Coler (1566–1639), enthalten im ersten umfassenden Werk der sog. Hausväterliteratur „Oeconomia ruralis et domestica“

letten oder blauköpfigen Stangen inspirierte nicht nur Porzellan- und Fayencehersteller, sondern auch Maler und Poeten, denen eine eigene Abhandlung gewidmet ist. Grenzen kannte der Spargel bei seiner Ausbreitung um die Welt ebensowenig wie klimatische Hindernisse.

So berichtet der Gärtner Heinrich Hesse bereits um 1680 auch von speziellem holländischen Spargel, während der Engländer John Gerard bereits rund 80 Jahre früher von Gartenspargel mit der Größe des „stärksten Schwanenkiels" schreibt, der zur Zeit Königin Elisabeths I. in Fleischbrühe gesotten oder in Wasser gekocht, mit Öl, Essig, Salz und Pfeffer gewürzt und dann als Salat auf die königliche Tafel gebracht wurde. Die englischen Zuchterfolge brachten zu Beginn des 18. Jahrhunderts für den Kontinent in Form des geschätzten „Englischen Riesenspargels" merkliche Konkurrenz, insbesondere aus den Hauptregionen Battersea, Mortlake und Deptford.

Längst kein Unbekannter mehr war zu diesem Zeitpunkt der französische Spargel, dessen Spitzen dem Erzeugnis aus deutschen Landen in diesem Zeitabschnitt immer eine Nase voraus waren. De la Quintinye, der Urheber des berühmten französischen Garten- und Feldbauwerkes „Instructions pour les jardins fruitiers et potagers" führte damals, 1695, in etwas selbstüberheblicher Form aus: *„Ich kann wohl ohne Eitelkeit sagen, daß ich der erste gewesen bin, der durch Nachdenken und Überlegung dieses Verfahren erfunden hat, um dem erhabensten Könige der Erde einen Genuß zu bereiten, der ihm bis dahin unbekannt war."* Er meinte damit Düngemethoden, die von Cato in nahezu identischer Form schon lange vorgegeben worden waren.

Neben dem klassischen Spargelland Italien kannten im 18. Jahrhundert aber auch schon Norwegen, Schweden, Österreich – mit seiner „Spargelhauptstadt Wien" – und Ungarn umfangreichen Anbau. Das alte Rußland schließlich wurde von Riga mit seinen ausgedehnten Spargelkulturen versorgt, soweit sich die Bevölkerung nicht selbst des reichlich vorkommenden wilden Spargels bediente, den nach einem Bericht des Schriftstellers London auch Pferde und Rindvieh wie Gras bevorzugten.

Auch in Übersee, vor allem in Amerika, wurde der Kultivierung des Spargels besondere Aufmerksamkeit gewidmet. Bereits Humboldt berichtet von dem Verzehr des auf dem Plateau von Cuzko gewachsenen Spargels. Weitere Stationen des Spargels waren in dieser Zeit Ceylon, Algerien, Ägypten und Spanien.

Der Ruf der kosmopolitischen Pflanze war begründet. Und mit ihm die Möglichkeit des Vergleiches und Konkurrierens, wobei sich schon bald Frankreich und Deutschland in den führenden Rollen sahen, ohne sich gegenseitig allzusehr in die Quere zu kommen, denn dort hieß die Delikatesse, insbesondere aus der Gegend um Argenteuil, Grünspargel, hier Weiß- oder Bleichspargel. Heute haben sich diese „Farb-Grenzen" weitgehendst verwischt, auch wenn die französische Vorherrschaft beim Grünspargel weiterhin besteht.

Als der Spargel bleich wurde ...

In der Mitte des 18. Jahrhunderts beschrieben Hartenfels und Rammelt die Entdekkung, daß weißer Spargel dann keine blau, rosa, violett oder grün gefärbten Köpfe aufwies, wenn die Spitze beim Austreiben aus dem Boden oder Dungbett vor Lichteinwirkung geschützt blieb. Statt der heute so einfach anmutenden Erdwälle wurden damals jedoch zur Vermeidung dieser Wachstumsfolge die phantasiereichsten Gebilde geschaffen und über die einzelnen Pflanzen gestülpt, gesetzt oder gezogen. So steckte man über die im Frühjahr austreibenden Pfeifen ein Fuß lange ausgehöhlte Holunderrohre oder eigens gefertigte Tonröhren, Flaschen oder Spargelhauben. 1781 beschrieb diese Methoden der Hochfürstlich Brandenburgische Rath und Amtmann zu Dachsbach an der Apsch, Christoph Friedrich Seidel.

Er fand Unterstützung durch Vothmann, der 1784 lehrte:

„Die brauchbarste Länge der Sprossen über der Erde, ist von einem bis drey Zoll. Wenn am

Morgen manche dicke Spargeln nur eben mit der Spitze hervorgekommen ist: so scharre man ein kleines Erdhäufgen über sie, oder bedecke sie mit kleinen hohlen Röhren, Kruken u. dgl. damit sie bey ihrem fernern Wachsen nicht der Sonne und Luft blosgestellt werden, sondern ihre beliebte weiße Farbe behalten."

Diese „Bleichmachung" fand jedoch nicht ungeteilten Zuspruch. In der Lehrschrift „Der Spargelbau, wie er eigentlich zu behandeln ist", entstanden 1824 von einem anonymen Verfasser, wird dazu ausgeführt:

„Das Zudecken der vorsproßenden Keime im Frühjahre ist bloß als Vorsicht gegen die Nachtfröste, nicht aber als bleibendes Erfordernis gültig, vielmehr müssen diese, sobald sich die Morgenluft erwärmt, wieder aufgedeckt werden. Ohne der ersteren Vorsicht läuft man Gefahr, daß sie erfrieren, und für den Genuß verloren gehen, und im zweyten Falle wird der Spargel matt weiß, und verliert sehr an der Güte des Geschmackes; nämlich wenn er auch unter Tages verdeckt bleibt."

Anhänger dieser Meinung sollten sich jedoch nicht durchsetzen. Was im 18. Jahrhundert begonnen hatte, setzte sich zu Beginn des 19. Jahrhunderts unaufhaltsam fort: Der Spargel wurde bleich gezogen, zunächst nach der *„Anweisung, auf eine, seither in Deutschland unbekannte und ganz einfache Art, den Spargel 10 bis 12 Zoll lang, gerade, wie eine Wachskerze, und von der Dicke eines Zolles im Durchmesser zu erziehen"*, die der Feder des Gutsbesitzers Josef Freiherr von Lamsdorf entstammte. Er befand: *„Der schöne Spargel muß mit Glocken oder Röhren bedeckt werden, denn nur durch das Bedecken ist es möglich, Spargel von zehn bis zwölf Zoll lang, zart, saftig und mehr als zwey Drittel eßbar zu erziehen."* Nach Lamsdorf kam der Gebrauch von Spargel-Glocken von Holland über Frankreich nach Deutschland. Die damit verbundene Mehrarbeit hatte jedoch auch einen Mehrpreis zur Folge, über den 1820 ebenfalls Lamsdorf berichtet:

„Jedermann beklagt sich über den hohen Marktpreis, in dem er sich stets erhält."

Trotzdem kamen die Erzeuger zu Beginn des 19. Jahrhunderts kaum mit der Produktion nach. Schon 1774 wurden spezielle Treibhaus-Spargel von Berliner Gärtnern auf den Markt gebracht und große Spargelfelder vor dem „Hamburger Tor" von den norddeutschen Pionieren Luk und Knauer angelegt, „um die Erzeugnisse auf allen Märkten gut und wohlfeil" anbieten und auch „nicht unbedeutenden Versand" der Delikatesse vornehmen zu können.

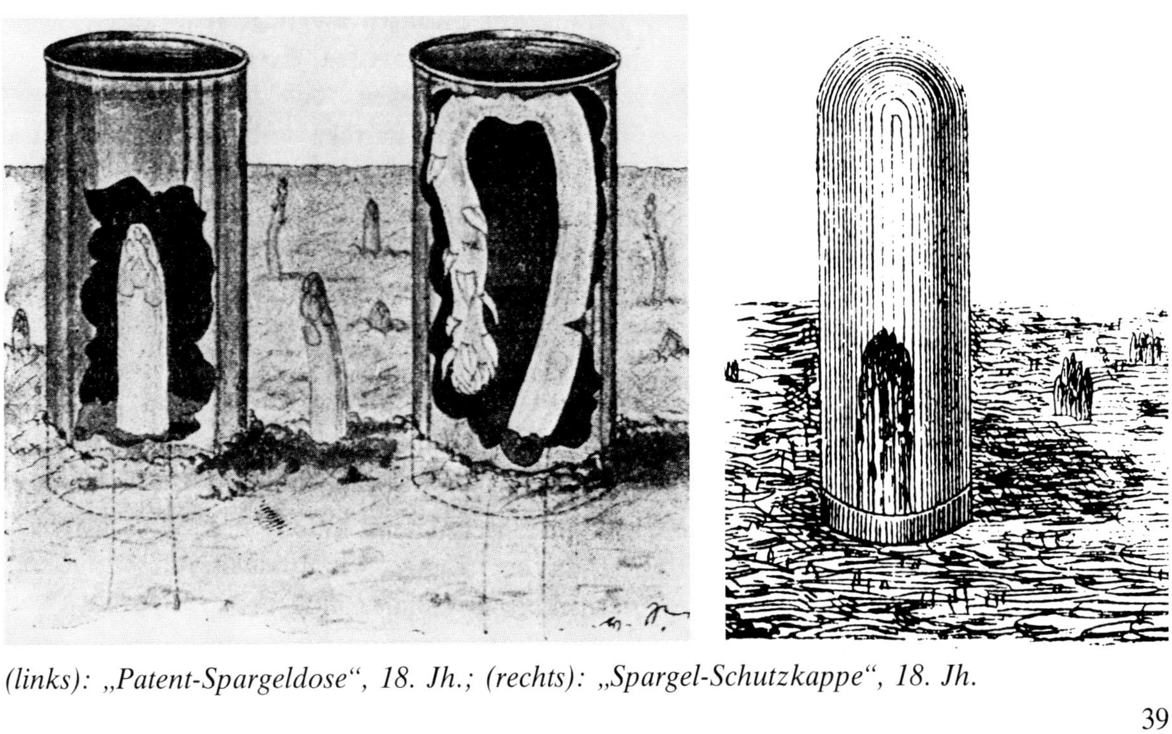

(links): „Patent-Spargeldose", 18. Jh.; (rechts): „Spargel-Schutzkappe", 18. Jh.

Magazine und Intelligenzblätter bemächtigten sich verstärkt des Themas, wobei es nicht nur auf das „Wie“, sondern auch auf das „Wann“ des Erhaltes der Tafelbereicherung ankam. „Früher Spargel zu bekommen“ und „Spargel im Winter mit wenigen Kosten zu erziehen“ sind nur einige aus vielen Überschriften damaliger Beiträge.

Der Spargel als Dosenfüller . . .

Dennoch ging auch am Spargel der Wandel der allgemeinen Sozialstruktur und der Umweltbedingungen nicht spurlos vorüber. Der mit der beginnenden Industrialisierung einhergehende Zug zu sparsamer und schlichter Lebensführung und die Verarmung weiter Bevölkerungskreise forderten Tribut in Form von Landabgabe zugunsten billigerer, nahrhafterer und vor allem in größeren Mengen zu gewinnender Gemüsesorten, wie etwa Kartoffeln oder Kohl.

Doch auch diese Zeiten zwischen Revolution und Restauration überstand die in jeder Hinsicht robuste Pflanze. Längst waren die zum Teil sogar patentierten „Weiß-Halter“ der einfacheren Erdabdeckung gewichen, die zunächst bis etwa 1830 in Form einzelner Hügel, auch Kegel genannt, sich ca. 30 Zentimeter über der Spargelpflanze erhoben. Die damit verbundenen Nachteile, insbesondere die Anfälligkeit gegen Wind und Regen sowie die umständliche Instandhaltung während der Erntezeit, ließen kurze Zeit später die Form der durchgehenden Erdwälle, auch als Erdbänke oder Bifänge bezeichnet, entstehen.

Der Durchbruch des Bleichspargels war damit geschafft – gerade rechtzeitig.

Denn das Zeitalter der Konservenindustrie wurde am 1. April 1852 von dem Braunschweiger Klempnermeister Philipp Wilhelm Daubert eingeläutet, der die ersten Versuche zur dauerhaften Konservierung des Spargels machte. Dieser ging von nun an in großem Umfang den Weg der Heringe: in die Dose.

Zunächst flach und eckig, Stück für Stück in Handarbeit gefertigt und nur mit einem heißen Bügeleisen, das die verwendete Löt-Zinnmasse schmelzen ließ, zu öffnen, wichen die Dosen rasch den maschinell gefertigten Serienanfertigungen, die zur Aufnahme des „Büchsenspargels“ dienten. Vorreiter war hier die Ungersche Dosenfabrik, die 1873 schon vier Konservenfabriken belieferte, deren „Braunschweiger Stangenspargel“ den Weltruhm der niedersächsischen Stadt begründete. Die Sorte wurde von ihrem Züchter Osten entsprechend bezeichnet: „Ruhm von Braunschweig“.

Auch wenn die Konservierung eine Verteuerung mit sich brachte – der Vorteil, ohne Probleme jederzeit Spargel auftischen zu können, glich dies aus. So machte das Königshaus in Bayern regen Gebrauch von dieser Möglichkeit, nicht nur im Mai und Juni den Hochgenuß der standesgemäßen Deli-

Die Form der „Hügelpflanzung“ wurde neben der Bifanganlage noch lange praktiziert.

Ulm

Mainz

Worms

Leipzig

Darmstadt

Im Laufe der Jahrhunderte wechselten die Metropolen des Spargelanbaues. Einige der ältesten und bekanntesten Anbaustädte waren neben Stuttgart (1565 erster Anbau in Deutschland) Worms, Mainz (16. und 17. Jh.) insbesondere Ulm (17.–19. Jh.), Leipzig, Berlin, Hamburg (18. und 19. Jh.), Darmstadt und Braunschweig. Ab Mitte des 19. Jh. stieg Schwetzingen zur bekanntesten Spargelstadt Deutschlands auf.

katesse verzeichnen zu können. „Asperge" – eine bayerische Form von Spargel ist nicht bekannt – findet sich bei zahlreichen Festmenüs im Winter ebenso wie beim „Dîner de sa Majesté le Roi" anläßlich der Vermählung des Prinzen Leopold mit Erzherzogin Gisela am 30. April 1873.

Auch im Norden wurde die konservierte Art sehr geschätzt. Bekannt für seine Vorliebe war Kaiser Wilhelm II., der u. a. am 27. Januar 1896 im Berliner Savoy-Hotel zur Feier seines Geburtstages das Königsgemüse aus dem Hause Braunschweig als eigenen Gang auftragen ließ.

„. . . die Preise viel annehmbarere geworden sind."

Die allgemeine Bewunderung für das Gemüse drückten die „Hof-Kunst- und Handelsgärtner" Burmaster und Bültemann in ihrer 1880 erschienenen Anleitung, „den Spargel zu seiner größesten Vollkommenheit ertragreich und mit möglichst geringen Unkosten anzuziehen", aus:

„Von allen Gemüsen ist es sicher der Spargel, welcher sich der größten Beliebtheit erfreut; und von den verschiedenen Spargelsorten ist der Braunschweiger am höchsten geschätzt. Diese Ansicht hört man nicht allein hier, sondern auch von allen Orten bestätigen, wohin er versendet wird. Seitdem die Eisenbahn einen raschen Transport, selbst auf große Entfernungen ermöglicht, hat dieser Spargel einen weit über die Grenzen des Braunschweigischen Landes hinaus gehenden Ruf erhalten. Die Nachfrage in den letzteren Jahren ist deshalb so gestiegen, daß die Production damit nicht gleichen Schritt halten kann. Wer daher in der Erntezeit Gelegenheit nimmt, die kolossalen täglich per Bahn expedirten Quantitäten zu betrachten, der wird, ganz abgesehen von den hier zu Conserven verarbeiteten Partien, gewiß in Erstaunen versetzt."

Die königlichen Speisekarten des Hauses Wittelsbach wiesen zu jeder Jahreszeit „Asperge" aus, u. a. bei der Hochzeit des Prinzen Leopold mit Erzherzogin Gisela (oben).

Zur gleichen Zeit, als Braunschweig bereits die unbestrittene „Spargelhauptstadt" Deutschlands war und damit Ulm abgelöst hatte, entwickelte sich in der Rheinebene bei Mannheim, insbesondere in der Gegend von Schwetzingen, aus bescheidenen Anfängen, ab etwa 1850, das „Spargelmekka Südwestdeutschlands", dessen „Schwetzinger Meisterschuss" später die dominierende Stellung Braunschweigs beenden sollte. Näheres dazu mag dem Schwetzingen gewidmeten Kapitel entnommen werden.

Die rasche Zunahme von Anbauflächen ließ den schon einmal in der Geschichte vollzogenen Abschied vom Luxusgemüse wiederkehren. Spargel war nun eines der populärsten Gemüse, das sich auch der weniger Bemittelte leisten konnte. Dressler schrieb dazu im Jahre 1900: *„Heute finden wir ihn auf dem Tisch von Arm und Reich, überall hat er sich schnell eingebürgert und beliebt gemacht, nachdem den Produzenten die Kosten des Kulturverfahrens bedeutend geringere, infolgedessen auch für den Käufer die Preise viel annehmbarere geworden sind."* Diese Verbreitung spiegelt sich auch in einer Vielzahl von speziellen Spargelrezepten wider, die in dieser Zeit den Hausfrauen an die Hand gegeben wurden. Eigens gefertigte Kochtöpfe mit Spargeleinsätzen erleichterten das Zubereiten ebenso wie serienmäßige Spargelplatten und Liegen das optisch ansprechende Servieren. Selbst auf Postkarten wurde Spargel auf die gleiche Stufe wie Kohl, Karotten und Kartoffeln gestellt.

Wenn Journalisten Spargel beschreiben . . .

Überschwengliche Bezeichnungen werbetüchtiger Händler und Journalisten leiteten die Neuzeit des Spargels ein: „eßbarer Blütenduft", „Frühlingsluft in Stangen" oder „zu konsistenter Masse verdichteter Nachtigallengesang" wurde „das zarte Elfenbein" genannt. Die Hochkonjunktur forderte immer größere Anbauflächen, die teils durch Ausweitung vorhandener Felder u. a. in den Bereichen Braunschweig, Schwetzingen und im Regierungsbezirk Magdeburg, teils aber auch durch Neuanlagen, wie zum Beispiel mit 1000 Morgen im Kreis Burgdorf (Provinz Hannover), geschaffen wurden.

Der Pioniergeist war wieder gefordert, um bisher noch nicht entdeckte Regionen für den Spargelanbau zu erschließen. Einer dieser Pioniere hieß Christian Schadt, der im oberbayerischen Gebiet um Schrobenhausen hervorragend geeigneten Boden fand und damit den Aufstieg dieser Region zu einer der heute führenden in der Bundesrepublik ermöglichte, wie in einer besonderen Abhandlung nachzuvollziehen ist. Zahlreich erscheinende und bebilderte Lehrbücher erleichterten nun den Anbau ebenso

Spargel bot einer großen Zahl von Hilfskräften Arbeit („Stechmannschaft" um 1900, Braunschweig).

wie neuentwickelte Spargelgerätschaften, wie Spezialpflüge, Eggen, Walzen oder Stechmesser.

Richtungweisend waren während der Zeit des Ersten Weltkrieges A. Lipschitz, ein Landwirtschaftslehrer aus Hannover, und der Großherzogliche Hofgärtner zu Schwetzingen, G. A. Unselt, dessen 1917 herausgegebene Flugschrift „Die Steigerung der Spargelerträge" nicht ohne Wirkung blieb. Lag noch 1916 die geschätzte Gesamtanbaufläche in Deutschland bei 6250 Hektar mit einem Durchschnittsertrag von 2400 Kilogramm/Hektar, so umfaßte sie nicht ganz zwanzig Jahre später, um 1934, schon fast 23 000 Hektar mit einer Ernte von 2500 Kilogramm/Hektar.

Die Produktion, aber auch die Forschung und Absatzwerbung liefen auf vollen Touren. „Eßt mehr Spargel!" war nicht nur Anreiz, sondern fast schon Verpflichtung geworden. Was in den goldenen zwanziger Jahren noch Freude war, die auch in speziellen „Spargel-Karten" ihren Niederschlag fand – so führte das berühmte „Rad" in Tettnang auf seiner „Spargelspezialkarte" von 1925 eine „Kurportion Spargel mit zerlassener Butter" zu 1,50 Reichsmark, den „hochfeinen Sekt" dazu, das Viertel zu 0,75 RM, auf –, artete ab der Machtübernahme 1933 mehr zum Muß aus.

Die Reichswehrleitung und die preußische Polizeiverwaltung zum Beispiel wirkten auf Anregung der Reichsforschungsstelle durch besondere Erlasse sogar auf stärkeren Verbrauch bei Heer und Polizei hin, was zu mancher Karikatur im Hinblick auf die dem Spargel nachgesagte potenzsteigernde Wirkung führte.

Wirkung zeigte auch die 1926 auf Anregung von Professor Dr. W. Ebert errichtete „Deutsche Spargelhochzuchtgesellschaft m.b.H." in Osterburg sowie der „Spargelanbau-Versuchsring" des Reichsverbandes des deutschen Gartenbaues. Die Pflanzen wurden hier durch strenge Auswahl und Einführung neuer Forschungsmethoden immer widerstandsfähiger gegen Krankheiten und Schädlinge sowie besser in der Qualität und im Geschmack gezogen. Diese Aufgaben hat heute die Forschungsanstalt in Geisenheim unter Leitung von Professor Dr. H. D. Hartmann übernommen.

Lag das Hauptaugenmerk während der Kriegsjahre nur auf der Nahrungsmittelbeschaffung, weshalb sogar die „amtliche Länge" des Spargels von 22 auf 24 Zentimeter erhöht wurde, so begann schon bald nach dem Krieg wieder die vormals enge Verbindung von Spargel und gehobenem Lebensgefühl Wurzeln und Blüten zu treiben. 1955 kostete im schon erwähnten „Rad" das teuerste Spargelgericht 2,90 DM, der beste Sekt dazu das Viertel 3,50 DM. Und in Schwetzingen wurde sogar um 1960 ein eigener „Spargel-Faschingsorden" verliehen. „Spargel-Tourismus" setzte ein. Der Ausflug in die umliegenden Regionen zum Spargelessen oder Frischspargel-Kauf wurde mit der zunehmenden Motorisierung zur Selbstverständlichkeit, selbst um den Preis von Tagesreisen und Stau-Strapazen. Der „König der Gemüse" fand auch eine würdige Unterkunft. Zwar nicht in, aber neben einem Schloß in Schrobenhausen: das in der Welt bislang einzige Museum für Spargel. Hinzu gesellte sich in der gleichen Region

Prof. Dr. H.-D. Hartmann, der zu den bedeutendsten „Spargel-Wissenschaftlern" des 20. Jh. zählt, mit einem Sortenversuch

auch eine „Spargelkönigin“, die „Seine Majestät“ in Presse, Rundfunk und Fernsehen bestens vertritt und so den Bekanntheits- und Beliebtheitsgrad der Pflanze weiter steigert. Sogar ein Bildband hält das „Leben“ und „Wirken“ der Saisondelikatesse fest...

Geheimtips werden heute mehr oder weniger offen gehandelt: Woher kommt der beste Spargel, wer bereitet ihn am köstlichsten zu, welche Art ist vorzuziehen? Spargel etwa aus Schwetzingen, Braunschweig, Volkach, Bruchsal, Lüneburg oder Schrobenhausen? Tiefgefroren, aus der Dose oder frisch? Grün, weiß oder violett? Spargel als Suppe, Gemüse, Salat, Pudding oder Mousse? Gekocht, gegrillt, gesotten, gebacken oder gebraten? Mit oder ohne Beilagen? Die Antworten auf diese Fragen kann sich jeder Spargelliebhaber nur selbst geben.

Die über 2000jährige Geschichte des edlen Gemüses gibt dazu aber eine kleine Hilfestellung: Zu allen Zeiten galt der frisch geerntete und raschestmöglich zubereitete Spargel wegen des dadurch optimal erhaltenen Aromas in einfachster Begleitung als der König, jede andere Form aber nur als Fußvolk aus einer großen kulinarischen Familie mit langer Tradition.

Spargel-Chronik

vor 500 v. Chr.:	Verwendung des Spargels als Heilpflanze vermutlich in China, Persien und Griechenland
um 400 v. Chr.:	Hippokrates erwähnt wilden Spargel als Heilpflanze
um 300 v. Chr.:	Theophrast führt erstmals Spargel als Speisepflanze auf
um 160 v. Chr.:	Cato verfaßt die erste Spargelanbau-Anleitung
um Christi Geburt:	Apicius fertigt das erste schriftliche Spargelrezept
304 n. Chr.:	Kaiser Diokletian erläßt das erste Spargel-Dekret
362 n. Chr.:	Orobasius, ein Arzt, verfaßt die erste Monographie über Spargel
um 900 n. Chr.:	Im Benediktinerkloster St. Gallen wird Spargel für die Apotheke gezogen
um 1100 n. Chr.:	Der Byzantiner Seth erwähnt Spargel
um 1300 n. Chr.:	Peter de Crescentiis beschreibt Spargel
ab 1484 n. Chr.:	Ausführliche Behandlung des Spargels in Kräuterbüchern
1565 n. Chr.:	Erster urkundlich erwähnter Anbau von Spargel in Deutschland – im Lustgarten zu Stuttgart
um 1750 n. Chr.:	Beginn der „Massenproduktion“ von Spargel
um 1760 n. Chr.:	„Entdeckung“ des Bleichspargels
1852 n. Chr.:	Erste Dosenkonservierung des Spargels in Braunschweig
1926 n. Chr.:	Die „Deutsche Spargelhochzuchtgesellschaft“ wird in Osterburg errichtet
1972 n. Chr.:	Gemeinsame „Spargel-Vorschriften“ gelten innerhalb der Europäischen Wirtschaftsgemeinschaft
1985 n. Chr.:	Das „Deutsche Spargelmuseum“ wird in Schrobenhausen eröffnet

Augustin Bouquet, „Obstkorb mit Spargel", 1680 (Privatbesitz)

Geschichte der Spargelkochkunst

Epikuros, Marmorkopie nach einer Statue, datiert 270 v. Chr. (Metropolitan Museum, New York)

„Anfang und Wurzel alles Guten sind die Freudenlüste des Magens. Selbst die reine Philosophie, und alles, was noch über die Weisheit hinausreicht, steht mit dem Wohlgefühl des Magens in Beziehung."

Diese Erkenntnis schrieb der 271 v. Chr. in Athen verstorbene große griechische Philosoph Epikuros zu einer Zeit nieder, als wildwachsender Spargel zu den gewöhnlichen Nahrungs- und Heilmitteln der alten Griechen und so auch zu den „Freudenlüsten" zählte, die er mit seiner Ethik der vergeistigten Lust – im Gegensatz zum üppigen Genuß – darzustellen suchte.

Rund zweihundert Jahre später aber wandelte sich die mehr im geistigen Bereich angesiedelte Auffassung vom Essen als Lebensnotwendigkeit in das sprichwörtlich gewordene lukullische Mahl der Römer um.

Lucullus (117–57 v. Chr.), dem römischen Feldherrn, dessen glanzvolle und jede Feinschmeckerzunge verwöhnende Gastmähler in die Geschichte eingingen, wird ein noch heute gültiger „Spargel-Ausspruch" zugeschrieben, der als die Begründung der Spargelkochkunst angesehen werden kann: „Es kann nur der kochen, dem die Kunst gelingt, Spargel ohne jede Zutat in wonnigster Vollendung aufzutischen!"

In dieser Feststellung, deren Authentizität nicht überprüfbar ist, steckt jedenfalls eine „lukullische Portion" Wahrheit. Denn die Zubereitung des grünen oder weißen Spargels zur Delikatesse, die mit Plinius als „Schmeichelei für den Gaumen" oder gleich Hieronymus Bock als „liebliche speiß für die leckmeüler" gepriesen werden könnte, setzt Können und Kenntnis des Küchenmeisters voraus. Fehlt das erforderliche Gespür für den Augenblick, in dem die Stangen den Optimalzustand erreicht haben, so führen entweder kaum genießbare „Holzstöcke" oder matschig-weiche „Wasserschwämme" zur empfindlichen Störung der Zunge des Genießers, ja selbst zur völligen Abkehr von dem königlichen Gemüse.

Die gleiche Wirkung hat die unzureichende Auswahl, insbesondere aber Vorbereitung des Spargels: Auch ein noch so exakt gekochtes Bündel kann zum kulinarischen Desaster führen, wenn die harten, faserigen

Schalen nur im Schnelldurchgang entfernt wurden.

Die uneingeschränkte Geschmacksvermittlung setzt schließlich auch das rechte Fingerspitzengefühl beim Würzen voraus. Denn das unnachahmliche Eigenaroma des frisch gestochenen Gemüses darf nur unterstützt, niemals aber übertönt werden. Diese „Grundweisheiten der Spargelzubereitung" sind der Menschheit spätestens seit dem 2. Jahrhundert v. Chr. bekannt, als die Köche, bis dahin die niedersten Sklaven, in den Rang von Künstlern aufstiegen, deren Darbietungen nicht nur viel Applaus erhielten, sondern auch beispielgebend von Haushalt zu Haushalt und von Herrschaft zu Herrschaft über Generationen weitergegeben wurden. Bis sie in dem wohl ältesten erhaltenen Kochbuch der Welt, „Apitii Celii de re coquinaria libri decem" des Marcus Gavius Apicius, in der Urform wohl um die Zeitenwende entstanden, Niederschlag gefunden haben.

Es sollte jedoch noch fast eintausendfünfhundert Jahre dauern, bis auf deutschem Boden in allgemeinverständlicher Sprache die ersten Spargelzubereitungsregeln veröffentlicht wurden. Dies lag zum einen daran, daß Spargel lange Zeit nur hinter Klostermauern oder in gehüteten Schloßgärten gezogen und so für „den gemeinen Mann" erst Ende des 16. Jahrhunderts zugänglich wurde. Zum anderen wurden seit jeher die Kenntnisse und Erfahrungen in der Speisenbereitung mündlich weitergegeben. Nicht nur deshalb, weil das Küchenpersonal in der Regel des Lesens und Schreibens unkundig war, sondern weil man das Fachwissen in der Angst vor Profanierung streng hütete und nur innerhalb der „Zunft" weitergab.

So stammen auch die ersten schriftlichen Mitteilungen über die Zubereitung nicht von Köchen, sondern Verfassern von Kräuterbüchern, etwa Hanns Schönsperger, der 1485 ein (Heil-)Gericht vorschlägt „die frucht gesoten mit fleisch".

Näher ins Detail geht schon 1539 Hieronymus Bock, der allgemein feststellt: „Die jungen Spargendolden gehören dem Koch in die kuchen", um dann das erste deutsche Feinschmeckerrezept preiszugeben:

„Junge Spargendolden in wein gesotten/ mit buttern und eßig abbereit/".

Die Geburtsstunde gedruckter Spargelrezepte aus Küchenmeisterhand, die in den späteren Jahrhunderten in keinem Kochbuch fehlen durften, lag jedoch im Jahre 1581.

Zwar gab es schon Mitte des 14. Jahrhunderts das „Buch von guter spise" und andere handschriftliche Zeugnisse der Kochkunst, 1485 schließlich auch die älteste in deutscher Sprache gedruckte Ausgabe einer Küchenanweisung, die „Kuchemaistrey". Doch Spargel fand darin keine Beachtung. Es war dem „Mundkoch" des Mainzer Kurfürsten Daniel Brendel von Homburg vorbehalten, in dieser „spargelgeschichtsträchtigen" Gegend das erste „richtige" Rezept niederzuschreiben. Sein Name – Marx Rumpolt – stand für Originalität und Fachwissen, was er selbst mitteilt, indem er darauf hinweist, er habe seine Kochweisheit nicht aus anderen Büchern „entlehnet und entfrembdet", sondern alles wirklich „mit eygener Handt gemachet". So auch das – einzige – Spargelrezept in seinem „Ein new Kochbuch" von 1581:

15. Spargel Salat/der auch gequellt ist/ vnnd klein geschnitten/oder gantz angemacht/ist auff beyde manier gut. Du kanst in machen mit Erbeßbrüh/mit ein wenig Butter/ Pfeffer vnnd Essig/warm auff ein Tisch gegeben.

„Wie man eyn teutsches Mannsbild bey Kräfften hält" wußte schon bald jede gute Hausfrau, so daß der Wunsch aufkam, Spargel ganzjährig auftischen zu können. Dies hatte zur Voraussetzung, daß auch Spargel wie schon seit Generationen andere pflanzliche Nahrungsmittel haltbar durch „einmachen" wurde. Die abenteuerlichsten Versuche führten im 17. und Anfang des 18. Jahrhunderts zu zwei grundsätzlichen, heute als „Schmaltz/Leder-" bzw. „Lorbeer/Pfeffermethode" zu bezeichnenden Möglichkeiten, die in gedruckter Form, ohne jedoch den Verfasser zu nennen, überkommen sind:

Spargen einzumachen.

Man kochet sie einmahl / und leget sie in ein gläsern oder steinernes Gefäß / und schüttet so viel geschmaltzene Butter darauf daß sie bedeckt sind. Will man daß sie sich ein gantzes Jahr lang halten sollen / so nimmt man die schönsten ausgewachsenen Spargen schabet oder ziehet die Haut unten am Stiel herab / schneidet sie hernach ab / so weit sie hart sind / waschet sie mit reinen Brunnen-Wasser / bindet sie mit einen reinen Faden zusammen. Thut sie in einem irrdenen Haven / giesset Wasser darüber / setzet sie zum Feuer / lasset sie nur einen Sud thun / gleichwie man ein weiches Ey zu sieden pfleget / hebt sie also vom Feuer und giesset das warme Wasser davon ab / hergegen frisches darüber / lasset es also kalt werden / und giesset es hernach auch ab. Ferner thut man sie in einen Hafen / damit dieselbige in der Mitte des Schmaltzes komme und unten den Boden nicht berühren / giesset zerlassenes Schmaltz / so bald es gestehen will darüber / biß der Hafen voll wird / und die Spargen gantz bedeckt sind. Machet den Hafen mit Leder zu / setzet ihn in ein kühles Gewölb / oder Keller auf ein Holtz oder Bret / und nicht auf die blosse Erde. Nachdem sie nun einen Monat lang gestanden / thut man das Schmaltz wieder davon / und machet sie ferner mit frischen Schmaltz auf vorige Weise ein ; Hernach kan man täglich oder wochentlich davon heraus nehmen / und in der Küche / wie bekannt / davon zurichten und selbige verspeisen.

54. Spargeln einzumachen.

Hiezu wähle man ja keine alten, holzigen, sondern junge frische Spargeln vom Stich her, schabe von diesen alles Unreine ab, und schneide das Weisse holzige davon ab, und lege ihn mit Sorgfalt, daß kein Knopf abbricht in ein rundes Körbchen. Ist aller Spargel geordnet, dann mache in einem Herdkessel oder in einer grossen kupfernen oder messingenen Pfanne reines Flußwasser und Salz, so daß ungefähr auf eine Maas Wasser ein Löffel voll Salz kommt, siedend. Siedet das Wasser, dann hält man das Körbchen mit dem Spargel nur so lange und tief hinein, daß das Wasser einmal über dem mit Wasser bedeckten Spargel siedet; dann nimmt man sie gleich heraus, legt sie auf ein Sieb zum Ablaufen, und so wie wieder andere Spargeln fertig überbrüht sind, und die ersten erkaltet, fängt man an sie einzulegen, wie folgt: der Boden eines reinen breiten Fäßchens wird mit einigen Lorbeerblättern, an welchen die grossen Stiele abgebrochen werden müssen, überlegt, und auf diese weisser Pfeffer gestreut, dann wird eine Lage Spargel eingelegt, abermals Lorbeerblätter und Pfeffer darüber geschichtet und damit fortgefahren, bis das Fäßchen voll ist, oder man keine Spargeln mehr hat.

Dann gießt man ächten Weinessig mit der Hälfte frischen klaren Wasser vermischt, darüber, legt ein reines Tuch oder einen Deckel darauf, und beschwert ihn mit einem kleinen Stein, und stellt die Spargeln an einen kühlen Ort. Noch besser ist es, das Fäßchen zuzuschlagen und zuweilen umzuwenden. Vor dem Gebrauch wässert man diese Spargel über Nacht in lauwarmen Wasser und gibt ihn ein wenig abgebrüht, als Gemüs entweder, oder in einer Soose, oder in Essig und Oel zu Tische.

Anmerkung. In Stücke geschnittenen Spargel kann man eben so brühen, und dann mit Pfeffer und Lorbeer in Bouteillen füllen, und mit Essig und Wasser giessen. Diese Flaschen müssen gestöpselt, gesiegelt und im Keller aufbewahrt werden.

Zur gleichen Zeit kamen die ersten Spargel-Spezial-Rezepte auf, die „bey Gastereyen und auf Herrschaftstafeln“ Verwirklichung fanden. Eines davon ist die „Spargel-Frosch-Suppe“, die zumindest der Beschreibung nach mehr einem „Frosch-Metzger-Kurs“ als einem Suppenrezept ähnelt:

44. Spargel-Suppe.

Reinige Fröſche, brich oder ſchneide das Weiche von dünnen Spargeln ſchön gleich ab, brühe ſie in Salzwaſſer nur halb weich, und gieſſe ſie ab. Dann nimm ein Stück Butter, dünſte die Fröſche darin, thue die Spargel und ein wenig gewiegten Peterling dazu, ſtreue Mehl darauf, würze es mit Salz und Muskatnuß, und wenn das Mehl angezogen hat, dann gieſſe helle Erbſenbrühe daran, laſſe es auskochen und richte es über gebähte Semmelſchnitten an.

Wer ſich die Mühe nehmen will, das Froſch-Fleiſch von den Beinen abzulöſen, ehe ſie gedünſtet werden, kann die Knöchlein ſtoſſen und in der dazu beſtimmten Erbſenbrühe auskochen; oder die Fröſche nach dem Dünſten, an eine Gabel ſtecken, und ihnen, wenn ſie weich genug ſind, die Beine ausziehen, was beym Eſſen bequemer, aber mühſamer iſt.

Der Phantasie waren in der Folgezeit keine Grenzen gesetzt. Spargel – bis etwa in die Mitte des 18. Jahrhunderts nur in der grünen Form, „etwa 3 Fuß hoch über dem Boden gebrochen“, ehe u. a. Christoph Friedrich Seidel die Entdeckung machte, daß mit „Nelkenhauben“ bedeckte Spitzen weiß blieben – wurde zum extraordinären Gemüse. Ob als Hauptdarsteller oder nur Statist: Immer haftete der „Wonnepflanze“ ein Hauch von Exklusivität an, dem auch durch entsprechende Beigaben wie Frösche, Krebse, Wachteln und sonstige Spezialitäten zusätzlich nachgeholfen wurde. Bald gab es Spargel in jeder Form: als Gemüse, Suppe, Auflauf, Pudding, Mousse, Salat; gekocht, gesotten, gebraten, eingelegt, abgeschmalzt, gebacken oder gegrillt.

„Nebenbey“ wurde ab dem beginnenden 18. Jahrhundert auch im Keller Spargel gezogen, *„wenn wir in einer Einfassung von Holz, ein kleines Mistbeet anlegen, tragbare Stöcke von Spargel darein pflanzen, und sie zuweilen mit lauem Wasser begießen . . .“*, wie ein Hausmutter-Monatsbüchlein um 1700 lehrt.

In Mode kam auch die Bezeichnung raffinierter Gerichte nach bedeutenden Persönlichkeiten. Eines der ersten Rezepte, in denen auch Spargel eine große Rolle spielt, ist

Küche um 1800 (Aus dem „Wiener Kochbuch", 1803)

Salat von Spargeln

Die Spargeln werden, soweit sie gut sind, abgebrochen, gewaschen, in Büschelein gebunden und im Salzwasser weich gesotten, dann gießt man dieses ab, und kaltes darüber, läßt die Spargeln auf einem reinen Tuch ablauffen, legt sie in der Ordnung auf einen Saladier oder auf ein Blätlein, verrührt ein wenig geschnittenen Schnitlauch, das zuvor mit einem Eßlöffel verdrukte Gelbe von 3 hartgesottenen Eiern, ein wenig Pfeffer und Salz mit Essig und Baumöl, und gießt diß über die Spargeln.

Spargeln auf gewöhnliche Art

Wenn die Spargeln abgeschabt und abgeschnitten sind, so bindet man von den diken 10 bis 12 Stüke, von den dünnen aber eine starke Hand voll zusammen in Büschelein, macht in einer mössenen Pfanne Wasser siedend, thut eine rechte Hand voll Salz nebst den Spargeln darein, und siedet sie, bis sie weich sind, nur dürfen sie nicht zu weich werden, daß die Köpfe nicht abfallen. Von dem siedenden Wasser wird hierauf etwas ab- und kaltes daran gegossen, daß man sie mit der Hand heraus nehmen, und auf ein Bret zum Ablaufen legen kann. Auf die Blatte, worauf sie angerichtet werden, schneidet man kleine Stüklein Butter, streut klein gehakten Petersilien darauf, einen Eßlöffel voll Mutschelmehl darüber, thut Muscatblüte dazu, legt dann die Spargeln in der Ordnung darauf, welche aber wie gemeldt, nicht zu weich seyn dürfen, gießt gute Fleischbrühe darüber, und läßt sie auf der Kohlpfanne kochen, bis sie vollends weich sind, und die Sauce diklecht ist. Auf diese Spargeln werden verlohrne Eier gesezt, zu deren Verfertigung bereits bei dem Spinat S. 81 Anleitung gegeben worden ist.

(Oekonomisches Handbuch für Frauenzimmer, Erster Band, 1795 [abgedruckt mit frdl. Genehmigung des Verlags Steinkopf, Stuttgart])

Spargel mit Buttersauce

„Die Spargel werden wohl gereinigt, etwas gleich abgeschnitten, büschelweise mit Zwirn zusammen gebunden, und in einer kupfernen oder messingenen Pfanne im Salzwasser weich gesotten, hernach werden sie über das Kreuz oder mit den Köpfen aufeinander in der Rundung auf die Schüssel gelegt und die Buttersauce darüber gegossen."

(Buchner Krescentia, Allerneuestes Münchener Kochbuch für baierische Mädchen und Hausfrauen, 1813)

Spargel-Brockeln

„Hierzu nimmt man dünne Spargeln. So weit solche weich sind, werden sie nicht gareines Glieds lang geschnitten, im Salzwasser weich gekocht und einen Seiher gethan, daß sie ablaufen. Hierauf schneidet man ein Stücklein magern Schinken und ein wenig Schnittlauch klein, verrührt 6 Eyer ganz ineinem Hafen, thut 4 Eßlöffel voll süßen Rahm, den geschnittenen Schinken und Schnittlauch nebst etwas Muskaten dazu, alsdann zerläßt man 6 Loth Butter in einem Tiegel, thut das Verrührte darein, und läßt es unter beständigem Rühren ein wenig anziehen, nimmt die abgelaufenen Spargeln dazu, und rührt sie noch etlichemal mit um, bis es einander angenommen hat, dann werden sie auf eine Schüssel angerichtet und zu Tische gebracht."

Spargel in einer Krebsbrühe

Bereite die Spargel wie Nro. 68. Auf 50 Spargel koche von 25 Krebsen eine Brühe wie zu einer Krebssuppe. Mach eine Butterbrühe, zum Verdünnen nimm statt Fleisch-, Krebsbrühe, koche das Krebsfleisch darin auf, ziehe einige Dotter daran ab und gieße sie über die Spargel.

Geringe Spargelkost

Kleine unansehliche Spargel können klein gepflückt nach Art der Hopfenkeime gekocht werden. Morcheln und Brieslein machen dieses Gemüse anständig.

(Strüfs Marianne, Ein wirthschaftliches Haus- und Lesebuch für Frauen und Töchter jeden Standes, 1841)

Spargel, ganz ordinär mit Butter

Man nimmt etwas gleich langen, schönen Spargel, putzt ihn, und schneidet das Untere, so weit er holzig ist, ab, bindet davon vier gleiche Büschel in eine Casserolle oder kupferne Pfanne (man kann sie auch in einem Topfe kochen); man gibt nur die Stängel zum Boden, und die Köpfe in die Höhe; gibt siedendes Wasser darauf, salzet es gut, und läßt ihn darin weich kochen. Man probirt es nur, bis man die Köpfe zerdrücken kann, dann seihet man das Wasser davon ab, gibt den Spargel büschelweise über's Kreuz auf die Schüssel, so, daß die Köpfe in der Mitte zusammen kommen, thut die Bindfäden herunter, streut geschwinde da er noch heiß ist, eine Hand voll feine Semmelbröseln darauf, gießt auf eine große Schüssel voll ein Viertelpfund heiße Butter darüber, und gibt ihn sogleich zur Tafel. Auch ist zu bemerken, daß der Spargel in keinem eisernen Geschirre gekocht werden darf, sonst wird er schwarz, da er doch am schönsten ist, wenn er grün bleibt.

(Neudecker Anna Maria, Die Bayerische Köchin in Böhmen, 1856)

Spargelerbsen

Hiezu werden die grünen, nicht dicken Spargel genommen, gereinigt und in halbfingerlange oder kleine Stückchen, den Erbsen ähnlich, geschnitten, dann in kochendem Salzwasser weich blanchirt und abgeseiht. Hierauf läßt man Butter gelb werden und röstet zwei Kochlöffel Mehl darin hellgelb und rührt es mit guter Fleischbrühe und einem Löffel Spargelsud glatt an, gibt das gehörige Salz und etwas Muskatnuß hinzu und nachdem die Sauce ausgekocht, gibt man den Spargel hinein und läßt ihn noch einmal darin aufkochen. Die Sauce kann auch mit zwei Eigelb legirt werden.

(Haller Christine, Neues Augsburger Kochbuch, 1882)

Spargelsalat

Schöner, dicker, frisch gestochener Spargel wird ohngefähr bis zur Hälfte von unten abgeschabt und etwas abgeschnitten, gewaschen, zusammengebunden und in siedendem Salzwasser weich gekocht. Hierauf mit einem Fischlöffel sorgfältig herausgehoben, auf eine lange Platte gelegt, das Band abgelöst und entfernt, mehrmals mit frischem Wasser übergossen und dann zum gänzlichen Erkalten zurückgestellt. Ist der Spargel kalt, wird er mit einer Mischung von Essig, Oel, Pfeffer und Salz mehrmals sorgfältig übergossen, daß die Köpfe nicht abbrechen.

Brechspargel in Buttersauce

Hiezu nimmt man dünne grüne Stämmchen, putzt die Blättchen bis zur Mitte ab, bricht oder schneidet sie, so weit sie sich brechen lassen, in halbfingerlange Stückchen ab und siedet sie in kochendem Salzwasser weich. Dann bringt man sie in einen Durchschlag oder Seiher, damit sie ablaufen. Läßt ein Stückchen Butter oder Suppenfett zerschleichen, rührt Mehl hinein, füllt es mit kochender Fleischbrühe und einem Löffel Spargelwasser langsam auf, damit es keine Bätzchen bekommt, läßt die Sauce auskochen, gibt etwas Salz daran und kocht eine Viertelstunde vor dem Anrichten den weich gekochten Spargel hinein. Kann auch mit zwei Eigelb legirt werden.

(Schandri Marie, Regensburger Kochbuch, 1889)

Kusa, „Spargel-Platte", 1984 (Deutsches Spargelmuseum Schrobenhausen)

Spargel in Einmachsauce

Vom Spargel werden die Blättchen von unten ungefähr bis zur Mitte abgeschabt, rein gewaschen in einen Bündel zusammengebunden und in kochendem Salzwasser weich gesotten, dann ein wenig kaltes Wasser daran gegossen, stehen gelassen. Soll der Spargel schön grün bleiben, darf er während dem Sieden nicht zugedeckt werden. Bei dem Anrichten wird der Spargel gleichmäßig auf eine Platte mit den Köpfchen einwärts gelegt und mit hellgelber Einmachsauce (Nr. 280) übergossen.

Spargel in Buttersauce

Nachdem der Spargel weich gekocht ist, wird er auf einer Platte schön geordnet und mit folgender Sauce übergossen:

Vier Loth (73 Gr.) Butter läßt man zerschleichen, rührt zwei Löffel Mehl hinein, rührt sie sogleich mit guter Fleischbrühe und einem Löffel Spargelwasser glatt, läßt sie gut auskochen und legirt sie mit einer Eidotter. Hierauf wird sie über den Spargel gegossen, oder in einer Sauciere beigegeben.

Spargelsuppe

Kleine grüne Spargeln, soweit sie grün und nicht hart sind, werden in längliche Stücke geschnitten, mit siedendem Salzwasser zugesetzt und halbweich gesotten. Nach diesem läßt man in einer Kachel 45 Gr. (3 Lot) Butter vergehen, nimmt die Spargeln nebst ein wenig fein geschnittener Petersilie dazu, streut so viel Mehl darüber, als zwischen 3 Fingern gefaßt werden kann, dämpft dies zusammen, gießt gute Fleischbrühe daran, und kocht es bis zum Anrichten. Ehe es nun über geröstete Weckschnitten oder Suppenklöse angerichtet wird, verrührt man 4 Eidotter mit 4 Eßlöffeln süßem Rahm und zieht dies mit der Spargelsuppe ab.

Spargel

Schneide an den Spargeln das Holzige unten weg, binde sie in Büscheln, die dicken und die dünnen besonders, weil eine Partie vor der andern weich wird. Koche sie in Salzwasser weich, aber so, daß die Köpfe nicht abfallen, gieße nicht alles Wasser ab, und erhalte sie heiß. Zu 50 Spargeln laß 4 Loth Butter zergehen, setze ihn ab von der Kohle, rühre einen Kaffelöffel voll Mehl und 4 Dotter schnell daran mit etwas kalter Fleischbrühe, setze die Kasserole wieder über die Kohle, rühre beständig, gieße von dem Spargelwasser auch Fleischbrühe noch dazu und laß die Brühe dicklich anziehen. Die Spargel rangiere anständig auf die Platte, daß die Köpfe einwärts sehen und gieße die Brühe darüber. Gebackene Kalbsfüße, Brieslein oder Schmalzgebakkenes gib zu Tisch.

Spargeln mit Sauce

Von geschabten und rein gewaschenen Spargeln werden je 10–12 Stück zusammengelegt, mit den Köpfen leicht auf den Tisch gestoßen, fest zusammengebunden und unten abgeschnitten. ½ Stunde vor dem Anrichten werden sie in kochendes Salzwasser gelegt, weich gekocht, dann herausgehoben, auf die gehörige Platte gelegt und aufgebunden. 100 Gr. (6 Lot) Butter werden leicht gerührt, 6 Eidotter und 1 Eßlöffel feines Mehl hineingerührt, mit guter Fleisch- und Spargelbrühe verdünnt und so lange auf schwachem Feuer unter stetem Umrühren gekocht, bis es eine dicke zarte Sauce bildet, man giebt etwas Zitronensaft oder Muskatnuß dazu und richtet sie in Mitte der Spargeln an. Einfachere Sauce dazu, siehe Nr. 168. Man kann gebackene Brieslein, Omelette, rohen oder gekochten Schinken, oder kalte geräucherte Zunge dazu geben. Bei feinen Mahlzeiten giebt man die Spargeln ohne Beilage, die Sauce dazu besonders in Saucière.

Spargeln mit Krebsragout

25 Krebse werden gesotten, die ausgeschälten Schwänze zurückbehalten, die Schalen mit etwas Butter gestoßen, in 100 Gr. (6 Lot) Butter gedämpft, mit Fleischbrühe gekocht und durch ein Haarsieb getrieben. 2 Kalbsbrieslein, 2 Euter, eine Handvoll Morcheln werden verwällt, in längliche Stücke geschnitten und die Schwänze der Länge nach geteilt. 60 Gr. (4 Lot) Butter läßt man in einer Kasserole zergehen, röstet 1 Kochlöffel Mehl nur wenig darin, gießt die Krebsbrühe, das Geschnittene, nebst Salz, Muskatnuß und etwas fein geschnittener Petersilie dazu und läßt es kochen. Nun werden 2 Eidotter daran gerührt und inmitten der im Salzwasser gekochten, auf eine Platte gelegten Spargeln angerichtet.

Brockelspargeln

Man nimmt hiezu die dünnen und ganz grünen Spargeln. Wenn sie geputzt sind, werden sie, soweit sie sich gerne brechen lassen, in zolllange Stücke gebrochen, in Salzwasser weich gekocht und dann abgeschüttet. Zu 1 Liter (2 Sch.) solcher Spargeln werden 125 Gr. (¼ l) magerer Schinken und etwas Schnittlauch klein geschnitten, mit 6 Eiern, 4 Eßlöffeln süßem Rahm, Salz und Muskatnuß verrührt; dann läßt man 100 Gr. (6 Lot) Butter in einer Kasserole zergehen, gießt das Angerührte hinein und läßt es unter beständigem Rühren ein wenig anziehen, nimmt die abgelaufenen Spargeln dazu.

(Löffler Friedrich Luise, Neues Stuttgarter Kochbuch, 1891)

Spargelgemüse

Hierzu können die kleineren Stangen verwendet werden, die man sauber geschält in fingergliedlangen Stücken mit Salz weichkocht, dann auf dem Siebe ablaufen läßt. In die mit frischem Wasser, Butter und Salz wieder ans

Eduard Baltzer

Feuer gesetzten Spargel quirlt man nun, wenn sie wieder aufkochen, eine vorher angerührte Mischung von 3 ganzen Eiern und 3 in Milch erweichten Semmeln, und giebt zuletzt noch feingewiegte Petersilie dazu. Man kann dieses angenehme Gericht auch mit Semmelklößchen (Nr. 75) an Stelle der Kartoffeln anrichten.

Auch Schwarzwurzeln schmecken, gleich behandelt, vortrefflich.

(Baltzer Eduard, Vegetarianisches Kochbuch, 1891)

Spargel

Man schabt bei zarten Stämmen die schuppenartigen Blättchen vom Spargel ab, bei dikken, festeren die Haut abwärts weg und bricht ihn, wo er hart wird, ab. Dann wäscht man ihn, bindet ihn locker büschelweise und kocht ihn ½ Stunde, worauf man erst Salz dazu gibt. Wenn man ihn leicht durchstechen kann, wird er mit dem Backlöffel oder Einsatz des Spargelkochers herausgenommen, auf die Schüssel gegeben, aufgebunden und mit obiger Butter-Sauce übergossen.

(Prato Katharina, Die Süddeutsche Küche, 1898 [die Erfinderin des Spargelkochers?])

Spargelgemüse mit Morcheln

Man läßt die gereinigten Morcheln in Fleischbrühe weich kochen, was etwa 2 Stunden dauert. Unterdes schält man Spargel von beliebiger Stärke, schneidet ihn in kurze Stükke und kocht ihn in Wasser mit etwas Butter weich. Hierauf bereitet man mit Krebsbutter oder gewöhnlicher Butter so viel Schwitzmehl, als man zur Sauce nötig hat, giebt von der Morchelbrühe dazu und ebenso viel Spargelbrühe, würzt mit dem nötigen Salz, etwas Zukker und Muskatblüte und läßt alles gut durchkochen. Dann giebt man den Spargel und die Morcheln hinein, nebst ausgebrochenen Krebsschwänzen und kleinen Scheren. Nachdem man das Gemüse ein paarmal hat aufstoßen lassen, richtet man an und belegt die Schüssel kranzförmig mit großen Krebsscheren, die man an einer Seite aufgeschnitten hat. – Man kann dies schmackhafte Gemüse auch einfacher gestalten, indem man die Krebse fortläßt und die Morcheln in Salzwasser statt in Fleischbrühe kocht. Alsdann zieht man die Sauce mit Eigelb ab und schwenkt das Gemüse mit fein gewiegter Petersilie durch.

(Ehrhardt Mathilde, Großes Illustriertes Kochbuch, 1901)

Katharina Prato

Spargelragout

Man kocht 1½ Pfund Spargel, in kurze Stücke geschnitten, in wenig Salzwasser gar; schwitzt ein gutes Stück Butter mit einem Löffel Mehl, thut die Brühe vom Spargel hinzu und läßt es ankochen. Nun setzt man etwas Fleischklößchen hinein, giebt die Spargel hinzu und macht die Speise mit etwas Liebig's Fleischextrakt kräftiger und schmackhafter. Gute Salzkartoffeln, dazu gereicht, vervollständigen die Mahlzeit.

(Anonym, um 1905)

Spargeln in Tomatensulz

1½ Pfund Spargel, Salzwasser, 12 Eßlöffel Tomatenbrei, 35 g Gelatine auf 1½ l Flüssigkeit.

Die geputzten Spargeln werden in Salzwasser weichgekocht, mit kaltem Wasser abgeschreckt und mit Zitronensaft beträufelt. Ungefähr 1½ l Spargelbrühe läßt man mit dem Tomatenbrei und der Gelatine aufkochen und gießt einen Spiegel von der Sulz in die Form. Wenn die Sulz fest ist, legt man schön geordnet die Spargeln darauf und übergießt sie mit der Sulz.

(Kiehnle Hermine, Kiehnle-Kochbuch, 1921)

Spargel mit Mohrrüben oder Karotten

Der Spargel wird geschält und soweit er weich ist, in kleinfingerlange Stücke geschnitten. Junge zarte Mohrrübchen oder Karotten werden geschabt und ein bis zweimal der Länge nach durchgeschnitten, so daß sie die Größe der Spargelstücke haben. Inzwischen hat man leicht gesalzenes Wasser mit 1 Prise Zukker und einem nußgroßen Stückchen Butter ins Kochen gebracht, gibt beide Gemüse hinein und läßt sie weichkochen. Die Gemüsebrühe wird mit hellem Schwitzmehl sämig gemacht und das Gemüse wieder damit vermischt.

Für die Festtafel kann man auch Spargelspitzen in einen gestürzten Rand von Eierstich anrichten und diesen Rand mit gehackten Trüffeln bestreuen.

Spargel im Reisrand

Gute Verwendung dünneren Spargels. Der Spargel braucht zur Bereitung dieses Gerichtes nicht sehr dick zu sein, aber er muß sehr zart sein. Er wird gut geschält und in etwa 4 cm lange Stücke geschnitten, in kochendem Wasser gar, aber nicht zu weich gekocht, worauf man ihn gut abtropfen läßt. Dann verknetet man in einer Kasserolle zu 1 kg Spargel 125 g Butter mit 25 g Mehl, gibt unter beständigem Quirlen so viel des Spargelwassers hinzu, daß eine glatte sämige Sauce entsteht, und zieht sie mit 3 Eigelb und etwas Zitronensaft sowie 1 Prise Zucker ab. Dann kocht man in der Zeit einen guten Bouillonreis nach Nr. 1152, den man in eine ausgespülte Randform drückt und auf eine runde Schüssel stürzt. Die Spargelstücke werden mit der Sauce vermischt und in den Rand gefüllt. Der Reisrand selbst wird dicht mit feinwürflig geschnittenem Schinken bestreut.

(Hahn Mary, Illustriertes Kochbuch für die einfache und feine Küche, 1928)

Schwarzwurzel- oder Spargelpudding

Zutaten: ½ Pfund Schwarzwurzel oder Spargel, 30 Gramm Butter, ¼ Liter Milch, ¼ Liter Spargelwasser, 3 Eier, 3 Löffel Mehl, 40 Gramm geriebener Käse.

Man kocht das Gemüse, nachdem es vorbereitet und in kleine Stückchen geschnitten ist, in Salzwasser weich und läßt es abtropfen. Inzwischen bereitet man aus den Zutaten eine dicke Tunke mit Gemüsewasser und Milch, zieht sie vorsichtig mit den Eigelb ab, gibt Käse, das Gemüse und zuletzt den Schnee der 3 Eier darunter, sowie etwas Muskat, gießt die Masse in dem Spargelwasser eine dicke Tunke nach Nr. 629, gibt das Spargelmark dazu, läßt das Mus aufkochen und streicht es nochmals durch das Sieb. Dann zieht man es mit 1–2 Eigelb ab, würzt und füllt die Masse in die nach Nr. 256 vorbereiteten Muscheln und beendigt die Speise wie jenes Rezept. Schwarzwurzel, Blumenkohl werden ebenso zubereitet.

(Marcuse-Woerner, Die fleischlose Küche, um 1930)

Das letztgenannte Rezept aus der Fülle von zwar seltenen, dennoch aber so manchen Bücherschrank zierenden bibliophilen „Kochkunstbüchern" zeigt neben der ausgefalleneren Puddinganweisung auch das „häßliche Entlein" der so bezeichneten Spargel-Ersatzgewächse. Im Volksmund nicht nur „schwarzer Spargel" genannt, sondern auch ebenso häufig als solcher gegessen, hat sich diese im Aussehen, nicht aber im Geschmack ähnliche „gemeine Schwarzwurzel", solange es Spargel gibt, in dessen Schatten befunden. Der Unterschied von Schwarzwurzel zu Spargel wurde gleichgesetzt mit arm und reich.

Anthelme Brillat-Savarin (1755–1826)

Die hohe Kunst, dem Spargel nichts zu nehmen, wurde in der zweiten Hälfte des 20. Jahrhunderts von den berühmtesten Köchen Europas in feinsinnig-phantasiereichen Variationen nicht nur doziert, sondern in Hunderten von zum Teil bebilderten Rezeptsammlungen zelebriert. Hingewiesen sei dabei auf Alfred Walterspiel († 1960) ebenso wie auf Paul Bocuse, in dessen Restaurant in Collonges-au-Mont-d'Or/Südfrankreich Grünspargel in Vollendung serviert wird. Auch die Avantgarde der deutschen Kochelite hat sich verstärkt dem König der Gemüse angenommen. Etwa Eckart Witzigmann, der in der Münchener Aubergine z. B. Grünspargel mit Wachteleiern zu einer Augen- und Gaumenweide komponierte, oder Dieter Müller, dessen Schweizer Stuben in Wertheim-Bettingen, unweit von Würzburg, gerade zur Frühlingszeit ebenso pracht- wie geschmackvolle Spargelkreationen bieten. Dennoch. Es handelt sich dabei nicht um die typischen Restaurants. Diese liegen verstreut in der Bundesrepublik, oft nur mit Hilfe Eingeweihter auf der Landkarte auffindbar und, von einigen abgesehen, auch in der Ausstattung und im Äußeren nicht den „Sterne-Häusern" vergleichbar. Dafür aber unschlagbar in der Zubereitung des edlen Gemüses, das in diesen Stätten der Gastlichkeit eher und damit frischer auf den Tisch kommt, als anderswo möglich. Denn das Spargelfeld befindet sich dort praktisch vor der Türe. Aus diesem Grunde werden auch einige ausgewählte – stellvertretend für viele ebenbürtige – Spargelrestaurants in einem eigenen Kapitel vorgestellt. Diese sollen anregen, verlocken und überzeugen.

Komplettiert werden kann schließlich die Rezeptsammlung „Spargel" durch die deutschen Spezial-Sammlungen, zusammengetragen von Hans Karl Adam („Spargel du meine Wonne"), Emil Reimers („Das Spargel-Kochbuch"), Bernhard Stein („Schwetzinger Spargelbuch") und Peter Bührer („Spargel ist einfach spitze"). Der Information soll schließlich auch die nachfolgende französische Standardzubereitung dienen:

Asperges au Naturel
(für 6 Personen)

1,5 Kilogramm frischer grüner Spargel wird gleichlang geschnitten und so geschält, daß am Stangenende etwa 1,5 mm Schale wegfällt, in Richtung der Spitze jedoch nur noch hauchdünn. In kaltem Wasser gewaschen, werden die so vorbereiteten Spargel in fünf bis sechs gleichgroße Bündel mit Faden zusammengefaßt. Gleichzeitig bringt man 6 Liter Wasser mit 3 Eßlöffeln Salz zum Sprudeln, bringt die Stangen in den Topf und läßt sie bei reduzierter Hitze ohne Deckel etwa 8 bis 10 Minuten kochen. Fertig ist der Spargel, wenn die Köpfe nachgiebig, aber noch etwas widerstandsfähig sind. Serviert wird mit zerlassener Butter oder – nach dem Erkalten – mit Vinaigrette-Sauce.

Hans-Peter Wodarz: Spargelmenü

Die Erkenntnis ist einfach: Spargel ist ein Genußmittel, eine Delikatesse. Und sie fordert deshalb auf dem langen Weg zwischen Forschung, Anbau, Ernte und Verarbeitung nicht nur die Wissenschaftler und Ökonomen, sondern im Besonderen auch die Köche. Sie sind es, die letztlich das einmalige Geschenk der Natur dem Feinschmecker zu übergeben haben. Und zwar vollständig und vollendet im Geschmack und Aussehen, nicht als fad-farbiges, allenfalls nach einem Gemisch von Spinat, Blumenkohl und Schwarzwurzeln anmutendes Gebilde mit exotischer Bezeichnung.

Diese Herausforderung haben die großen Köche der Welt schon immer gerne angenommen. Auch die deutsche Elite der Küchenmeister hat eine besondere Vorliebe für das Saisongemüse entwickelt, die zu immer neuen Kreationen, zu Kunstwerken des Genusses führte. Ein repräsentativer Querschnitt durch die Bundesrepublik – Spargelrezepte aus Meisterhand – soll dies verdeutlichen (siehe Seite 100–120).

Auch für die „Ente vom Lehel" ist Spargel Anreiz und Verführung, Motiv und Inspiration. Warum nicht einmal ein komplettes Spargelmenü? Mit einem dominiernden, dennoch nicht aufdringlichen Hauptdarsteller „Spargel" bei Vorspeise, Suppe, Zwischen- und Hauptgang und Nachspeise? Hans-Peter Wodarz, immer auf der Suche nach Neuem, vielleicht auch Ausgefallenem, hat zusammen mit Herbert Langendorf dieses Stück der Spargelgeschichte komponiert, unterlegt mit der jeweils zu empfehlenden Weinbegleitung (siehe Seite 66–75):

Spargel-Menü

Spargel mit Avocadoschaum
und Wachtelbrüstchen
1982er Niersteiner Orbel (Rheinhessen)
Riesling Spätlese Trocken ● Die Nasen ●
(S. 66/67)

Spargelcremesuppe
mit Rouget Barbet
und Trüffel
1982er Niersteiner Orbel (Rheinhessen)
Riesling Spätlese Trocken ● Die Nasen ●
(S. 68/69)

Spargel an Orangenbutter
mit Hummer
1983er Pouilly Fumé (Loire)
Gitton Père & Fils
Spezialabfüllung für
DIE ENTE VOM LEHEL
(S. 70/71)

Entenbrust mit Spargel
1969er Ingelheimer Burgwerg
(Rheinhessen)
Spätburgunder Spätlese Trocken ·
● Die Nasen ●
(S. 72/73)

Spargel-Soufflé
mit Haselnußeis
und karamelisierten
Spargelspitzen
Champagne Rosé – Premier Cru
● Die Nasen ●
(S. 74/75)

Porzellan: Goebel-Oeslauer Manufaktur „PLAZA", Design Hanns Welling

Carl Schuch, „Spargelstilleben mit Krug", 1885 (Neue Pinakothek München)

Spargel mit Avocadoschaum und Wachtelbrüstchen

Für 4 Personen:
20 Spargel, geschält
Salz, Zucker, etwas Butter
8 ausgelöste Wachtelbrüstchen
Salz, Pfeffer
etwas Butter zum Anbraten
wenige Tropfen alten Balsamico-Essigs
2 reife Avocados
1 Zitrone
3 Blatt Gelatine
Salz, Pfeffer
1/4 l geschlagene Sahne

Spargel in reichlich Salzwasser kochen, dem etwas Zucker und Butter beigegeben ist. Je nach Größe der Spargel richtet sich die Kochzeit. Bitte darauf achten, daß die Spargelspitzen noch einen ‚Biß' haben.

Wachtelbrüstchen:
Wachtelbrüstchen mit Salz und Pfeffer würzen. Butter in einer Pfanne heiß werden lassen und die Brüstchen mit der Hautseite nach oben leicht anbraten. Danach auf die andere Seite drehen und ca. 4 Minuten lang fertig braten lassen. Aus der Pfanne nehmen und bis zum Anrichten warmstellen. Wenige Tropfen alten Balsamico-Essigs in den Bratenfond zum Ablöschen.

Avocadoschaum:
Die Avocados halbieren, den Kern herausnehmen. Fruchtfleisch von der Schale lösen. Avocados mit dem Saft der Zitrone in den Mixer geben und pürieren. Diesem Püree die aufgelöste Gelatine hinzufügen, mit Salz und Pfeffer abschmecken. Geschlagene Sahne unterziehen und in einer Form kalt stellen. Zum Anrichten den Schaum mit einem warmen Löffel ausstechen, auf den Teller legen. Die abgetropften Spargelspitzen und die Wachtelbrüstchen ebenfalls. Bratenfond kurz erwärmen und über die Brüstchen nappieren.

Weinempfehlung
1982 Niersteiner Orbel Riesling
Spätlese Trocken – Die Nasen –

Rheinhessen
1982
Niersteiner Orbel
Riesling trocken
Qualitätswein mit Prädikat
Spätlese

Spargelcremesuppe mit Rouget Barbet und Trüffel

Für 4 Personen:
400 g geschälter Spargel
80 g schwarzer Trüffel
4 dl süße Sahne
Liaison: 2 Eigelb
mit etwas geschlagener Sahne
2 Rouget Barbet (à ca. 200 g)
Salz, Pfeffer, Zucker, Zitrone, Muskat

Spargel schälen, von den Schalen einen Fond kochen (= kalt angesetzt, gerade eben mit Wasser bedeckt, ca. 15 Minuten lang kochen lassen). Spargel in dem gewonnenen Fond (ohne Schale) garen. Die Spitzen abschneiden. Beiseite legen. Sie werden als Einlage oder Garnitur genommen. Spargelstrünke im Mixer mit dem Fond pürieren. Sahne zugeben. In einer Kasserolle auf dem Herd auf 1/3 reduzieren lassen. Mit Salz, Pfeffer, Zucker, Zitrone und Muskat abschmecken. Vom Herd nehmen und mit der Liaison legieren. Rouget Barbet schuppen, filieren, entgräten (Haut muß dranbleiben). Kurz vor dem Servieren in geklärter Butter braten. Bratzeit pro Seite ca. 1 Minute. Trüffel mit einem Spezialgerät (Trüffelhobel) in die Suppe hobeln oder mit einem scharfen Messer hauchdünne Scheiben schneiden.

Weinempfehlung
Niersteiner Orbel (Rheinhessen)
Man glaubt, den verwitterten roten Schiefer vom Rheinufer in ihm zu riechen und zu schmecken. Feinnervig verbindet er die Trüffel mit dem Rouget Barbet und dem zarten Spargel.

Rheinhessen
1982
Niersteiner Orbel
Riesling trocken
Spätlese

Spargel an Orangenbutter mit Hummer

Für 4 Personen:
20 Stangenspargel
Salz, Zucker, Butter
Hummer
2 kleinere lebende Hummer
etwas Kümmel, Fenchel und Karotten
Orangen-Butter
4 Orangen natur
1/2 Echalotte fein geschnitten
1 kleiner Estragonzweig
150 g feste Süßrahmbutter
Salz, Cayenne-Pfeffer
1 EL geschlagene Sahne

Stangenspargel schälen und in Wasser knackig kochen, dem Salz, Zucker und Butter beigegeben sind. Hummer kopfüber in reichlich kochendes Salzwasser geben, das mit Kümmel, Fenchel und Karotten gewürzt ist. 10 Minuten köcheln lassen. Vom Herd nehmen. Im Wasser belassen. Zum Anrichten ausbrechen.

Orangen-Butter:
2 Orangen schälen und filieren. 2 Orangen entsaften. Die Echalotte und Estragonblätter mit dem Orangensaft durch leichtes Kochen auf 1/3 reduzieren. Feste Butter stückchenweise in die Reduktion einrühren. Mit Salz und Cayenne-Pfeffer abschmecken. Durch ein Sieb passieren. Die Schlagsahne unterheben und zum Schluß die Orangenfilets dazugeben.

Weinempfehlung
1983 Pouilly Fumé (Loire)
Gitton Père & Fils
Spezialabfüllung für
DIE ENTE VOM LEHEL
Der Pouilly Fumé unterstützt den Spargel. Würzig öffnet er Zunge und Gaumen für den nussigen Hummer und kontrastiert herb angenehm mit seinem Rauchton zur Orangensauce.

CLOS JOANNE D'ORION
Pouilly-Fumé
Sélectionné par
Die Ente vom Lehel
Wiesbaden
Hans-Peter Wodarz
Die Ente

Entenbrust mit Spargel

Für 4 Personen:
1000 g Spargel
2 EL Butter
1 Prise Zucker
Salz
Zitrone
2 Eschalotten
2 cl Spätburgunder
1 cl Madeira
Brauner Geflügelfond
4 Barbarie-Entenbrüste (ohne Knochen)
Salz, Pfeffer

Spargel schälen und in Salzwasser mit Butter und Zucker knackig kochen. Den Spargel herausnehmen und die Stangen auf gleiche Länge schneiden. Entenbrüste mit Salz und Pfeffer würzen, im auf 300 Grad vorgeheizten Backofen bei starker Hitze fünf bis acht Minuten rosa braten. Warmstellen und fünf Minuten zugedeckt auf einer warmen Platte ruhen lassen.

Für die Sauce
2 feingeschnittene Eschalotten in Butter anschwitzen, mit Spätburgunder und Madeira ablöschen, auffüllen mit braunem Geflügelfond und reduzieren.
Zum Abschmecken Salz, Pfeffer und etwas Zitronensaft.
Vor dem Anrichten noch frische Butter in die Sauce einschwenken.

Weinempfehlung
Backpflaumen, Kastanien und schwarze Johannisbeeren – sonst ausgesuchte Begleiter der Ente auf dem Teller – scheinen sich hier im Glas zu treffen, beim 1969 Ingelheimer Burgwerg (Rheinhessen) Spätburgunder Spätlese Trocken – Die Nasen –
Dieser ehrwürdige Ton, den beste Spätburgunderweine erst nach vielen Jahren entwickeln, gestützt auf eine feste Säure, enthält in sich den Dreiklang rosa gebratene Entenbrust auf dunkler Spätburgundersauce und ganz naturbelassenem knackig gekochtem Spargel mit etwas zerlassener Butter.

Rheinhessen
1969
0,7 l

Spargel-Soufflé mit Haselnußeis und karamelisierten Spargelspitzen

Für 4 Personen:
350 g Spargelenden, kleingeschnitten
80 g Butter, 2 dl Spargelfond
70 g Mehl, 6 Eigelb, 1 Prise Salz
etwas geriebene Muskatnuß
1 cl Grand Marnier
10 Eiweiß, 150 g Zucker
Zum Ausrichten der Timbal-Backformen:
Butter, Zucker, Mehl
Haselnuß-Eiscreme:
50 g gemahlene, geröstete Haselnüsse
10 g Honig, 100 g Milch, 100 g Sahne
200 g Milch (davon etwas zurückbehalten)
75 g Zucker, 1/2 Stange Vanille, 3 Eigelb (Milch)
Caramelsauce:
Spargelspitzen
50 g Zucker, 2 Limonen (Saft)
1 cl Grand Marnier
evtl. etwas Wasser

Spargel-Soufflé:
Die Spargelenden in Butter anschwitzen, mit Spargelfond auffüllen und mit Mehl abrühren. Vom Feuer nehmen, etwas abkühlen lassen und die Eigelbe daruntermischen. Mit Salz und Muskat würzen. Grand Marnier dazugeben. Die Eiweiße mit Zucker zu Schnee schlagen und leicht unter obige Masse heben. Timbal-Formen: Gründlich ausbuttern, auszuckern, ausmehlieren. Vorbereitete Auflaufmasse zu 3/4 der Form füllen. Backen: Bei 180 Grad ca. 25–30 Minuten.

Haselnuß-Eiscreme:
Haselnüsse, Honig und Milch zusammen kochen bis die Masse weich ist. Sahne, Milch, Zucker und Vanillestange aufkochen lassen. Topf vom Feuer nehmen und das mit Milch verquirlte Eigelb unter die nicht mehr kochende Masse geben. Danach passieren und die weichgekochte Haselnußmasse dazugeben. Frieren lassen.

Caramelsauce:
Spargelspitzen kurz blanchieren und abtropfen lassen. Zucker in der Pfanne schmelzen, mit Limonensaft ablöschen, Grand Marnier dazugeben und gut durchkochen lassen. Evtl. noch etwas Wasser dazugeben. Spargelspitzen zu der Caramelsauce geben und ihn ca. 2–3 Minuten damit überziehen lassen.

Weinempfehlung
Champagne Rosé aus einer Premier Cru-Lage (beste Lagenbezeichnung in der Champagne) und **ohne** Dosage (DIE NASEN) bereichert zum Abschluß das Dessert vom Spargel mit seinem frischen, fruchtigherben an Walderdbeeren erinnernden Ton.

Die Ente

Vor Witzigmann – nach Witzigmann

Es ist noch gar nicht einmal so lange her, da bestand unser jetziges Deutschland aus vielen Staaten, Königreichen, Fürstentümern. Jeder kochte sein Süppchen für sich, nicht nur auf dem Herd.

Dann kam es zur Einigung und Gründung des Deutschen Reiches; in der Küche blieb alles beim Alten.

In den ärmeren Schichten wurde gegessen, was auf den Tisch kam, d. h., was man gerade hatte, je nach Jahreszeit, Geldbeutel und Zufall, – also „regionale Küche" in Urform. Bei den Reichen dagegen lebte man, so man wollte, im Überfluß. Neben der heimischen Küche war nichts Französisches fremd, – weder vom Produkt, noch von der Art der Zubereitung her.

Man trug das Ganze vielleicht etwas deftiger und massiver auf, aber wozu auch so viel Raffinesse, wo man doch groß und stark werden wollte.

Das wurde man dann auch, und die, die es nicht waren, taten so, als wären sie es. Was dabei herauskam, wissen wir: Alles Porzellan wurde zerschlagen. Da wir Deutsche auch gründlich genug sind, gleich zweimal, das leider auch nicht nur in der Küche.

So standen wir mal wieder vor dem Scherbenhaufen und warteten statt auf den Kochmessias aufs Care Packet, oder gehamsterte, getauschte Naturalien. Alles wurde besser, es ging steil bergauf, weswegen uns im nachhinein vielleicht vieles so heruntergekommen erscheint. – Die Kartoffel-Steckrübencreationen wichen Koteletts, Schnitzel, Brathendl und Hawaiisteaks. Man strich sich genüßlich über den Bauch und war zufrieden.

Allmählich wagte man über den eigenen Teller zu schauen, Grenzen wurden leichter überschritten. Man verlor die Scheu vor dem angeblich Fremden, lernte Italien, Frankreich kennen und schätzen. Wer Geschmack hatte, kannte außer Pommes Frites schon Schnecken und wagte sich immer mehr an die sogenannte französische Küche heran, vom Elsaß gings nach Burgund und weiter. Hirn und Gaumen wurden geweckt, – die Zeit des Entbehrens war vorbei, Wirtschaftlich war vieles erreicht, man war wieder wer.

Warum konnten wir eigentlich nicht so gut kochen wie Franzosen und Italiener? Kurz und schlicht: Weil wir Hunger und weniger Produkte hatten. Ein knurrender Magen schreit nach Sattwerden, – nicht nach Walterspiel und Escoffier.

Aber diese Zeiten waren gottlob passé. Auf dem Viktualienmarkt und anderswo gab es alles zu kaufen, was das Herz begehrte. Man versuchte das Beste damit anzufangen, aber irgendwie reichte das alles nicht. Unsere Nachbarn schienen es besser zu können.

Und gerade in dieser Zeit passierte das eigentliche Wunder. Es erschien kein Messias, sondern Herr Eichbauer schuf das Restaurant TANTRIS und verpflichtete 1971 Eckart Witzigmann als Chef. Hier beginnt der große Umbruch in der Küche. Wie Witzigmannschüler Hans Peter Wodarz sagt, teilt sich hier die Einstufung unserer Küche in die Zeit vor Witzigmann und die Zeit nach Witzigmann.

Die Leistung, vor allem die Auswirkung dieses sympathischen Kochkünstlers ist gar nicht hoch genug einzuschätzen. Durch seine Ausbildung in vielen Ländern wie Belgien, Skandinavien, England, Amerika und in Frankreich entstand eine ungeheure Weltoffenheit. Durch sein Schaffen wuchsen Freundschaften, die später wieder Tür und Tor für viele andere deutsche Köche öffneten.

Es gelang E. Witzigmann nationale und emotionale Schranken aus der großen Küche fernzuhalten. Er entkrustete, entrümpelte die sogenannte bodenständige Küche, er erweckte ihre Stärken und beließ ihr die regionalen Eigenarten. Dieses ist eine ungeheure Evolution nach Notzeiten, Vakuum und Amerikanismus. Durch härteste Arbeit, gegen teilweise Ablehnung gelang es ihm, neben aller Phantasie, nie endende Creativität, mit Charisma und Fortune – die ein großer Künstler eben auch

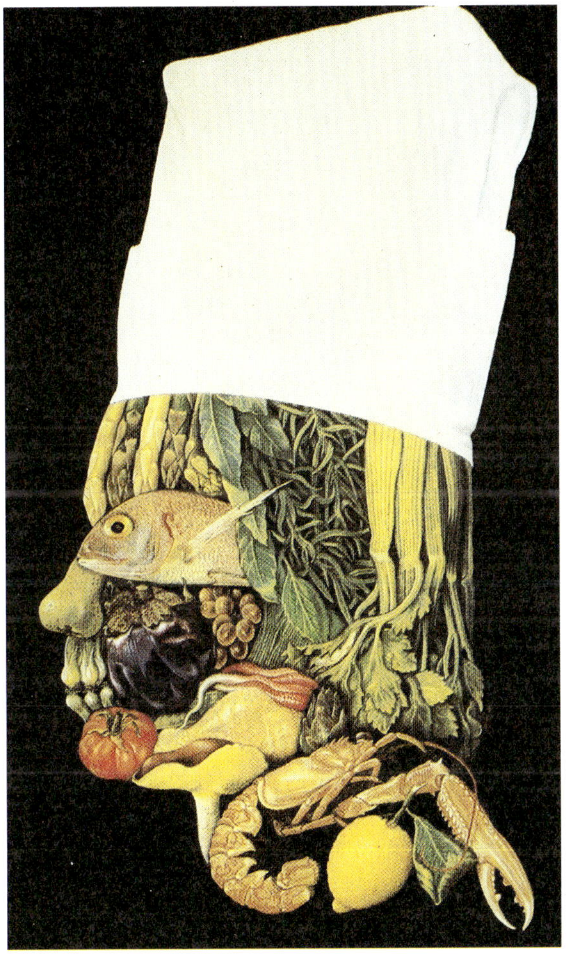

„Der Kopf des Koches“

Aquarell, Anita Albus, München (Titelblatt Menükarte des Restaurant „Aubergine“ München)

haben muß, um zu überzeugen, – eine neue Entwicklung der Küche einzuleiten und bis zur Vollkommenheit zu verwirklichen.

Bedeutung und Ausstrahlung lassen sich an seinen Schülern und Schülersschülern ablesen. Es gibt in der Spitzengastronomie wohl niemanden, der auch ohne persönliche Zusammenarbeit von dieser großen Witzigmannbewegung unbeeinflußt geblieben ist. Neben der erstmaligen Verleihung des 3. Michelin-Sternes in Deutschland ist es sein Verdienst, daß diese Küche überall und gerade bei den Franzosen anerkannt wurde. Durch seine Schüler wird diese Entwicklung des Kochens auf eine immer breitere Basis gestellt und weitergegeben.

Diese Entwicklung der Küche in die Breite, bis in den Landgasthof, bis an den privaten Herd wurde auch von Journalisten wie Besser, Paczensky, Siebeck ermöglicht, die sich sehr engagiert für die neue Küche einsetzten. Es entstanden Zeitschriften wie Angelika Jahrs „Essen und Trinken“, Willsbergers „Gourmet“, schon fast ein dokumentarischer Kunstband, – der „Feinschmecker“, etc. – Neben dem journalistischen Gespür für das Neue (in der politischen Berichterstattung war das Feuer im Ofen – zu einer sanften Glut geworden) haben sich all diese Schreiber und Macher für die Vielfalt dieser Küche eingesetzt.

Es wurde aufgeklärt, beschrieben, diskutiert, vor allem aber, durch die Medien wurde die Neue oder Erneuerte Küche in ihrer Größe und Wertigkeit bewußt gemacht. Wir empfinden Sinnesfreuden und bekennen uns dazu. – Welch ein glücklicher Fortschritt!

Es bleibt uns neben der stolzen Gewißheit, daß Großes erreicht worden ist, die Hoffnung und auch Sorge, daß das Koch- und Ideenerbe Eckart Witzigmanns nicht durch dummen Stolz und Wichtigtuerei verspielt wird.

Es ist jetzt die Aufgabe, eine Küchentradition zu begründen und zu festigen. Alle wirklich großen Dinge sind im Grunde ganz einfach und schlicht.

An Können und Creativität fehlt es der jungen Kochgeneration nicht, sie werden die erneuerte, große, vielfältige Küche, jeder nach seinem Temperament, weiterentwickeln und weitervermitteln.

So auch im speziellen Bereich der

Spargel-Gastronomie in Deutschland,

für die stellvertretend einige Restaurants zwischen Braunschweig, Schwetzingen und Schrobenhausen vorgestellt werden sollen:

Haus zur Hanse · Braunschweig

Haus zur Hanse
Güldenstraße 7
3300 Braunschweig
Telefon (0531) 46154

Kostbarkeiten aus Küche und Keller bietet das „Haus zur Hanse“ in Braunschweig. Dazu gehört in jedem Frühjahr Braunschweiger Stangenspargel – täglich frisch gestochen. Die Hanse war im Mittelalter eine Vereinigung norddeutscher Kaufleute. Sie durchreisten die ganze Welt und brachten kostbare Gewürze und exotische Früchte mit in die Heimat. Daraus entwickelte sich im Laufe der Jahrhunderte eine Küche, die heute zu den kulinarischen Abenteuern gehört. Das über 400 Jahre alte „Haus zur Hanse“ hat aus diesen Schätzen eine erlesene Auswahl zusammengestellt. Das „Haus zur Hanse“ wurde 1567 erbaut und 1627 Stammsitz der Woltersschen Bierbrauerei. Mitte des 18. Jahrhunderts verlegte man die Braustätte an den Stadtrand, wo sie 1882 mit dem Prädikat „Herzogliches Hofbräuhaus“ ausgezeichnet wurde. 1954 ist die ehrwürdige Fassade des alten Stammhauses fachgerecht renoviert und das historische Restaurant neu gestaltet worden. Sein guter Ruf ist zu Recht bis weit über die Grenzen des Braunschweiger Landes bekannt.

Das Bild mit dem Titel „Spargelhochzeit“ auf der Umschlagseite der originell gestalteten Spargelkarte lädt geradezu ein zu echten Schlemmerfreuden. Dafür bürgt auch Küchenchef Klaus-Peter Ahlgrimm, der erlesene Speisen und Getränke zu wahren Meisterwerken der Kochkunst vereint. Feine Vorspeisen und Suppen bilden im „Haus zur Hanse“ den Auftakt zu einem echten Feinschmecker-Menü zur Spargelzeit. Danach folgen klassische Spargelgerichte in verschiedenen Variationen. Dazu besteht das Angbot auserlesener Beilagen. Der stete Einkauf von täglich frischer Ware zeichnet die Küche im „Haus zur Hanse“ ganz besonders aus; darunter sind oft auch Spezialitäten, die nicht auf der Karte stehen, wozu der Küchenchef noch so manche Überraschung parat hat. Er stellt auch gerne etwas ganz Besonderes zusammen: so etwa das Feinschmecker-Menü, bestehend aus sechs speziellen Gängen, sorgfältig aufeinander abgestimmt und zubereitet nach der „Nouvelle Cuisine“.

Das „Haus zur Hanse“ liegt inmitten der Löwenstadt Braunschweig. Das traditionsreiche Gebäude und die stilvolle Atmosphäre runden das Gesamtbild ab und erfüllen selbst die Vorstellung anspruchsvollster Gäste. Wer in Braunschweig Spargel genießen will, der sollte den Weg in das „Haus zur Hanse“ nicht versäumen.

Küchenchef
Klaus-Peter Ahlgrimm

Ebenso beeindruckend wie berühmt: Das „Haus zur Hanse“

Sehen, hören, fühlen, riechen, schmecken.
Das Orchester der Sinne.
Bildliche Darstellung zum „Auftakt der Genüsse“
Hans Peter Wodarz (2. v. r.) und seine Mitspieler

Die Ente vom Lehel · Wiesbaden

Im Hotel Nassauer Hof
Kaiser-Friedrich-Platz 3
6200 Wiesbaden
Telefon (06121) 133666-668
Telex 4186847 nhof

Hans-Peter Wodarz und Küchenchef Herbert Langendorf

Von den mit am ältesten deutschen Spargelanbaugebieten Worms, Mainz, Ingelheim und Darmstadt umgeben liegt *Wiesbaden,* die Metropole der Sektherstellung, das Tor zum Rheingau, die Stadt der Lebensfreude.

Und im Herzen dieser, auch noch Landeshauptstadt Hessens, hat sich im Hotel Nassauer Hof eine „Ente" eingenistet. Das ehemalige Münchner Top-Restaurant DIE ENTE *IM* LEHEL residiert nun als DIE ENTE *VOM* LEHEL seit 1979 in Wiesbadens erstem Hotel, gegenüber dem Kurhaus, dem Spielcasino, dem Staatstheater und den umliegenden Kurparks, in denen viele Enten und deren mannigfaltigen Arten zu besichtigen sind.

Restaurateur *Der Ente vom Lehel,* deren Flügelschlag Gourmets, Gesellschaft und gelehrige Epikurier ebenso anlockt wie Spargelliebhaber in der Saison, ist Hans-Peter Wodarz.

Als Gründungsmitglied des *Committee 2000* – mit dem Ziel, die Angst vor der Zukunft durch eine positive Erwartungshaltung zu ersetzen – versucht der „Enten-Vater", dieser Philosophie auch en detail gerecht zu werden. Mit seinem Chef de Cuisine Herbert Langendorf, Maitre d'Hôtel Johannes M. van Toorn und den Chefs des Bistros und Entenkellers, Günther Kaufmann und Hubert Kleinfercher, vermittelt er dem Besucher die Verwirklichung einer Gesamtästhetik. Mehrere Sinne zugleich anzusprechen, die Freude des Magens und des Gaumens mit dem Wunsch nach Ohren- und Augenschmaus aufs vortrefflichste zu verbinden, ist sein ganzes Streben.

„Maestro" Hans-Peter Wodarz, kreativer Komponist und Dirigent, verwandelt die Räume seines Restaurants oft in einen Ort des Glücks und der Lebenskunst, in eine strahlende Kulisse für weltberühmte Stars. Hier traten Milva und Astor Piazolla auf, trafen sich die besten Zauberer und Illusionisten der Welt, demonstrierten Travestiekünstler, Kabarettisten, Bauchtänzerinnen und Clowns die hohe Kunst der Unterhaltung.

Das *Theatrium,* Deutschlands erlesenstes Straßenfest, zieht Hunderttausende begeisterter Menschen nach Wiesbaden und vor *Die Ente vom Lehel.*

In den Räumen des Top-Restaurants findet alljährlich ein *kulinarischer Weihnachtsmarkt* statt, lädt *Playboy* zu seinen Parties und wird der schon traditionelle *Ball nach dem Ball des Sports* gefeiert.

Die Ente vom Lehel ist der Treffpunkt für außergewöhnliche Ereignisse.

In der Saison des Spargels findet man im Restaurant sowie im Bistro und im Entenkeller Spargelgerichte in vielfältiger Weise. Ob „der erste Spargel in grün mit Waller", „Spargel mit Hummer und Kalbskopf" oder, in der klassischen Form „Spargel im Brioche" serviert werden, sie finden stets eine außergewöhnliche Begleitung aus der Weinkarte *Der Ente vom Lehel.* 1400 (eintausendvierhundert) Kreszenzen zur Auswahl. Das Wort Goethes hat auch hier Bestand: „Hier bin ich Mensch, hier darf ich's sein!".

Die Ente vom Lehel

Gasthof „Zur Schwane“
(Aquarell: E. Schnapka)

Die romantische Gaststube

Hotel · Gasthof „Zur Schwane“ · Volkach

Gasthof „Zur Schwane“
8712 Volkach am Main
Telefon (09381) 515

Wo der Main eine Schleife macht, als umarme er das Land, wo sich Natur und Kunst, Weinseligkeit und Lebensfreude begegnen, auf diesem Kulturboden ist die „Schwane“ gewachsen, die erste Gastwirtschaft Volkachs und eine der ältesten Frankens. Die Küche der „Schwane“ bezieht deren wesentliche Erkenntnis in ihre Streifzüge durch bodenständige Genüsse ein. Dazu gehört als besondere Spezialität der Gegend auch der Spargel.

Seit 1409 gibt es die Schwanenwirtschaft in Volkach, seit 1935 sind die Pfaffs Wirtsleute. Zwischen Hauptstraße 12 und Zehntgasse 6, zwischen 15. und 20. Jahrhundert liegt das Hotel „Zur Schwane“ – im Kern so alt wie die um 1430 begonnene Stadtkirche. Eingebettet in der von Fachwerk, Wehrttürmen, bürgerstolzem Rathaus und winkligen Gassen bestimmten Altstadt entstand unter Verwendung alter Bauteile das heutige 40-Betten-Hotel. Die zweite Generation der Familie Pfaff, Petra und Michael Pfaff, hat die Behaglichkeit nicht hinausrenoviert, sondern ihr Anwesen liebevoll und kunstsinnig mit Ererbtem und Gesammeltem ausgestattet.

Das Romantik-Hotel „Zur Schwane“ ist ein kleines, aber dennoch sehr bekanntes Wein- und Speiserestaurant, speziell auch in der Spargelzeit. Und mit einem Spargelanbaugebiet vor der Tür entspricht dies nur dem Prinzip des Hauses, nämlich frisches Gemüse der Saison und der Gegend auf der Speisekarte zu präsentieren. Ein außergewöhnliches, spezielles Spargelrezept gibt es im Gasthof „Zur Schwane“ aus Überzeugung nicht. Chefkoch Schott verarbeitet ganz im Sinne der Wirtsleute ausschließlich den kurzfristig, ganz frisch gestochenen Spargel und bereitet ihn auf die seit Generationen bewährte klassische Art zu. Voraussetzung im Gasthof „Zur Schwane“ ist es, daß der Chefkoch die Herkunft des Spargels kennt, das heißt in der Praxis, er kennt den Bauern und den Acker, auf dem der Spargel wächst. Der Spargel, der am frühen Morgen gestochen wird, wird zu Mittag serviert, der darauffolgende am Abend.

Chefkoch Werner Schott

Im Gasthof „Zur Schwane“ wird der Spargel großzügig geschält, gewogen und gebündelt. Er wird in einem dezenten Salzwasser mit reichlich Butter gegart und bißfest serviert. Dazu gibt es zerlassene, geklärte oder auch braune Butter, eine aufgeschlagene Sauce Hollandaise und Sauce Béarnaise sowie auf jeden Fall junge Frühjahrskartoffeln. Dazu wird in der „Schwane“ hausgeräucherter und luftgetrockneter „Dachbodenschinken“ gereicht. Der gekochte Hinterschinken wiederum wird mit Butter erhitzt und zum Stangenspargel serviert. Dies sind die urfränkischen Beilagen, ebenso wie die hausgemachten Bauernbratwürste. Ebenfalls angeboten werden Kalbssteak, Omelette und vieles mehr. Daneben gibt es noch die traditionelle Spargelcremesuppe oder etwas Spargelgemüse. In jedem Fall wird jedoch besonderer Wert auf den intensiven klassischen Spargelgeschmack gelegt, der durch nichts verändert werden sollte.

In Volkach kann man indes mit einer weiteren Spezialität aufwarten, die gerade zu Spargel vorzüglich schmeckt, befindet man sich doch mitten im fränkischen Weinland, auf halber Strecke zwischen Schweinfurt und Kissingen. So wird manches Spargelessen mit Weinen, die von den Pfaffs aus eigenen Reben gezogen werden, abgerundet und begleitet.

Das Restaurant Kirchmühle in Pfungstadt – 5 Minuten von der Autobahnabfahrt Pfungstadt gelegen
Küchenchef Ludwig Braun und Patron Karl Hans Koniarski

Restaurant Kirchmühle · Pfungstadt

Restaurant Kirchmühle
Kirchstraße 31
6102 Pfungstadt
Telefon (06157) 6820

Zweimal täglich frisch gestochener Spargel aus dem Griesheimer Sand, dem bekannten Anbaugebiet in der Region Pfungstadt. Dieses ebenso einfache wie offene Geheimnis der Tagesfrische läßt seit Jahrzehnten die traditionsreiche „Kirchmühle" zu einem Eldorado für Spargelliebhaber werden. Zumal die verkehrsgünstige Lage zwischen den Autobahnen Frankfurt-Mannheim-Stuttgart und Frankfurt-Karlsruhe-Basel in der Nähe der hessischen Bergstraße auch Gäste aus weit entfernten Gebieten anlockt.

Und selbst die längste Anfahrt wird reich entschädigt durch die Ausstrahlung des urgemütlich-vornehmen Restaurants, die stets zuvorkommende Bedienung und natürlich das exquisite Angebot von verschiedenen Spargelgerichten, etwa die „Lachsforelle mit Stangenspargel an Sauerampfersauce". Dafür sorgt Küchenchef Luwig Braun, dessen Kreationen – nicht nur zur Spargelzeit – weit über Pfungstadt hinaus Beifall finden. Die ideale Verbindung von Gaumenschmaus und Augenweide schuf der Patron des zur gehobenen Kategorie zählenden Hauses, Karl Hans Koniarski, auch durch die Ausgestaltung der über 500 Jahre alten Getreide-Wassermühle, deren überkommene Einrichtung weitgehendst in den gastronomischen Rahmen integriert wurde.

In der Wassermühle zu Pfungstadt/so erbauet a.D. 1469/und allenthalben bey jederman als Kirchmühl bekannt und unnötig dieses Orts weitläufig Lob zu reden/ist anjetzo ein ganz neues Gasthaus eingericht: Theils isset man altteusche Speisen; Theils aber auch nach heutiger Manier. Daneben wolthätige Gericht für des Leibes vermehrte Gesundheyt. Und höchlich erlesene Getrenck in ziemlicher Anzahl. Vor ein Thaler setzet man Wasserrad und Mahlwerck in aktion/und erfahret solchermassen gar curiose und nützliche Lektiones.

Romantisch, gediegen und schön – die Fassade des Hotel „Löwe“

Hotel Löwe · Schwetzingen

Hotel Löwe
Inh. Lore Werner
Schloßstr. 4–6
6830 Schwetzingen/Baden
Telefon (06202) 10064-65

Das äußere Erscheinungsbild Schwetzingens ist geprägt durch das Kurfürstliche Schloß und den Park, aber auch an Spargel denkt, wer als Besucher im Frühjahr nach Schwetzingen kommt. Eine der ersten Adressen Schwetzingens für lukullische Spargelgerichte ist das „Hotel Löwe".

Einen Steinwurf von Deutschlands größtem und schönstem Schloßgarten entfernt liegt der „Löwe": ein traditionsreiches Haus, urkundlich erstmals im Jahr 1884 erwähnt, als der Gastwirt und Metzgermeister Ludwig Schneider aus Leimen die Weinstube und Metzgerei erwirbt. Im März des gleichen Jahres wurde der „Löwe" von dem neuen Besitzer als Gastwirtschaft und Metzgerei eröffnet. 1949 dann erfolgte die Übergabe an das Ehepaar Hans-Dieter und Lore Werner. Die ebenso charmante wie tüchtige Inhaberin konnte nun schon das 35jährige Jubiläum als „Löwenbändigerin" feiern. Ihr Sohn Christian Werner ist seit Abschluß seiner Ausbildung als Hotelkaufmann im elterlichen Betrieb tätig. Die Küche des Hauses leitet seit 1984 Erwin Dietz – aus- und weitergebildet in verschiedenen renommierten Betrieben in der Bundesrepublik und im benachbarten Ausland.

„Ackerfrisch sowie sorgfältig geschält und zubereitet", das ist das oberste Prinzip im „Hotel Löwe" in Zusammenhang mit allen Spargelspezialitäten. Damit versucht man dem Rechnung zu tragen, daß es sich um ein „wahrhaft königliches Gemüse" handelt, das größte Sorgfalt verdient. Und so sind den Spargelgenüssen im „Hotel Löwe" nahezu keine Grenzen gesetzt. Zwar bestimmen einerseits Spargelgerichte klassischer Art mit verschiedenen schmackhaften Beilagen die Speisekarte, andererseits findet der verwöhnte Genießer auch extravagante Kreationen. Zu Schwetzinger Spargel empfiehlt sich unter anderem eine weitere Spezialität der Gegend, eine spezielle Art von Omelette, in Schwetzingen „Carl-Theodor-Krapfen" genannt. Besondere Aufmerksamkeit widmet man im „Löwen" auch der Harmonie von Spargel und Fisch, wozu sich auf der Speisekarte überaus schmackhafte Beispiele finden.

Auch besondere Wünsche werden im „Löwen" gerne erfüllt. So ist der Küchenchef stets gerne bereit, dem Gast auch einmal sein Leibgericht zuzubereiten. Denn persönliches Bemühen um den Gast und aufmerksamer Service sind in diesem Familienbetrieb noch gerne geübter Dienst.

Küchenchef Erwin Dietz

Spezialkarte im doppelten Sinne: Sie wird, einem Spargelbündel gleich, dem Gast gerollt vorgelegt

Gasthaus Rottner · Nürnberg

Romantik-Restaurant Rottner
Winterstr. 15, 8500 Nürnberg 80
– Großreuth bei Schweinau –
Telefon (0911) 612032

„Fränkische Frühjahrskur“ ist eine Spezialität im Gasthof Rottner in Nürnberg. Daß Spargel dabei eine große Rolle spielt, versteht sich angesichts der Nähe Nürnbergs zu den Spargelanbaugebieten wie von selbst. Ob es allerdings ausschließlich Gesundheitsapostel sind, die zu Zwecken einer Schlankheitskur im Gasthof Rottner Einkehr halten, darf bezweifelt werden. Denn hat der Spargel auch noch so wenig Nährwerte, so dürfte es so manchem abspeckwilligen Gast schwerfallen, angesichts der üppigen Speisekarte, auf die eine oder andere – vor allem fränkische – Spezialität als Beilage zu verzichten.

Die Spezialität des Hauses Rottner ist es, daß der Spargel morgens und spätnachmittags direkt von der Ernte dort eintrifft und sofort verarbeitet wird. Das bewirkt, daß der Spargel seinen intensiven Eigengeschmack behält. Jede Zutat, so die Wirtsleute, würde das feine Aroma überdecken. Deshalb erhält man Spargel im Gasthaus Rottner auch nur heiß mit zerlassener Butter serviert, dazu warmen Schinken vom Knochen geschnitten, oder aber lauwarm als Salat mit fränkischen Bauernwürsten. Als Salatrezept gilt folgende Regel: „Essig wie ein Geizhals, Salz wie ein Weiser, Öl wie ein Verschwender!“

Der eigenen Phantasie in der Auswahl der Beilagen sind indes keine Grenzen gesetzt. Die reiche Speisekarte bietet dazu eine Fülle von Möglichkeiten. Zu allem verfügt das Gasthaus Rottner über einen Keller voll Frankenwein, erdig, körperreich und charaktervoll, der auf Keuper und Muschelkalk um die romantischen Weinorte am Steigerwald und am Main entlang wächst.

Daß es dem Gast schmeckt und daß er sich wohl fühlt, darum sind stets bemüht die Wirtsleute Irma und Konrad Rottner.

Verträumt und idyllisch: Das Gasthaus Rottner

Seit Jahrzehnten für seine Spargelküche bekannt: Hotel-Restaurant Grieser

Küchenchef Ludwig Grieser

Hotel-Restaurant Grieser

Hotel Grieser
Bahnhofstraße 36
8898 Schrobenhausen
Telefon (08252) 2004/5/6

Das Hotel Restaurant Grieser ist im Spargelanbaugebiet Schrobenhausen eine erste Adresse. Das ist keine Übertreibung – in mehrfacher Hinsicht gehört das Haus unter die „ersten". Im Hotel Grieser wurden schon vor Jahrzehnten Spargelspezialitäten auf die Speisekarte gesetzt, zu einer Zeit, als die Nachbarschaft dieser Feinschmeckerküche noch skeptisch zuschaute. Heute ist das Haus als Restaurant der gehobenen Küche ein Begriff, und mit Sorgfalt pflegt Inhaber und Küchenchef Ludwig Grieser den guten Ruf.

Das Haus Grieser liegt in einem fast abgeschiedenen Winkel der kleinen Stadt im nördlichen Oberbayern. Die Ruhe wird auch durch die unmittelbare Nähe zum Bahnhof nicht beeinträchtigt, denn auf den Bahnsteigen in Schrobenhausen ist es recht still geworden . . .

So findet man hier die gewünschte Ruhe zur Übernachtung oder auch – wenns beliebt – zum Spargelgenuß. Die Spargelküche ist lebendig und abwechslungsreich, und Ludwig Grieser setzt gerne seine Phantasie ein und kreiert neue Gerichte. In der Saison liegt eine Spezialkarte auf, die Spargel in zahlreichen Variationen vorstellt, und auch die ausgesuchten Beigaben beweisen, wie sehr der Küchenchef bestrebt ist, den Gaumen nicht zu langweilen, Altbekanntes originell zu bieten und daneben auch noch manches Exquisite.

Ein bißchen Zeit sollte man sich schon nehmen zum Spargelessen. In der Küche wird nichts überstürzt, auch dann nicht, wenn die streng-eleganten Tische im Kernbereich des Lokals bis auf den letzten Platz besetzt sind. Es ist also nicht unbedingt ein Geheimnis, wenn man darauf hinweist, daß der Gast für eine ausgiebige Huldigung an den Spargel besser eine ruhigere Stunde wählt und vielleicht auch vorher telefonisch einen Tisch bestellt, wie dies in schöner Regelmäßigkeit auch bayerische Minister nicht versäumen . . .

Seit 1918 befindet sich das Hotel Restaurant Grieser in Schrobenhausen in Familienbesitz und wird nun in der dritten Generation von Ludwig Grieser und seiner Frau Heidi geführt. Die Küche hält der Chef, wie schon gesagt, in seiner Obhut, und Ludwig Grieser ist ein begeisterter Vertreter seines Faches. Jedem Detail verleiht er den nötigen Akzent, er schätzt die gediegene Gestaltung eines Menüs und pflegt deshalb besonders den Service am Tisch.

Wer sein Mahl richtig abrunden will, erhält jederzeit die gewünschte Beratung. Was um so leichter fällt, als der Weinkeller hervorragend sortiert ist, mit Weinen aus besten deutschen Lagen wie jenen von Franz Keller, Oberbergen, und den historischen Weinbaugebieten Frankreichs.

Die Spargelsaison ist nur eine kurze Zeit, von Anfang Mai bis über Mitte Juni hinaus. In der übrigen Zeit des Jahres bietet das Haus Grieser auch deutsche und leichte regionale Küche, im Herbst frisches Wild aus eigener Jagd. Besonders aber haben es Ludwig Grieser die kulinarischen Geheimnisse des westlichen Nachbarlandes angetan. Und diese Liebe zur französischen Küche konnte er schon an viele seiner Gäste weitergeben.

Tradition und Spargel pflegen die „Stief's" seit Generationen: Jakob Stief sen. mit Spargelkönigin Bettina Felbermair (1984/85), Schwiegertochter Martha und Sohn Jakob jun.

Einladend, nicht nur von der Außenansicht: „Der Schimmelwirt"

Zum Schimmelwirt · Schrobenhausen

Gasthaus „Zum Schimmelwirt“
Aichacher Straße 21
8898 Schrobenhausen
Telefon (08252) 7609

Wohl kaum ein Wirt in Deutschlands Spargelgebieten hat eine innigere Beziehung zum Spargel als Schimmelwirt Jakob Stief aus Schrobenhausen. In seinem Gasthaus in der bekannten Spargelstadt wird nicht nur eine lange Spargeltradition gepflegt, Jakob Stief selbst ist gleichsam der geistige Vater der einzigen Spargelkönigin Deutschlands, derzeit in zehnter Thronfolge, die er im Rahmen des alljährlichen Schrobenhausener Volksfestes in der zweiten Augustwoche zur Spargelkönigin der folgenden Saison von viel Spargelprominenz küren läßt. Und immer hat der Schimmelwirt bisher hübsche und reizende Mädchen, alle Töchter von Spargelbauern aus dem Schrobenhausener Land, gefunden, die den Namen seiner Vaterstadt zum Ruhme des Schrobenhausener Spargels weit über die Grenzen des Paartales und Bayerns hinaus bekannt gemacht haben.

Jakob Stief hängt mit Leib und Seele an seinem Gasthaus, das eine lange Tradition aufweist und sich nun schon gut über 100 Jahre im Besitz der Familie Stief befindet. Damit ist das Wirtshaus, das in früherer Zeit Fuhrleuten Einkehr bot, weitaus älter als der Schrobenhausener Spargel, der seit nunmehr gut 70 Jahren im Umfeld der Stadt angebaut wird. 1875 legte Jakob Stief den Grundstein für ein Familienunternehmen, das heute – in dritter und vierter Generation – zu den „Stammsäulen“ der Spargelgastronomie in Bayern zählt.

Spargelgerichte gibt es beim Schimmelwirt in allen klassischen Varianten. Und wenn man so wie Jakob Stief die eigene Metzgerei im Hause hat, ist auch für schmackhafte Beilagen in reicher Auswahl bestens gesorgt. „Paartaler Bauernschinken“ heißt nur eine Spezialität des Juniorchefs, der ebenso wie der Vater, Großvater und Urgroßvater auf den Namen Jakob getauft wurde. Seit über 20 Jahren ist er in der Metzgerei tätig, und er weiß nicht nur die Rezepte der Väter zu bewahren, sondern überrascht auch immer wieder mit neuen Kreationen. Stiefsche Wurst- und Fleischerzeugnisse wurden bisher nicht nur auf der DLG-Prüfung in Frankfurt, sondern auch im benachbarten Ausland mit hohen Auszeichnungen gewürdigt. Anregungen für seine Rezepte holt sich der junge Metzgermeister während der Spargelzeit. Wenn das zarte Gemüse gestochen und Feinschmecker von nah und fern vorgesetzt wird, läßt sich Jakob Stief zu neuen, dazu passenden Schinkensorten inspirieren. Und so kommt es nicht von ungefähr, daß gerade die sechsfach sortierte Schinkenplatte in Verbindung mit Spargel am meisten verlangt wird. Kalbs-, Rinder-, Gewürz- und Prager Schinken sowie an der Spitze der Paartaler Bauernschinken haben schon viele Spargelfreunde verwöhnt. Und heißt es auf der Spargelkarte des Schimmelwirtes zwar: „Bis Johanni, nicht vergessen, sieben Wochen Spargel essen!“, gibt es doch einen Trost für Feinschmecker, denn Stiefsche Schinkenspezialitäten gibt es auch außerhalb der kurzen Spargelzeit.

Die „Stief'sche Spargeltellersammlung“ ist nur eine von vielen Sehenswürdigkeiten in der gemütlichen Gaststube.

Inhaber und Chefkoch Egon Eberhardt in seinem Element.

Traumhaft gelegen: Tettnang im Bodenseekreis

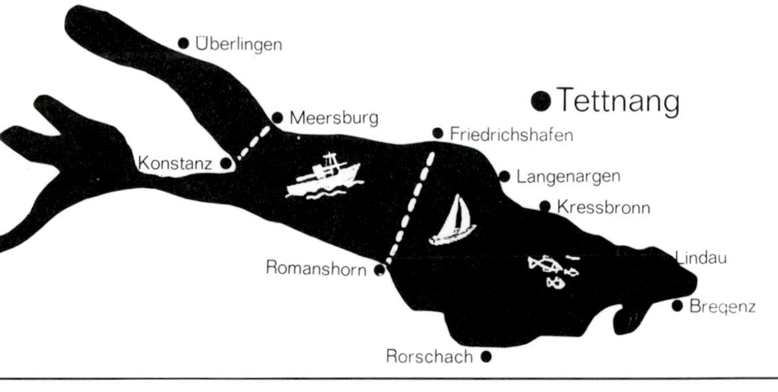

Hotel Rad · Tettnang

Hotel Rad
Ringhotel Tettnang
Egon Eberhardt KG
Lindauer Straße 2
7992 Tettnang 1
Telefon (07542) 6001
Telex 734245

„Mit guter Küche, edlem Wein das ‚Rad' dem Gast will dienstbar sein, wie einstens so auch heute." So lautet die Devise im Spargelparadies „Hotel Rad" in Tettnang. Hier herrscht Egon Eberhardt, ein Hüne von einem Gastronom, mit seinen fast schon legendären 66 Spargelgerichten.

Die Chronik des repräsentativen Fachwerkbaues blickt auf eine altehrwürdige Geschichte als ehemalige Posthalterei, zunächst der Schweden, dann des Fürsten von Thurn und Taxis, zurück. Diese große gastronomische Tradition hat sich bis zum heutigen Tag erhalten und fortgesetzt. Das heutige „Hotel Rad" als bekanntes Zentrum gepflegter Gastlichkeit bietet seinen Gästen alle Vorteile moderner Hotellerie und eine Vielfalt kulinarischer Genüsse. Zu interessanten Ausflügen locken der nahe Bodensee, die Schweiz und Vorarlberg. Um das „Hotel Rad" ranken sich Geschichten wie die der russischen Kaiserin, die 1883 inkognito als Gräfin Romanow das „Rad" besuchte und der das Gericht „Spargel Gräfin Romanowa" (Artischockenböden gefüllt mit Eierschaumsauce und echtem Caviar als Beilagen) gewidmet wurde.

Die weitbekannte Spargeltradition wurde von Hugo Eberhardt, dem Vater des heutigen Chefs, begründet, der das schmucke Fachwerkhaus 1921 übernahm. Was der Gast heute an diesem Platz findet, ist allerdings nur noch historisch nachempfunden, denn Anfang der 70er Jahre brannte das Gebäude bis auf die Kellermauern ab und wurde im selben Stil wieder neu errichtet. Erhalten blieb damals der Weinkeller mit Inhalt, den Egon Eberhardt in weiser Voraussicht zumauern ließ, bis das neue Haus stand.

Der Spargel für das „Hotel Rad" – bis zu 300 Kilogramm täglich werden in der kurzen Saison gebraucht – kommt hauptsächlich aus den Gebieten Bruchsal und Schwetzingen, da die nur noch bescheidene heimische Ernte diesen großen Bedarf gar nicht zu decken vermag. Die 66 Spargelspezialgerichte können mit 38 verschiedenen Beilagen kombiniert werden – was nach Adam Riese 2508 Kombinationsmöglichkeiten ergibt!

Neben dem Spargel verweist der Küchenchef nicht ohne Stolz auf die internationale Palette, die seine täglich wechselnde Speisekarte anbietet. Da findet der Gast Meeresfrüchte und frische Fische vom Bodensee, aus Frankreich, von der Nordsee- und Atlantikküste, zahlreiche Wildspezialitäten und als neueste Leidenschaft des Chefs ostasiatische Rezepte. Gäste, die etwas Zeit für ihren Besuch mitbringen, haben darüber hinaus die Gelegenheit, in der hübschen altdeutschen Weinstube einen edlen Tropfen aus dem „geretteten" Weinkeller zu genießen.

Das „Hotel Rad" liegt in einem landschaftlich reizvollen Winkel nur zehn Kilometer vom Bodensee entfernt mitten im Stadtzentrum von Tettnang. Prominenz aus allen Teilen der Welt hat schon im „Rad" Einkehr gehalten. Das Gästebuch spricht in dieser Hinsicht Bände. Und so verwundert es nicht, wenn auch die New Yorker Staatszeitung seinerzeit zu dem Urteil kam: „Es dürfte kein Geheimnis sein, daß das ‚Hotel Rad' in Tettnang im Schwabenländle und weit darüber hinaus als Feinschmekkerlokal berühmt ist."

Hotel Rad

Bekannt für Spargel-Spezialitäten: d' Latern

Behaglich und einladend: Die Gewölbe

d'Latern · Abensberg

Restaurant d'Latern
Inh.: Eduard u. Margarethe Eigner
Herzogstraße 1
8423 Abensberg
Telefon (09443) 5346

Für viele Einheimische ist es längst die zweite Wohnstube, für Auswärtige noch ein Geheimtip: das Restaurant „d'Latern" in der niederbayerischen Kleinstadt zwischen Ingolstadt, Regensburg und Landshut. Ihren guten Ruf verdankt „d'Latern" unter anderem auch dem Spargel aus dem Abensberger Land.

In der Herzogstraße 1 in Abensberg – dem Tor zur Hallertau – hat sich ein ehemaliger Pferdestall, der früher dem Zollhäusl zugeordnet war, in ein wunderschönes Abendrestaurant verwandelt. Eine große Laterne über dem Eingang, die dem Restaurant seinen Namen gab, weist dem Besucher den Weg. Innen wird es dann urgemütlich: alte böhmische Gewölbe, eine rustikale Einrichtung, die mit viel Liebe besorgt wurde, und das obligatorische Kerzenlicht an den Tischen verleihen dem Restaurant Intimität und Atmosphäre.

Die Bewirtschaftung obliegt der Familie Eigner, die sich mit viel Mühe und fachlicher Kompetenz um das Wohl ihrer Gäste kümmert. Angefangen bei den gepflegten Bieren, einer erstklassigen Auswahl vor allem fränkischer und französischer Weinspezialitäten, über das begehrte Schmalzhaferl, das jedes Essen einleitet, den herrlich knackigen Salaten und den immer frisch und köstlich zubereiteten Tagesgerichten – es bleiben keine Wünsche offen. Besonders einfallsreich zeigt sich die Küche der „Latern", wenn es um die Zubereitung des Abensberger Spargels geht. Die Spezialkarte enthält gängige und ungewöhnliche Gerichte.

So erstaunt es nicht, daß sich hier ein beliebter und stark frequentierter Treffpukt entwikkelt hat. Neben vielen anderen gesellschaftlichen Vereinigungen unterhält hier auch die Altbayerische Gesellschaft für Geschichte und Kultur, die ihren Sitz in Abensberg hat, einen regelmäßigen Stammtisch. Auf dem im Frühjahr auch das Kulturgut „Spargel" regelmäßig steht.

Der „Chef": Eduard Eigner

Josef Gassner, der „Spargelwirt" in Münchens „zur Schwaige"

Viel Prominenz gibt sich bei Anneliese (2. v. l.) und Josef Gassner nicht nur zur Spargelzeit die Klinke in die Hand. Hier der Bayerische Staatsminister Max Streibl (l.) und die beliebte Volksschauspielerin Erni Singerl (2. v. r.).

Schloßwirtschaft Zur Schwaige im Schloß Nymphenburg · München

Schloßwirtschaft
„Zur Schwaige"
Josef u. Annelies Gassner
Schloß Nymphenburg
8000 München 19
Telefon (089) 174421

Tradition wird groß geschrieben in der Schloßwirtschaft „Zur Schwaige" im Schloß Nymphenburg. Besucher der „Schwaige" betreten nicht nur historischen Boden, sie finden in jedem Frühjahr dort auch eine von Münchens ersten Adressen für Spargelspezialitäten.

Die „Schwaige" ist auf einem Kupferstich von Michael Wening aus dem Jahr 1710 abgebildet. Sie ist älter als der Bau des Hauptschlosses Nymphenburg. Noch im 17. Jahrhundert hieß dieser Gutshof Ober- und Unterkemnath – es war der „Schwaighof" mit seinen Waldungen, Feldern und Wiesen. Kurfürst Ferdinand Maria erwarb diesen Gutshof um 10000 Gulden. Anläßlich der Geburt seines Sohnes, des Kronprinzen Max Emanuel, schenkte er den Schwaighof seiner Gattin Henriette Adelaide von Savoyen. Das war der Grundbesitz, auf dem spater das Schloß Nymphenburg entstand. 1714 war der Schwaighof bereits in den Komplex der Schloßanlagen einbezogen worden, die aber erst in den 40er Jahren des 18. Jahrhunderts vollständig ausgebaut wurden. Schon damals machten Wanderer gerne Rast im Schwaighof, dessen Wirtsleute heute Annelies und Josef Gassner sind.

Josef Gassner wäre wohl kaum ein echter Schrobenhausener, wenn er mit seinem Weggang aus Schrobenhausen – dem Spargelanbaugebiet vor den Toren Münchens – die Spezialität seiner Heimat nicht mit in die bayerische Landeshauptstadt gebracht hätte. Der gelernte Metzgermeister ist seit 1969 in der Gastronomie tätig, Schrobenhausenern ist er noch gut aus seiner Zeit als Pächter des Gritschenbräustüberls bekannt. 1980 übernahm Josef Gassner die Schloßwirtschaft „Zur Schwaige" im Schloß Nymphenburg. Und was lag da für Josef Gassner nicht näher, als den Münchenern Spargelspezialitäten aus seiner Heimat Schrobenhausen zu empfehlen. Die nach wie vor guten Kontakte in die Vaterstadt und zu Spargelanbauern des Schrobenhausener Umlandes kommen dem Wirt der „Schwaige" dabei bestens zugute. Und das wissen Gourmets in München sehr wohl zu schätzen, besteht doch stets die Gewißheit, nur feinsten Schrobenhausener Spargel von frischer Ernte serviert zu bekommen. Dafür bürgen in der Vielzahl zufriedener Gäste auch große Namen der bayerischen Politprominenz und Persönlichkeiten des öffentlichen Lebens, die bei Josef Gassner aus- und eingehen. Und wenn auf dem Münchener Viktualienmarkt die Schrobenhausener Spargelwochen eröffnet werden, dann gehört es mittlerweile schon zum guten Brauch, sich in Josef Gassners Schwaige an den ersten zarten Spargelstangen der Saison zu ergötzen. Für die Zubereitung des königliches Gemüses zeichnen neben den Wirtsleuten selbst Küchenmeister Karl Ibl und sein Team verantwortlich.

In der Schloßwirtschaft „Zur Schwaige" liegt während der Spargelzeit eine eigene Karte für diese Spezialität auf. Die Gaumenfreuden beginnen bereits bei den Vorspeisen und führen über diverse Spargelsuppen zu einer Vielzahl von Hauptgerichten, die gekrönt werden von einem „Spargel-Festival nach Art des Hauses". Spargelsalate in verschiedenen Variationen runden das Angebot ab.

Die Schloßwirtschaft „Zur Schwaige" ist auch für Ortsfremde leicht zu finden. Die Zufahrt zum Parkplatz führt über das südliche Schloßrondell oder die Romanstraße und Hirschgartenallee. Parkplätze in ausreichender Zahl finden sich am südlichen Schloßrondell.

Gerhard Gartner
Restaurant Gala
Monheimsallee 44
5100 Aachen
Tel.: 0241/153013

Spargel auf Trüffelsabayone

Zubereitung: Gehackte Trüffel in Kalbsjus anwärmen, vom Ofen nehmen, Hollandaise und Sahne beigeben, vorsichtig unterheben und wieder erwärmen, mit den restlichen Zutaten abschmecken. Den gekochten Spargel in der Sabayone anrichten.

Zutaten für 4 Personen:
2 EL Kalbsjus
Hollandaise von 2 Eidottern, 150 g Butter,
3 EL geschl. Sahne
1 TL gehackte Trüffel
1 kg Spargel
zum Abschmecken:
Madeira, Zitrone,
Salz,
Pfeffer

Doris Hessler
Gasthaus Hessler
Am Bootshafen 4
6457 Maintal-Dörnigheim
Tel.: 06181/492951

Salat von Spargel und Gambas

Zubereitung: Den Spargel abkochen, Radieschen in Brunoise schneiden, Schnittlauch in Röllchen schneiden, 4 schöne Frisée-Salat-Krönchen aussuchen. Salat mit der Hälfte von Schnittlauch, Radieschen, Essig, Öl, Salz, Pfeffer, etwas Zucker anmachen. Gambas braten, Pfanne mit Fischfond und Noilly Prat ablöschen. Würzen, evtl. auch den Rest Schnittlauch dazugeben. Die Gambas mit der Schnittlauchsoße nappieren.

Zutaten für 4 Personen:
16 Gambas
4 Stangen dicker weißer Spargel oder
8 dünne Stangen Spargel (grün)
1 Kopf Frisée-Salat
4 Radieschen
Feldsalat
1 Bund Schnittlauch
Traubenkernöl von Franz Keller
Sherryessig, weiß

Dieter Kaufmann
Zur Traube
Bahnstraße 47
4048 Grevenbroich
Tel.: 02181/68767

Charlotte von Spargel und Steinbutt in Estragonbutter

Zubereitung: Steinbuttfilet durch die feinste Scheibe des Fleischwolfs drehen. Eiweiß und das durchgedrehte Steinbuttfleisch im Mixer pürieren. Durch ein Haarsieb streichen und kalt stellen. Nach einer halben Stunde die Crème fraîche mit einem Holzlöffel unterziehen (löffelweise) und mit Salz und Pfeffer abschmecken. Den Spargel waschen und die Spitzen auf die Länge der Charlotten- bzw. Timbalform zurechtschneiden. Grünen und weißen Spargel getrennt in Salzwasser kochen, so daß er noch Biß hat, und in Eiswasser abschrecken, damit er die Farbe behält. Den Spargel halbieren, und die leicht gebutterte Charlottenform abwechselnd mit grünem und weißem Spargel auslegen. Das Innere mit Steinbuttmus füllen, mit Alufolie abdecken und im Wasserbad im Backofen bei ca. 80 Grad (Wasser darf nicht kochen) ca. 15–20 Minuten garen.

Zubereitung der Buttersoße: 1/4 des Fischfonds mit den gewaschenen, im Mixer pürierten Estragonblättern mischen. Danach Schalotten in Würfel schneiden und mit 3/4 des Fischfonds, Weißwein und Wermut auf 1/3 einkochen lassen. Die eiskalte Butter flöckchenweise einrühren. Den Estragonfond zugeben, abschmecken, passieren.

Anrichten: Die Spargel-Steinbutt-Charlotte vorsichtig auf einen großen Teller stürzen und mit Estragonblättern umkränzen.

Zutaten für 4 Personen:

Steinbuttmus:
300 g Steinbuttfilet
2 Eiweiß
125 g Crème fraîche
Salz, Cayennepfeffer

Estragonbuttersoße:
1/4 l Fischfond (kann aus Kopf und Gräten des Steinbutts gemacht werden)
1/8 l trockener, weißer Burgunder
160 g gesalz. Butter
1 kleines Bund frischer Estragon
2 Schalotten, Salz
frisch gemahl. Pfeffer

Zum Auslegen der Charlottenform:
18 Stg. weißer Spargel
18 Stg. grüner Spargel
etwas Butter und Salzwasser zum Kochen des Spargels

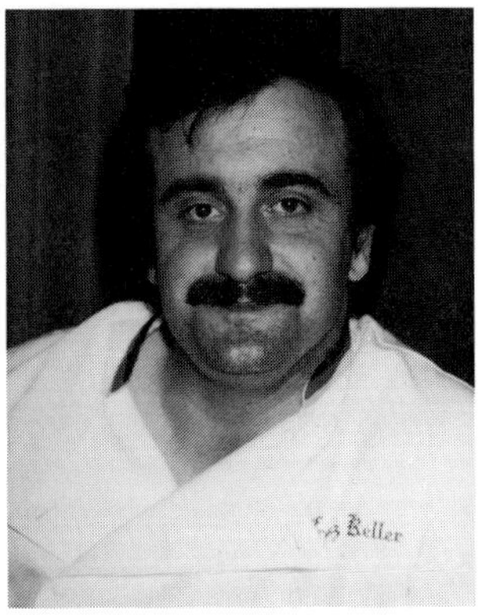

Franz Keller jun.
Keller's Restaurant
Aachener Str. 21
5000 Köln
Tel.: 0221/21 95 49

Spargel mit Rotweinmayonnaise

Zubereitung: Die Spargel knackig kochen, lauwarm auf einem Teller anrichten, rechts und links mit einer Rotweinmayonnaise nappieren.

Zubereitung der Rotweinmayonnaise: Mit dem grünen Olivenöl, 3–4 Eigelb, etwas feinem Senf, einem Schuß Weißweinessig und etwas Salz und Pfeffer eine dicke Mayonnaise aufschlagen. Soviel jungen, tanninhaltigen Bordeaux (möglichst aus dem Gebiet St. Estephe) daruntergeben, bis sie lila wird. Zum Schluß frisch geriebene Muskatnuß auf den Spargel geben.

Zutaten für 4 Personen:
5 dicke grüne
Spargel pro Person
1/8 l Olio vergine
4 Eier, Senf
Weißweinessig
Rotwein (St. Estephe)
Salz, Pfeffer,
Muskatnuß

Otto Koch
Restaurant Le Gourmet
Ligsalzstraße 46
8000 München 2
Tel.: 089/50 35 97

Roh gebratener Spargel mit Limonen und Soja

Zubereitung: Ganze frische Spargelspitzen in etwas Butter nur kurz anschwenken. Mit Sojasoße und etwas Limonensaft ablöschen, Soße kurz reduzieren und über die Spargel geben.

Zutaten für 4 Personen:
600–800 g Spargel
etwas Butter
Limonensaft, Sojasoße

Manfred Kurz
Zum Hirschen
Hauptstraße 15
7186 Blaufelden
Tel.: 07953/355

Spargelsuppe mit Krebsschwänzen

Zubereitung: Spargelschalen und Spargelendstücke ca. 25 Min. mit Mineralwasser zu einem Fond kochen. In diesem Fond den Spargel zur Einlage etwa 15–18 Minuten kochen. Frische Bachkrebse auf die übliche Weise in Courtbouillon kochen und die Schwänze ausbrechen. Den frischen, kurzen Spargelfond mit der flüssigen Sahne vermischen, Eigelb gut darin verquirlen, mit Salz, weißem Pfeffer, wenig Muskat und einer kleinen Prise Zucker würzen. Langsam auf dem Feuer zur Bindung aufrühren. Nicht mehr kochen lassen! In Suppentellern auf die warmgestellten Spargelstücke und Krebsschwänze nappieren.

Zutaten für 4 Personen:
1 Pfund frische
weiße Spargel
16 Krebsschwänze
3 dl frischer, kräftiger
Spargelsud
1 dl süße Sahne
2 Eigelb, Salz
Pfeffer, Muskat,
kleine Prise Salz

Johann Lafer
Restaurant Le Val d'Or
Hauptstraße 3
6531 Guldental
Tel.: 06707/1707

Spargel mit geräuchertem Forellenfilet im Schlafrock

Zubereitung: Die Spargel schälen, cirka 3–4 Minuten mit Zitronensaft im Salzwasser garen. Herausnehmen und mit Butter, Salz, etwas Zucker und ein wenig Zitronensaft marinieren. Das Filet einer halben Forelle leicht mit Wacholder räuchern (kann auch fertig gekauft werden) und einen Blätterteig dünn ausrollen. Pochierten und auf einem Tuch gut abgetropften Blattspinat auf den Blätterteig legen. Den Spargel zur Hälfte daraufgeben, das Fischfilet in die Mitte legen, den restlichen Spargel darübergeben und mit dem Blattspinat verschließen. Dies alles nun in den Blätterteig dünn einrollen, mit Eigelb bestreichen und mit kleinen Ornamenten verzieren. Im vorgeheizten Ofen bei 220–240 Grad Oberhitze und 200 Grad Unterhitze cirka 15–20 Minuten garen. Nach dem Herausnehmen etwas ruhen lassen. Dieses Gericht als warme Vorspeise auf gemixten und passierten Tomaten servieren. Den Tomaten-Coulis mit Salz, Pfeffer und etwas Muskat würzen. Als Einlage feingehackter Dill und Kerbelsträußchen.

Zutaten für 1 Person:
180 g Spargel
Butter
Zucker
1 Forellenfilet
Blätterteig
Wacholder
Spinat
1 Eigelb
2 Tomaten
Zitronensaft
Salz, Muskat

Dieter Müller
Restaurant Schweizer Stuben
Geiselbrunnweg
6980 Wertheim-Bettingen
Tel.: 09342/4351

Spargel mit Langostinos und Spinatnudeln

Zubereitung der Soße: Langostinosschwänze ausbrechen, die Därme entfernen, dann kaltstellen. Die Köpfe und Scheren klein mörsern und in einer heißen Kasserolle mit Olivenöl, den Schalotten, Staudensellerie und kleingeschnittenen Tomaten kurz anschwitzen. Mit Weißwein ablöschen und mit Wasser gerade bedecken. Ca. 20 Minuten köcheln lassen. Jetzt durch ein feines Sieb (Tuch) passieren und bis zur richtigen Konsistenz ca. 1 dl einkochen lassen. Mit Butter montieren, mit Salz und Pfeffer abrunden und über die im Olivenöl glasig gebratenen Langostinos nappieren.

Spargelzubereitung: Spargel schälen und nur zwei Drittel vom Kopf her verwenden. Den Spargel in 3 cm lange Stücke schneiden und in wenig Wasser mit einer Prise Salz kochen. Aus dem Kochfond nehmen und diesen mit etwas Mehlbutter abbinden und mit Crème fraîche gut einkochen. Mit Butterwürfelchen aufrühren, mit Zitrone und Salz abschmecken und passieren. Die Spargelstücke in die Soße geben, aufkochen lassen und auf 4 Teller verteilen. Die Langostinos auf die Spargel geben, mit der Langostinossoße nappieren, darüber die Trüffeljulienne streuen und mit den Nudeln servieren.

Zubereitung der Spinatnudeln: Den Spinat waschen und blanchieren. In einem Tuch auspressen und mixen. Mit Mehl, Ei und einer Prise Salz gut verkneten; ca. 1/2 Stunde ruhen lassen und anschließend dünn ausrollen und nach Wunsch kleinschneiden. In kochendem Salzwasser 3–4 Minuten blanchieren und kalt abschrecken. Auf ein Sieb abgießen. Zum Servieren kurz in Butter schwenken.

Zutaten für 4 Personen:
1,5 kg Spargel
1,5 kg Langostinos (12 Stück)
4 mittlere, reife Tomaten
2 Schalotten
50 g Staudensellerie
2 EL Olivenöl
1/8 l trockener Weißwein
2 g Trüffeljulienne
Salz, Pfeffer
150 g Butter
1 dl Crème fraîche
1/2 Zitrone
1 TL Mehlbutter

Spinatnudeln:
1 Eiweiß, 1 Eigelb
40 g Spinat
ca. 130 g Mehl
1 Prise Salz

Pavel Pospišil
Restaurant Merkurius
Klosterbergstraße 2
7570 Baden-Baden 22
Tel.: 07223/5474

Warme Spargelterrine mit getrüffelter Kartoffelsoße

Zubereitung: Kaltes Hühnerfleisch, Eiweiß, Salz, Pfeffer, pürieren, nach und nach die Sahne und den gekochten Schinken dazugeben und zur klaren Farce verarbeiten. Durch ein Sieb streichen, abschmecken und feine Würfelchen von Parmaschinken unterheben. Die Terrine mit Klarsichtfolie auslegen und ca 1 cm dick mit der Farce ausstreichen. Die weichgekochten, ausgekühlten Spargelspitzen schichtweise (grün und weiß) in die Terrine legen. 1 Suppentasse Sahne und 1 Suppentasse Eier und 1 Ei zusammen mit den Spargelresten im Mixer pürieren, abschmecken, durch ein Sieb gießen und die Terrine damit ausfüllen. Im Wasserbad 1 Stunde bei 100 Grad im Ofen pochieren. Die getrüffelte Kartoffelsoße: 2 Kartoffeln in 300 g Wasser weichkochen, Kartoffeln herausnehmen, Wasser auf ein Drittel reduzieren, mit 50 g kalter Butter, 1 EL Trüffelsaft mixen. Nach und nach einen Teil der Kartoffeln dazugeben, bis eine leichte Bindung entsteht. Eine Scheibe Trüffeln in Würfel schneiden und in die Soße geben. Davon einen EL der Spargelterrine zugeben.

Zutaten für eine Terrine (10 Personen):
500 g weißer geschälter Spargel
500 g grüner geschälter Spargel
150 g Geflügelbrust
50 g Sahne
1 Eiweiß
Salz, Pfeffer
100 g Kochschinken
50 g Parmaschinken
1 Suppentasse Sahne
1 Suppentasse Eier + 1 Ei
150 g geschälte Spargelreste
Butter

Herbert Schönberner
Restaurant
Goldener Pflug
Olpener Str. 421
5000 Köln 91
Tel.: 0221/895509

Spargel flamande

Zubereitung: Spargel unten großzügig abschneiden, wenn nötig die weißen Enden schälen. Von den Abschnitten einen Fond herstellen, in dem der Spargel dann stehend pochiert wird. Die Spitzen müssen aus dem Fond herausragen und werden vom Dampf gegart. Die Eier werden, Eiweiß und Eigelb getrennt, grob gehackt und dann mit der Petersilie und dem Schnittlauch in die geklärte Butter gegeben, mit Salz und Pfeffer abgeschmeckt, mit dem Weinessig und der Butter vermischt und über dem Spargel angerichtet. Der Spargel flamande eignet sich vorzüglich als Beigabe zu Hummer.

Zutaten für 4 Personen:
1 kg grüner Spargel
3 EL feingehackter Schnittlauch
4 EL feingehackte Petersilie
4 hartgekochte Eier
1 EL feinster Weinessig
125 g geklärte Butter
Prise Salz
weißer Pfeffer aus der Mühle

Ludwig Grieser präsentiert
4 × Spargel

Spargelspitzen mit gebeiztem Lachs und Kopfsalatherzen

Für 4 Personen:
600 g Spargelspitzen grün und weiß
1 Kopfsalat
8 dünne Scheiben milder, gebeizter Lachs
4 Wachteleier gekocht, geschält
Sahnemerrettich, Sherryessig, Zitrone, Olivenöl.

Spargelspitzen ca. 6 cm lang abschneiden, Enden schälen.
Kopfsalat vorsichtig putzen, waschen, trockenschleudern und das Herz vierteln.
Sahnemerrettich vorbereiten, kühl stellen.
Spargelspitzen grün und weiß getrennt in Salzwasser knackig kochen und kurz in Eiswasser abkühlen, abtropfen und mit einer Prise Salz, wenig Sherryessig und Olivenöl marinieren.
Kopfsalatherzen leicht salzen und mit etwas Zitronensaft und Olivenöl beträufeln.
Spargelspitzen abwechselnd und sternförmig auf einem Teller anrichten. In die Mitte das Kopfsalatherz geben und je 2 Scheiben Lachs gefällig darauf anrichten, mit einem Teelöffel Sahnemerrettich, dem Wachtelei und einem Dillzweig garnieren.

Frischer Spargel mit Wachtelbrüstchen und -keulen

Für 4 Personen:

1 kg frischer Spargel (wenn möglich grün und weiß)
4 frische Wachteln
8 Wachteleier
4 Tomaten
1 Kopfsalat
2 TL Echalottenessig
1 TL Balsamessig
3 EL geschmacksneutrales Pflanzenöl
2 EL Olivenöl
Salz, Pfeffer aus der Mühle

Spargel waschen, sorgfältig schälen, Enden abschneiden. Wachtelbrüstchen mit einem scharfen Messer auslösen, Keulen vom Gerippe abtrennen und den Oberschenkelknochen herauslösen.
Tomaten schälen, vierteln und entkernen.
Kopfsalat putzen, waschen und gut abtropfen.
Marinade aus den Zutaten bereiten.
Wachtelbrüstchen und -keulen mit Salz und Pfeffermühle würzen – Öl und Butter aufschäumen und die Wachtelstücke (mit der Hautseite zuerst) einlegen und knusprig braten. Aus der Pfanne nehmen und warmstellen.
Spargel in Salzwasser knackig kochen, herausnehmen und abkühlen lassen (soll warm sein), auf einem Teller abwechselnd grün und weiß anrichten und mit ein wenig Marinade benetzen.
Einige Kopfsalatblättchen auf die Spargelenden legen und je 2 Wachtelkeulen und -brüstchen mit den Tomaten darauf anrichten, wieder mit Marinade benetzen. Die Wachteleier mit einem Messerrücken aufschlagen und in einer beschichteten Pfanne kleine Spiegeleier braten, diese links und rechts neben die Wachtelstücke setzen.

Frischer Spargel in Blätterteig auf Kerbelbutter

Für 4 Personen:
800 g Spargelspitzen ca. 10 cm lang
400 g Butterblätterteig
40 g gesalzene Butter
40 g ungesalzene Butter
3 EL Wasser
2 Bund frischer Kerbel

Spargelspitzen gleichmäßig schälen, in Salzwasser mit 1 Prise Zucker knackig kochen und in Eiswasser abschrecken. Kerbel waschen, abzupfen und hacken; einige Blätter zum Dekor zurückbehalten.

Butter-Blätterteig (vom Konditor) ca. 3 mm dick ausrollen. Spargelspitzen sorgfältig abtupfen und zu 4 gleichen Bündeln auf den Blätterteig setzen, Ränder mit verquirltem Ei bestreichen und mit einer weiteren Teigplatte bedecken. Ränder dabei gut andrücken. Die so entstandenen „Pastetchen" mit einem Messer (rundum ca. 1 cm Rand) ausschneiden und mit Ei bestreichen.

Die Pastetchen etwa 30 Minuten kühl stellen (sonst reißt der Teig beim Backen) und anschließend bei 200 Grad ca. 15 Minuten goldbraun backen. Wasser mit Butter und Salzbutter aufkochen und den geh. Kerbel einschwenken, evtl. mit Salz und Zitrone nachwürzen.

Kerbelbutter auf einen angewärmten Teller geben, Pastete darauf plazieren und mit den Kerbelblättchen dekorieren.

Gefüllte Poulardenbrust in Morchelrahm mit frischem Spargel

Für 4 Personen:
2 frische Poularden (je ca. 1,5 kg)
80 g junger, blanchierter Spinat
1 EL süße Sahne, 1 TL ger. Weißbrot
1 kg frischer Stangenspargel
25 g getrocknete Morcheln (über Nacht eingeweicht)
0,25 l Geflügelbrühe
2 EL gehackte Schalotten
50 g gesalzene Butter, 50 g ungesalzene Butter

Von den Poularden die Brüste mit Haut und Flügelknochen ablösen, an der Innenseite vorsichtig aufschneiden und mit der nachfolgenden Farce füllen:
Blanchierten Spinat in Butter anschwenken, Sahne und ger. Weißbrot untermischen, mit Salz und Pfeffer aus der Mühle würzen und abkühlen lassen.
In einer Kupferkasserolle Olivenöl und Butter aufschäumen, die Poulardenbrüste mit der Hautseite zuerst einsetzen und bei milder Hitze im Ofen ca. 15 bis 20 Minuten garen.
Spargel sorgfältig waschen, schälen und in Salzwasser, mit einer Prise Zucker, knackig kochen, herausnehmen und abtropfen lassen.
Die eingeweichten Morcheln sorgfältig waschen, halbieren und in wenig Butter weichdämpfen, mit Salz und Pfeffer würzen.
Die gehackten Schalotten in der Geflügelbrühe weichkochen, dabei reduziert sich die Flüssigkeit um etwa 1/3. Mit dem Pürierstab bei möglichst hoher Drehzahl die eiskalte Butter untermixen (emulgieren).
Die Poulardenbrust auf vorgewärmten Tellern anrichten, den abgetropften Spargel in Bündeln danebensetzen, mit der Sauce umgießen und die Morcheln dekorativ darauf verteilen.
Dazu reicht man neue Kartoffeln oder Weißbrot.

Manfred Schwarz
Restaurant Bareiss
Gärtenbühl 14
7292 Baiersbronn-Mitteltal
Tel.: 07442/471

Gratinierter schottischer Wildlachs und Spargel in Orangenbutter-Soße

Zubereitung: Den Fischfond mit dem Weißwein und Noilly Prat reduzieren. Crème double dazugeben, etwas einkochen lassen, mit der Butter binden. Zum Schluß den Saft der drei auf 1/3 reduzierten Orangen dazugeben. Notfalls noch Butterflocken zufügen, bis die Soße schön sämig ist. Dann 2 Eigelb mit der geschlagenen Sahne vermischen und unter die Orangenbutter-Soße ziehen. Den warmen Spargel sternförmig auf den Teller legen. Zwei lange dünne Tranchen wie beim Räucherlachs kreisförmig in die Mitte legen, so daß die Spargelköpfe 2 cm darunter hervorschauen und alles vom Lachs wellenförmig bedeckt ist. Mit der Orangenbutter-Soße leicht nappieren und im Salamander gratinieren.

Zutaten für 4 Personen:
400 g Lachsfilet
24 Stangen Spargel
3 Orangen
2 Eigelb
geschlagene Sahne
1/8 l Crème double
1/8 l konzentrierter Fischfond
2 cl Noilly Prat
2 cl herber Weißwein (Riesling)

Josef Viehhauser
Restaurant Le Canard
Martinistraße 11
2000 Hamburg 20
Tel.: 040/4604830

Grüner Spargel mit schwarzen Trüffeln

Zubereitung: Den Spargel so kochen, daß er noch gut Biß hat. Auf dem Teller anrichten, den Trüffel in dünne Scheiben schneiden und diese ca. 1 Minute in etwas Champagner mit einer Prise Salz pochieren. Die Trüffelscheiben aus dem Sud nehmen und auf dem Spargel anrichten. Den Sud etwas reduzieren und auf den Spargel und Trüffel träufeln. Zum Schluß jeweils einen EL des Traubenkernöls darübergeben.

Zutaten pro Person:
5 Spargel
1 Trüffel
Champagner
grünes Traubenkernöl (Franz Keller)
Salz

Peter Wehlauer
Restaurant Burg Windeck
Kappelwindeckstraße 104
7580 Bühl
Tel.: 07223/23671

Salat von rohen Fischen mit Salat von grünen und weißen Spargelspitzen

Zubereitung: Spargelspitzen kochen und warm in eine Marinade von Zitronensaft, Traubenkernöl, Pfeffer aus der Mühle, Salz, feingeschnittener Zitronenmelisse und Tomatenwürfeln geben. Dünne Scheiben von Lachs, Zander und St. Pierre in eine Pfeffer-Marinade legen und einige Minuten (5 Min.) ziehen lassen.

Pfeffermarinade: Feingehackten grünen, roten und schwarzen Pfeffer aus der Mühle, Limettensaft, Salz und Traubenkernöl. Einige junge Salatblätter (z.B. Feldsalat, Frisée, Eichblatt, Löwenzahn) leicht mit einem Pfeffer - Salz - Traubenkernöl - Zitronen - Dressing anmachen. Spargel und Fischscheiben auf dem Salatblatt anrichten.

Zutaten für 4 Personen:
5 grüne und weiße
Spargel (pro Person)
30 g Lachs
30 g Zander
30 St. Pierre
Zitrone
Traubenkernöl
Pfeffer, Salz
Zitronenmelisse
Tomaten
diverse Salate

Heinz Wehmann
Landhaus Scherrer
Elbchaussee 130
2000 Hamburg 50
Tel.: 040/8801325

Spargelspitzen mit Seezungenstreifen in Kohlrabi-Morchel-Soße

Zubereitung: Spargel schälen und kochen. Die Spargelspitzen in 6 cm Länge schneiden. Vom Kohlrabi die Haut schälen, aushöhlen und kochen.

Morchelsoße: Morcheln putzen, waschen, in Butter anschwitzen. Crème double hinzugeben, aufkochen, mit der glace abbinden. Abschmecken und die restliche Butter unterrühren. Schnittlauch dazugeben. Jedes Seezungenfilet in drei Tranchen schneiden, würzen und dämpfen, anrichten. Die Kohlrabi und Spargelspitzen in Gemüsebutter erhitzen (Butter mit Wasser und Salz aufkochen lassen und den Kohlrabi darin warm machen). Gedünstete Seezunge sternförmig in den Kohlrabi geben und die Spargelspitzen fächerförmig in den Kohlrabi füllen. Die Morchelsoße auf den Teller geben, dabei den gefüllten Kohlrabi nappieren.

Zutaten für 4 Personen:
12 Stg. grüner Spargel
8 Stg. weißer Spargel
4 mittlere Kohlrabi
50 g Butter

Soße:
100 g fr. Morcheln
1,5 dl Crème double
50 g Butter
2 EL glace de vinage
1 EL Schnittlauch

Seezunge:
400 g netto
0,5 dl Weißwein
10 g Butter
1 kleine Schalotte
etwas Öl

Erwin Deitz
Hotel Löwe
Schloßstraße 4–6
6830 Schwetzingen/Baden

Kaltes Spargelmousse auf Tomatenschaum mit Estragon und Kalbsbrieswürfel

Den Spargel kochen, pürieren und durch ein Haar-Sieb passieren. Dann die eingeweichte Gelatine unterrühren und erkalten lassen – dann die geschlagene Sahne unterheben. Nun füllt man die Masse in eine Schüssel, stellt diese im Kühlhaus kalt und portioniert die Mousse mit einem heißen Löffel.
6 – 8 Tomaten enthäuten, entkernen und im Mixer mit etwas Tomatenmark und Créme fraiche aufarbeiten. Dann mit Salz, Pfeffer und Gin abschmecken und durchpassieren.
Das Kalbsbries über Nacht wässern. Dann in kaltem Wasser mit etwas Essig, Zitronensaft, Weißwein und gespickter Zwiebel (Zwiebel-Lorbeer-Nelke) aufkochen und abschäumen. Etwa 10 – 15 Minuten ziehen lassen und nach dem Erkalten von der Haut befreien. Jetzt wird das Bries in kleine Würfel gezupft und in schäumender Butter unter Zugabe von Salz und Pfeffer angebraten.

Zutaten für 4 Personen
500 g Spargel
200 g Spargelcréme
10 Blatt Gelatine
300 g geschlagene Sahne

Heinz Winkler
Restaurant Tantris
Johann-Fichte-Str. 7
8000 München 40
Tel.: 089/362061

Spargel mit Morcheln

Zubereitung: Den Spargel gut schälen, die Enden abschneiden und cirka 10 Minuten stark kochen lassen. Die Morcheln, wenn nötig, waschen, die Stiele entfernen und mit der Hälfte der Butter, den gewaschenen und geschnittenen Schalotten in einem Topf kurz anziehen lassen, salzen und mit Sherry ablöschen. Mit Geflügelfond auffüllen und cirka 5 Minuten weichgaren. Die Morcheln aus dem Sud nehmen, den Sud auf die Hälfte reduzieren, die übrige Butter und Crème double beigeben und alles zusammen gut verkochen lassen, abpassieren und im Mixer aufschlagen. Die Morcheln wieder in die Soße geben. Den Spargel auf Tellern anrichten und die Morcheln darübergeben. Mit Kerbel garnieren.

Zutaten für 4 Personen:
800 g Spargel
300 g Morcheln
2 dl Geflügelfond
170 g Butter
2 cl Sherry
Salz, Kerbel
2 Schalotten
1 TL Crème double
Spargelsud
1 Stück Weißbrot
1/2 Zitrone, 1 TL Zucker
Salz, 1/2 l Wasser

Eckhard Witzigmann
Restaurant Aubergine
Maximiliansplatz 5
8000 München 2
Tel.: 089/598171

Spargelmus auf kalter Krebssoße mit Krebsen und Spargelspitzen

Zubereitung der Béchamel-Soße: Butter zerlaufen lassen, das gesiebte Mehl beigeben und 10 Minuten langsam anschwitzen, ohne daß es Farbe annimmt. Mit Spargelbrühe oder Milch auffüllen, glattrühren, mit Salz und Cayenne abschmecken und 15 Minuten köcheln lassen.

Spargelmus: Den Spargel schälen, die Köpfe 4 cm lang abschneiden. Anschließend die Stiele im Dämpfer weichkochen, ausdrücken und im Mixer zusammen mit der Béchamelsoße mixen. Danach durch ein Sieb streichen, den lauwarmen Geflügel-Aspik unterrühren und mit Salz und Cayenne, Zitrone und Worchestersoße abschmecken. Kurz vor dem Erkalten wird die halbsteife Sahne unter das Spargelmus gezogen. In eine tiefe Schüssel füllen und kaltstellen. Die Spargelspitzen in Salzwasser knackig kochen. Den Dill waschen und zupfen. Die Krebse waschen und in kochendem Salzwasser zusammen mit Dill, Kümmel und Cayenne vier Minuten garziehen. Abkühlen lassen und ausbrechen.

Krebssoße: Die Krebskörper werden in Olivenöl angeröstet. Danach das Öl abschütten und den Fond mit Cognac, Weißwein und Noilly Prat ablöschen und völlig einkochen. Nun Sellerie, Karotten, Zwiebeln, Dill und das Tomtenpürée dazugeben, mit Wasser oder Geflügelbrühe auffüllen und 20 Minuten kochen lassen. Anschließend durch ein Sieb passieren und nochmals bis zur Hälfte reduzieren. Auf Eis stellen, die Sahne unterrühren, mit Salz und Cayenne abschmecken.

Zutaten für 4 Personen:

Spargelmus:
500 g Spargel
180 g Béchamel-Soße
150 g Geflügel-Aspik
(oder Fertig-Gelee)
Salz, Cayenne
einige Tropfen Zitronensaft
und Worchestersoße
1/2–3/4 l Sahne

Béchamel-Soße:
25 g Butter
20 g Mehl
1 1/2 dl Milch
Geflügel- oder
Spargelbrühe
Salz, Cayenne

Krebse:
16 Krebse (ca. 1 kg)
1 Bd. Dill
1 EL Kümmel
Salz, Cayenne

Krebssoße:
500 g Krebskörper
4 EL Olivenöl
1 dl Cognac, 1 dl Weißwein
1 dl Noilly Prat
1 EL engl. Sellerie
1 EL Karotten
1 EL Zwiebeln, 30 g Dillstengel
100 g feines Tomatenpürée
1 l Wasser oder Geflügelbrühe
1 dl Sahne
Salz, Cayenne, Dill

Übersichtskarte „Spargelrestaurants“
(siehe: „Spargel-Gastronomie in Deutschland“, Seite 78–99 und „Spargelrezepte aus Meisterhand“, Seite 100–120)
LÜBECK
HAMBURG
„Landhaus Scherer“
„Le Canard“
Uelzen
BREMEN
Nienburg
BRAUNSCHWEIG
„Zur Hanse“

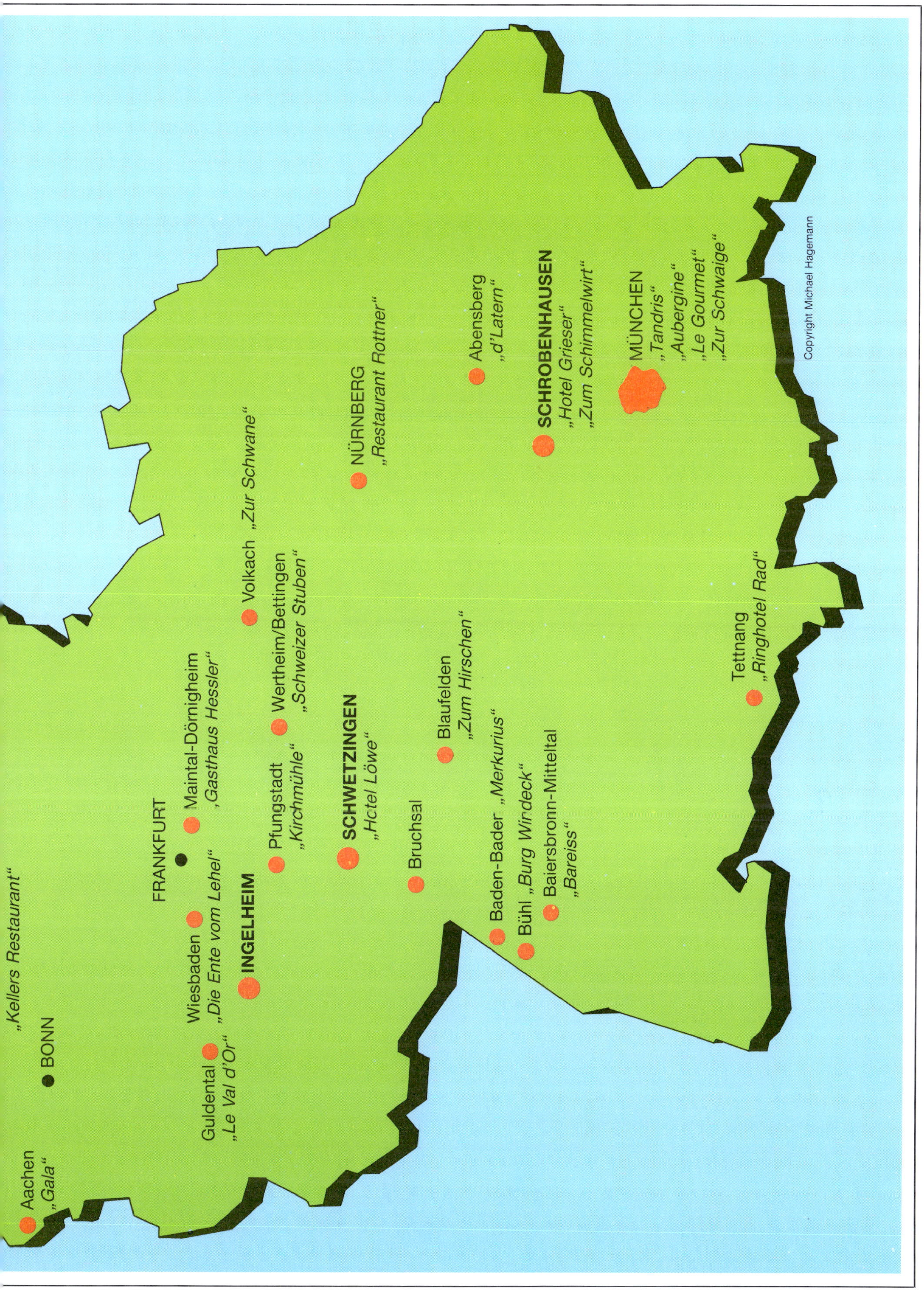
Aachen
„Gala“
BONN
„Kellers Restaurant“
Guldental
„Le Val d'Or“
Wiesbaden
„Die Ente vom Lehel“
INGELHEIM
FRANKFURT
Maintal-Dörnigheim
„Gasthaus Hessler“
Pfungstadt
„Kirchmühle“
Wertheim/Bettingen
„Schweizer Stuben“
Volkach „Zur Schwane“
SCHWETZINGEN
„Hotel Löwe“
Bruchsal
Blaufelden
„Zum Hirschen“
Baden-Baden „Merkurius“
Bühl „Burg Windeck“
Baiersbronn-Mitteltal
„Bareiss“
NÜRNBERG
„Restaurant Rottner“
Abensberg
„d'Latern“
SCHROBENHAUSEN
„Hotel Grieser“
„Zum Schimmelwirt“
MÜNCHEN
„Tandris“
„Aubergine“
„Le Gourmet“
„Zur Schwaige“
Tettnang
„Ringhotel Rad“
Copyright Michael Hagemann

Spargel und Wein

Ein ebenso reizvolles wie ungemein subtiles Kapitel der Gourmandise ist die Wahl des Getränkes zum Essen. Darüber läßt sich stundenlang diskutieren – aber nur durch inniges Probieren und den Austausch von Informationen wird der Gourmet seinem Wein-Spargel-Ideal näherkommen und es auch erreichen.

Man sollte – wenn man die Auswahl des Weines zum Spargel trifft – berücksichtigen, ob das Edelgemüse pur, mit einer Sauce, mit Krustentieren, Lachs oder mit einem bunten Salatwerk gegessen wird. Geradezu ideal zu vielen Spargelgerichten harmonieren die deutschen Weine.

Seitdem die trockenen Weine auch in Deutschland Hochkunjunktur haben, gibt es neben den schwachbrüstigen Säuerlingen auch Weine von hoher Güte. Allerdings muß man wissen, wo. Die Parallele zum Spargel ist insoweit offenkundig.

Und so spielen die deutschen Weine in der gehobenen Gastronomie wie in den Kellern vieler Feinschmecker heute vielfach keine stiefmütterliche Rolle mehr.

Erstklassige deutsche Weißweine harmonieren dank ihrer gemäßigten Art ideal mit dem Spargel und man kann sie gegenüber einem Corton-Charlemagne, Montrachet oder Meursault in größeren Mengen ohne Reue zechen, weil sie meist nicht so alkoholbeladen sind wie ihre welschen Verwandten.

Spargel ist für Wein anfangs eine Idee schwierig wegen seines oftmals bitteren Tones, doch die Stärke der deutschen trockenen und halbtrockenen Weißweine, die Ausgewogenheit von Säure und Frucht ergibt gerade zu Spargelgerichten die unbeschreibliche feine Eleganz.

Die Rieslinge von Schloß Johannisberg, die großartigen Tropfen von Franz Keller aus dem badischen Oberbergen, die trockene Weißburgunder Spätlese der Lage „Frankweiler Kalkgrube“ oder die ebenfalls trockene Riesling Spätlese „Niersteiner Hipping“ sind angewandte Eleganz.

Leo Kappes aus Zeltingen, Eduard Bremm aus Neef und Günter Lenz aus Pünderich sind berühmt für konsequent ausgebaute Rieslinge, die die idealen Spargelbegleiter sind.

Zu einem Salat mit grünem und weißem Spargel und Krebsschwänzen sind zum Beispiel die großen Rieslinge vom Rhein, von der Saar und von der Mosel geradezu geschaffen.

Zu Spargel mit kräftigen Saucen harmoniert auch ein Wein mit einem leichten Alterston, eine trockene 76er Silvaner Spätlese der Lage „Wiesenbronner Wachhügel“ vom Fürstlich Castellschen Domäneamt oder eine trockene 76er Ruländer Auslese der Lage „Ingelheimer Lottenstück“ vom Wein-Spezialversand „Die Nasen“ in Wiesbaden.

All diese Weine dominieren die Spargelgerichte nicht, sondern begleiten sie Hand in Hand.

Irene Kränzlein, „Spargelherbst bei Waidhofen", 1983 (Deutsches Spargelmuseum Schrobenhausen)

Spargelanbau und -ernte

„. . . werden über die Art des eigentlichen Spargelbaues, mit Beseitigung alles des Unnütz-Künstlichen und Kostspieligen, folgende Sätze zur allgemeinen Kenntnis und Nachachtung gebracht, von deren genauen Befolgung das Gedeihen des Spargels in seiner gehörigen Stärke und Güte vorzüglich abhängt."

(Einleitung zu „Der Spargel-Bau, wie er eigentlich zu behandeln ist", Wien 1824)

Wie ein schlüpfreifes Küken die Eierschale durchstößt, so kündet auch die von unten heraufstrebende Spargelstange mit leichten Rissen in der Bodenkruste alsbaldiges Kommen an. Nur das gut geschulte Auge erkennt den Vorgang und beseitigt mit zwei spitzen Fingern die umgebende sandige, warme Erde, wo alsbald der Stangenkopf sichtbar wird. Nun gilt es, vorsichtig weitere Erde zu bewegen und Rücksicht auf weitere aufstrebende Sprossen zu nehmen, bis man schließlich in 25 bis 30 Zentimeter Tiefe sein besonders geformtes Messer ansetzt und die Stange vom Stock „sticht". Vorsichtig ist die weiße Kostbarkeit aus dem Erdreich zu befreien, denn sie ist noch viel brüchiger als Glas. Unverzüglich muß die große Öffnung wieder geschlossen und mittels einer „Glättkelle" glatt gestrichen werden. Runde 500 bis 600 Stunden sind während einer Stechsaison erforderlich, um ein Tagwerk, also rund 3400 Quadratmeter, auf diese, durch keine Technik zu ersetzende Weise zu beernten.

Drei Vorbereitungsjahre benötigt das königliche Gemüse

Doch ehe überhaupt die erste Stange geerntet werden kann, sind bereits drei Vorbereitungs- und Wartejahre übers Land gezogen. Nicht auf jedem Feld kann auch erfolgreicher Spargelanbau betrieben werden. Ungeeignet sind zum Beispiel Flächen an Nordhängen oder zur Verkrustung neigende Böden oder gar Lehmböden. Manchmal verhindern auch zu viele grobkörnige Kieselsteine den Anbau, es gäbe zu viele wunde Finger und krumme Stangen. Spargelpflanzen mögen keinen flachen Grundwasserstand. Und erst recht keinen Moosboden, der absolut ungeeignet ist.

Auch flachgründige Böden, besonders wenn im Unterboden weißer Schwemmsand angetroffen wird, sind nur sehr bedingt und nur unter der Voraussetzung besonders intensiver Bodenvorbereitung für den Spargelanbau geeignet.

Grundvoraussetzung eines Spargelbodens ist seine leichte Bearbeitbarkeit, sonst gibt es krumme Stangen, und das Öffnen des Bodens mit den Händen während der Beerntung wird unnötig erschwert. Der Boden muß aber vor allem die Frühlingssonne absorbieren und so die in größeren Tiefen schlummernden, mit Nährstoffen prall gefüllten Spargelstöcke zum Treiben anregen. Das passiert in der Regel ab 12 Grad Celsius.

Spargelböden müssen deshalb vor der Pflanzung begutachtet werden. Die einlegenden Landwirte unterziehen sich in der Regel einer intensiven fachlichen Hilfe durch speziell geschulte Kräfte der staatlichen Beratung. Anhand von Bodenuntersuchungen mittels eines Probebohrers bis zu einem Meter und einer Nährstoffanalyse in chemischen Labors erhält man Aufschluß über die Bodenbeschaffenheit und über die im Boden vorhandenen Nährstoffmengen.

Der wichtigste Regulator zur Gesunderhaltung des Bodens ist jedoch der Humusgehalt. Humus in größeren Mengen sollte auch in größeren Tiefen noch angetroffen werden. Es wird deshalb praktiziert, in einem besonderen Vorbereitungsjahr keine Verkaufsfrüchte mehr zum Anbau zu bringen, sondern im selben Jahr zweimal hintereinander Zwischenfrüchte zu bestellen und diese gleichzeitig mit erheblichen Mengen Stallmist unterzupflügen. Damit wird erreicht, daß auch noch in einer Tiefe von 30 bis 60 Zentimetern die etwa erforderlichen zwei Prozent Humus vorhanden sind. Spargelböden benötigen außerdem einen nicht zu geringen Schluffanteil, d. h. Feinerden, um das Wasserrückhaltevermögen zu vergrößern und die Geschmacksrichtung günstig zu beeinflussen.

Kalk und Phosphat werden, soweit erforderlich, auch in größeren Mengen auf Vorrat gedüngt. Insbesondere bei Phosphat ist diese Vorratshaltung wichtig, weil dieses im Boden unbeweglich bleibt und nur durch mechanische Bewegungen auch in die gewünschten Tiefen transportiert werden kann. Man strebt folgende Ausgangswerte an:

ph-Wert: 6

Organische Substanz:	zwei Prozent
Anteil an Phosphat (in 100 Gramm Boden):	18–25 mg
Anteil an Kali:	25–40 mg
Anteil an Magnesium:	ca. 12 mg

In vergangenen Zeiten war die Bearbeitung des Bodens mit Hilfe von mit tierischer Kraft gezogenen Pflügen eine sehr schwierige Aufgabe. So blieben die Böden weitgehend unvermischt. Spargel braucht aber gerade ab 25 Zentimeter Tiefe entsprechende, mit Nährstoffen gut versorgte Schichten bis 60 Zentimeter Tiefe, um das umfangreiche Saug- und Speicherwurzelsystem (Rhizome) ausreichend zu fördern. Ist das Wurzelwerk ausschließlich gezwungen, aus dem Oberboden zu schöpfen, gibt es Qualitätseinbußen mangels genügender Pflanzenversorgung und durch Verletzungen bei der mechanischen Bodenbearbeitung. Gut in Erinnerung sind uns allen noch die handgegrabenen „Dränagegräben" bis 50 Zentimeter Tiefe, in die man oft genug ein zehn Zentimeter dickes Polster verrotteten Stallmistes einbrachte, die Jungpflanzen daraufsetzte und beides zusammen vergrub. Noch heute kann man diese Lagen Mist als Torfstreifen wiederfinden. Was aber noch bedeutender erscheint: Die Pflanzen waren, um nicht zu verhungern, gezwungen, ihre Wurzeln nach oben zu treiben. Trotzdem trockneten die Jungpflanzen oft genug ein, denn die sogenannte Kapillarität, der Wasserzug von unten nach oben, war durch die Stallmistschicht unterbunden.

Die Zeiten und die Anbaumethoden haben sich glücklicherweise geändert. Seit dem Jahr 1978 sind bei uns mehrere Rigolpflüge im Einsatz. Sie sind in der Lage, den Boden auch auf größere Tiefen, etwa 60 Zentimeter, zu öffnen und die humushaltige Schicht – 25 bis 30 Zentimeter – nach unten, also unter die Pflanzenwurzeln, zu transportieren. Man sollte jedoch nicht in den Fehler verfallen, den wertvollen Humus und die gesamte Bodenbiologie zu vergraben. Dies ist leider in den ersten Jahren aufgrund von Informationen aus Holland häufig geschehen. Dort sind jedoch andere Voraussetzungen gegeben. Mit dem Rigolpflug werden festgestellte Bodenverdichtungen gebrochen, vor allem aber gibt es in Holland Böden mit einem Humusanteil bis 80 Zentimeter Tiefe.

Der Leistungsbedarf dieser Rigolpflüge ist sehr hoch, vor einigen Jahren noch fehlten unseren mittelbäuerlichen Betrieben auch noch die starken Schlepper von über hundert Pferdestärken, so daß zur Bewältigung der Zugarbeit zwei Schlepper zusammengekoppelt wurden. Oft genug war das

Das Wurzelsystem der Spargelpflanze bedarf sorgfältigster Behandlung, insbesondere genügenden Freiraums zum Ausbreiten nach allen Richtungen. (Bild oben): Wurzelstock mit aufgehender Sprosse; (Bild unten): Einlegen der jungen Pflanze mit Ausbreitung der einzelnen Wurzelenden.

leichter gesagt als getan, denn selten nämlich haben zwei verschiedene Fabrikate die gleichen Arbeitsgeschwindigkeiten. Zwei Betriebe, nämlich Michael Fuchs in Gröbern und Otmar Schiebel in Pörnbach, haben sich der Weiterentwicklung der Tiefenlockerung intensiv angenommen und im Vertrauen auf überbetrieblichen Einsatz starke Schlepper und Bodentieffräsen gekauft. Unmittelbar darauf wurde eine neue Technik der Tiefenbearbeitung mittels Bodentieffräse bekannt. Diese Fräse durchmischt bis zu einer Tiefe von 70 Zentimetern die zwei sehr verschiedenen, vorgegebenen Bodenprofile intensiv miteinander und homogenisiert den Boden weitgehend. Gleichzeitig werden die oberflächlich eingebrachten organischen und mineralischen Düngermengen über alle Tiefen eingemischt und die unzweifelhaft oft vorhandenen Bodenverdichtungen gebrochen. Was aber als der wesentlichste Vorteil erscheint, ist die gleichmäßige Nährstoffanreicherung aller Bodenschichten, die unbedingte Voraussetzung für Qualitätssteigerung ist. Diese Vorbereitungsarbeiten sollen möglichst noch im Spätherbst des Vorbereitungsjahres ausgeführt werden, damit der stark bewegte und gelüftete Boden bis zum kommenden Frühjahr seine ursprüngliche Dichte und das besonders wichtige Wasserhaltevermögen wiederherstellt. Befürchtungen verschiedener Fachgremien, daß durch diesen unerhörten Eingriff in den Bodenorganismus, das Zerstören des Edaphons, die Bodenfruchtbarkeit Schaden erleiden würde, haben sich glücklicherweise bis zum heutigen Tag nicht bestätigt. Im Gegenteil, es konnten die Spargelerträge und die Qualitäten nachweislich erheblich verbessert werden. Im Gegensatz zur übrigen Landwirtschaft, mit jährlicher Bodenbearbeitung und Fruchtwechsel, bleiben die Kulturen bis zu zwölf Jahren auf demselben Standort, die Bodenbearbeitung und Düngung sind nur mehr auf der Oberfläche möglich. Darum muß der Argumentation einer sorgfältigen Vorbereitung und Vorratsdüngung besondere Aufmerksamkeit geschenkt werden, Fehler sind nicht mehr zu reparieren. Auch hinsichtlich des vorbeugenden Pflanzenschutzes, der Verhinderung von Pflanzenkrankheiten, z. B. Wurzelschäden, wird dadurch eine wichtige Vorsorge getroffen.

Spargelpflanzen brauchen Platz

Nicht allzu lange liegt auch die Zeit zurück, wo durch staatliche Förderungsmaßnahmen erreicht werden konnte, die Anzahl der Pflanzen je Fläche zu verringern. Es kostete der damaligen Beratung Geld und Mühe, einen Mindestreihenabstand von 1,40 Metern durchzusetzen und den Abstand in der Reihe auf zwei Pflanzen je laufenden Meter zu erweitern. Heute ist man zur Einsicht gelangt, daß die Reihen durchaus mehr als 1,80 Meter voneinander entfernt sein können. Fortschrittliche Landwirte erhöhen bis zu zwei Meter, und in Frankreich gehen die Spargelanbauer sogar bis 2,50 Meter und können trotzdem gleichzeitig nachweisen, daß ihre Erträge sogar erheblich über den unsrigen liegen. Die Pflanzenzahl von 13 000 Stück je Hektar oder 130 je Ar ist als verbindliche Richtschnur einzuhalten. So käme man auf 0,75 bis 0,80 Quadratmeter für eine Pflanze, welchen Raum sie innerhalb von drei Jahren durchaus auch in die gelockerte Tiefe von 60 Zentimetern zu durchwurzeln vermag, wie Nachgrabungen ergeben haben. Die Reihen sollten so weit voneinander entfernt bleiben, daß auch bei starker Krautentwicklung noch Luft und Sonne durch die Reihen streichen können und somit gegen die Sporen von Rost und Botrytis eine natürliche Abwehr entwickelt wird.

Wer je das weitverzweigte Wurzelsystem einer Spargelpflanze nachgeprüft hat, wird an der Richtigkeit der weiten Pflanzung nicht mehr zweifeln. Immer wieder wird die Bestätigung erbracht, daß Randreihen den schönsten Spargel und die höchsten Erträge bringen. Forscht man im Boden nach, findet man die Spargelwurzeln noch in zwei Metern Stockentfernung. Lohnend ist der Spargelanbau nur dann, wenn auf dem Feld auch in späteren Ertragsjahren überwiegend die Güteklassen „I“ und „II“ erzeugt werden. Den feinen Stangen fehlt nicht nur das Gewicht, sondern auch der Preis bei dreifachem Arbeitsaufwand je Kilogramm Erntegut.

Verschiedene Versuchsreihen, aber auch die Praxiserfahrung lehrt uns, daß Qualität und Quantität auch stark durch die Pflanztiefe beeinflußbar sind. Bleibt der Spargelboden im Frühjahr zu lange kalt, setzt das Wachstum entsprechend später und zögernd ein. Langsam wachsende Stangen werden rostig und holzig, ihr Marktwert sinkt rapid. Wichtig für das baldige Antreiben der Stangen ist also das Pflanzen in geringere Tiefen. Unsere Empfehlung lautet deshalb, nicht tiefer als 25 Zentimeter, eher flacher, vorausgesetzt daß die Dammbreite stimmt und eine gute Nährstoffversorgung garantiert ist.

Möglichst noch im selben Herbst sollten auch die Pflanzgräben gezogen werden. Das erscheint erstens richtig aus Gründen einer ausreichenden Wasserversorgung. Zu leicht bleibt bei einer ungünstigen Frühjahrsbestellung die kapillare Wasserführung unterbrochen. Nicht selten ist man gezwungen, bei zu großer Frühjahrsnässe in die Felder zu fahren. Fahrspuren und Bodenverdichtungen zeigen sich, Erdklumpen werden geformt und die Dammwände zugeschlämmt. Bei der Herbstvorbereitung dagegen sorgt in der Regel die Frostgare für die Herstellung optimaler Pflanzbedingungen. Der wesentliche Punkt der Herbstvorbereitung ist jedoch, daß die Pflanzung zum rechten Zeitpunkt im Frühjahr und ohne den üblichen Ärger erfolgen kann.

Spargelvermehrung

Spargel wird normalerweise aus Samen vermehrt, die neuere Züchtungstechnologie ermöglicht jedoch auch eine vegetative Vermehrung mittels Meristemkulturen, um besonders wertvolle Zuchterfolge schneller und absolut rein weitervermehren zu können. Ab dem zweiten Jahr beginnt die Spargelpflanze zu blühen und bildet erst grüne, dann weithin sichtbare rote, kugelige, fleischige Früchte. In diese eingebettet verbergen sich vier bis sechs dunkle Samen.

Jede weibliche Pflanze erzeugt jährlich mehrere hundert Samen, die sich im Spätherbst von der Pflanze lösen und im darauffolgenden Jahr als lästiges Unkraut aufwachsen, das unbedingt vom Acker beseitigt werden muß. Man sollte es auf keinen Fall versuchen, aus diesen Samen selbst „Fexer" nachzuziehen, denn diese zufälligen Kreuzungsprodukte bergen zu viele Rätsel über Leistungsanlagen. Fleißige Befruchtungsarbeit leisten unsere Honigbienen. Ab der Blüte darf deswegen kein bienengefährliches Pflanzenschutzmittel mehr eingesetzt werden.

Unsere Züchter haben es im Laufe von fünfzig Jahren intensiver, mühsamer Arbeit erreicht, mit der Hilfe von aufwendigen Kreuzungs- und Ausleseverfahren den Ertrag, die Qualität, die Krankheitsresistenzen und die Frühtriebigkeit zu verbessern. Erschwert wird der Nachweis des Züchtungserfolges durch die sehr lange Zeitdauer der erforderlichen Prüfungen.

Weibliche Pflanzen sind, verursacht durch die Samenbildung, ertragsschwächer. Ihr Anteil auf dem Feld beträgt immerhin rund fünfzig Prozent. Es ist nun vor längerer Zeit gelungen, auf züchterischem Wege rein männliche Sorten als echte Hybriden zu erzeugen, die durchaus in der Lage sind, den Ertrag um bis zu 20 Prozent zu steigern. Die Stangen sind meist schlanker. Zu diesen Hybriden zählt die Sorte „Lukullus". In der Bundesrepublik beschäftigen sich zwei Zuchtstationen mit Spargelzüchtung. An erster Stelle darf hier die „Südwestdeutsche Saatzucht GmbH Dr. Rolf Späth, Rastatt" genannt werden. Große Bedeutung haben im Anbaugebiet die Sorten „Schwetzinger Meisterschuß" und die bereits erwähnte männliche Züchtung „Lukullus".

Aus der Zuchtstation „Ernst Wehr, Ingelheim am Rhein" kommt die Züchtung „Huchels Leistungsauslese", die in unserem Anbaugebiet ebenfalls einen bedeutenden Marktanteil behauptet. Weitere neuere Züchtungen aus Frankreich und Holland stehen zusammen mit neueren Zuchtlinien der beiden deutschen Züchter in einem von der Bayerischen Landesanstalt für Weinbau und Gartenbau Würzburg-Veitshöchheim geförderten Sortenversuch in Wangen, Gemeinde Waidhofen, und in Albertshofen b. Volkach, Unterfranken.

Die Neuanpflanzung einer Spargelanlage erfolgt nach exakten Anleitungen unter ständiger Kontrolle und Hilfestellung durch Spargelfachberater. Fehler beim Einpflanzen – Abstände, Tiefen, Wurzelverteilung – sind praktisch nicht mehr zu beseitigen und wirken über rund ein Dutzend Jahre fort.

Wenn die Jungpflanze oder, wie sie auch genannt wird, der „Fexer" den Vermehrungsbetrieb verläßt, ist sie exakt ein Jahr alt. Wichtig ist für den Pflanzer, daß die Pflanzen auf absolut „jungfräulichem" Boden aufgewachsen sind, um mit gefährlichen Wurzelkrankheiten nicht den eigenen Boden zu infizieren. Die Fexer sollten keine langen Transportwege haben, das Roden muß sorgfältig vorgenommen werden.

Mit der Vermehrung im eigenen Anbaugebiet wird auch erreicht, absolute Sortenechtheit zu reellen Preisen einzukaufen. Der Spargelpflanzer legt Wert auf frische, gut sortierte Pflanzen, die er, möglichst nach Vereinbarung mit dem Vermehrer, selbst abholen und sofort einpflanzen kann. Die Jungpflanzen haben meist ein Gewicht zwischen 80 und 120 Gramm, somit sind kräftiger Wuchs und Gesundheit garantiert.

Pflanzzeit ist ab Mitte März

Unverzüglich bereitet man die Pflanzung vor. Vorsorglich werden die Pflanzen in eine Orthozid-50-Lösung getaucht, um Pflanzenwunden zu schließen und unerwünschten Bodenpilzen das Eindringen in das Zellgewebe zu verwehren.

Die Pflanzzeit richtet sich nach dem Antreiben der Jungpflanzen. Erfahrungsgemäß zeigen sich die ersten Spitzen nach einer längeren Wärmeperiode Mitte März oder Anfang April. Sorgfältig werden die Jungpflanzen mit einem Spezialroder aus dem Boden geholt und sortiert, gezählt und verpackt. Die in der Zwischenzeit durch die Landwirte vorgefertigten Pflanzfurchen erhalten häufig noch eine Sohlenlockerung mittels Fräse. Die Pflanzung selbst ist reine Handarbeit. Es ist üblich, kleine Hügel –

Spargelstechen erfordert ein gutes Auge, viel Geschick . . .

. . . und Ausdauer

„Maulwurfshaufen" – zu formen, auf die man die Pflanzen setzt. Ein Setzholz mit dem gewünschten Pflanzenabstand oder aber ein Markierrechen tragen zu sauberer Entfernung bei. Die Jungpflanzen sind einer Spinne nicht unähnlich. Schon von Anfang an sollen die Wurzeln in alle Himmelsrichtungen treiben können. Spargel bildet nur nach einer Seite Knospen aus, bei der Pflanzung muß man daran denken, um ein Wachsen in unerwünschte Richtungen zu vermeiden. Die Pflanze bedeckt man unverzüglich mit etwa fünf bis acht Zentimeter Boden. Oft genug kann man beobachten, daß Wurzeln nach einem starken Regen oder größeren Windstärken unbedeckt sind und dann vertrocknen. Frisch geschüttete Erde setzt sich, rutscht seitlich ab, darum nicht zuwenig Erde aufs Pflänzchen; dieses hat auf alle Fälle genug Triebkraft, sich den Weg an die Sonne zu bahnen. Häufig wird in die Furchen zusätzlich Torf eingebracht, dessen Wirkungserwartung ziemlich unklar bleibt, denn Torf besitzt keine düngenden Eigenschaften, er hat eine saure Reaktion, die keinesfalls erwünscht ist, und außerdem ist er hygroskopisch, d. h., daß er aus dem Boden Feuchtigkeit an sich zieht, die er nur sehr schwer wieder abgibt. Schließlich ist Torf in den letzten Jahren immerhin erheblich teurer geworden. Um so fragwürdiger erscheint seine Verwendung im Spargelbau, solange uns in Form von Gründüngung, Gülle und Festmist sehr wertvolle organische Dünger auf unseren viehstarken mittelbäuerlichen Betrieben zumeist reichlich zur Verfügung stehen. Will man auf Torf aus Gründen der Humusanreicherung nicht verzichten, sind je 100 lfd. Meter Graben wenigstens vier Torfballen zu verwenden. Jedem Ballen sollte man drei bis vier Kilogramm kohlensauren Magnesiumkalk beimischen.

Die jungen Spargelpflanzen bedürfen unserer besonderen Fürsorge

Die stärker werdende Frühlingssonne regt die Knospen alsbald zum Treiben an, und schon nach drei bis vier Wochen hat sich je Stock mindestens ein Trieb an die Oberfläche gewagt. Im Verlauf von Frühling und Sommer bilden sich dann pro Stock etwa fünf Triebe aus. Diese erreichen ungefähr 80 Zentimeter Wuchshöhe, je nach Triebkraft und Nährstoffversorgung, dies zum Stolz des Spargelbauern. Spätfröste allerdings haben des öfteren schon fühlbare Schäden an den Trieben angerichtet.

Häufig zeigt sich jedoch auch schon manche Sorgenfalte, wenn Triebe plötzlich zu welken beginnen und bei näherer Inaugenscheinnahme im Stengelinneren Fraßgänge und weiße Maden der Spargelfliege angetroffen werden. Diese Fliege ist einer der am meisten gefürchteten Schädlinge im Spargelbau und ihre chemische Bekämpfung unerläßlich. Ihr Auftreten in Junganlagen erfolgt, sobald die Triebe eine entsprechende Dicke, etwa ab Anfang Juni, erreicht haben. Die Fliege selbst ist zum Zeitpunkt der Löwenzahnblüte zu erwarten und schädigt im besonderen die zweijährigen Anlagen. Den Winter hat der Schädling als Puppe am Wurzelhals von Spargelpflanzen oder im Stengel von auf dem Abfallhaufen gelandetem Spargelkraut verbracht. Es besteht deshalb seitens der Spargelbauern die Verpflichtung, Kraut spätestens im zeitigen Frühjahr zu verbrennen. Auch Spargelstoppeln sollten gesammelt und verbrannt werden. Mit ihren Bohrwerkzeugen sticht die Fliege die noch weichen Teile der Pflanze an und legt ein Ei ab, das sich im Inneren der Pflanze gut aufgehoben fühlt. Schon nach drei bis vier Tagen schlüpft eine kleine weiße Made, die sich dann gemächlich im Innern der Pflanze nach unten frißt. Etwa 60 Eier vermag die Fliege zu verteilen, ehe sie stirbt. Sind nur wenige Pflanzen befallen, die man am plötzlichen Welken erkennt, so ist es ratsam, diese sofort zu entfernen. Vorsichtshalber wendet man mehrere Spritzungen mit spezifisch wirksamen Insektiziden an. Wirksamer, jedoch arbeitsaufwendiger ist das Gießen der Pflanzen. In unserem Anbaugebiet konnte der Schädling dank der Aufklärungsarbeit der Fachberater dezimiert werden, ohne daß es gelungen ist, ihn ganz zu vertreiben. Schuld daran tragen nicht zuletzt auch schlecht gerodete Altanlagen, in denen die Fliege oft jahrelang ein willkommenes Refugium findet.

Die Jungpflanze muß auch im Pflanzjahr bereits gegen zwei pilzliche Krankheiten Schutz erhalten, nämlich gegen den Spargelrost und die Botrytis. Gegen den Rost sehr wirkungsvoll ist eine erste Spritzung mit dem Fungizid Dithane Ultra Mitte Mai, wenn die ersten Sommersporen durch die Luft gewirbelt werden. Im Abstand von drei Wochen sind diese Spritzungen zu wiederholen. Anfang August stellt sich der Grauschimmelpilz Botrytis cinerea ein, der seit einigen Jahren bereits erhebliche Schäden an Jung- und Ertragsanlagen verursacht, die spätere Ertragseinbußen zur Folge haben. Hohe Aufwandmengen an Spritzbrühe, bei hohem Druck in die Pflanzenzentren verbracht, halten den Pilz vorbeugend fern und die Stauden bis in den Spätherbst funktionsfähig.

Schäden richten im Spargel auch Spargelkäfer und -hähnchen an, doch wird seitens der Pflanzer häufig mit Kanonen auf Spatzen geschossen, zumeist hält sich die Anzahl der schwarzen, fressenden Räupchen in maßvollen Grenzen. Ungebetene Gäste in Spargelanlagen sind nicht selten Wühlmäuse, die nur sehr schwer wegzufangen sind. Zu den hartnäckigen Liebhabern von Spargelpflanzen zählen auch Feldhasen und Rehe, deren Eindringen man erfolgreich mit Elektrozäunen auf etwa 30 Zentimeter Höhe verhindert. Auch Fasanen sind imstande, den Trieben Schaden zuzufügen, besonders dann, wenn der Kopf aus dem Erdreich lugt. Schußapparate werden mit mehr oder weniger Erfolg zum Einsatz gebracht.

Häufig trifft man auf den Dämmen eine Zwischenkultur an. Oft sind sie Anlaß von besonders starkem Befall durch Pilzkrankheiten, weil die Luftzirkulation fehlt. Der Einsatz einer Dammfräse zur mechanischen Unkrautbekämpfung ist ebenso erschwert wie mechanischer Pflanzenschutz.

Eine mineralische Düngung sollte im ersten Jahr nur sehr verhalten gegeben werden. Man kann getrost auf den großen Vorrat an Düngern im Boden vertrauen, besonders Stickstoffgaben sollten nach dem 20. Juli nicht mehr verabreicht werden. Der manuellen Unkrautbekämpfung kommt im ersten Jahr eine große Bedeutung zu, und sie wird viele Arbeitsstunden beanspruchen. Die Praxiserfahrungen mit chemischen Mitteln sind oft recht negativ, die empfindlichen Jungpflanzen lassen sofort in der Entwicklung nach.

Das Wartejahr läßt hoffen

Im zweiten Jahr darf noch keinesfalls gestochen werden. In diesem Abschnitt soll sich die Spargelpflanze ungestört zu ihrer vollen Größe entwickeln können. Auch die Entwicklung des umfangreichen Wurzelsystems muß gefördert werden. Die Pflanze soll aus dem Vollen schöpfen können, ohne daß man sie durch einseitige Düngung schädigt. Auch hier gilt: „Allzuviel ist ungesund.“ Versuche haben gezeigt, daß Maximalgaben über 200 Kilo Reinstickstoff keinen Ertragszuwachs mehr gebracht haben. Im Gegenteil, die überhöhten Stickstoffgaben führen in der Pflanze zu Streßsituationen, aufgrund deren sich die Gesamtlebenserwartung und der Ertrag verringern. Ebenso hat man festgestellt, daß Stickstoffgaben, im August oder noch später gegeben, von den Pflanzen nur noch teilweise aufgenommen werden.

Andererseits können die leichten Sandböden hohe Stickstoffmengen nicht festhalten; dieser gerät leicht in tiefere Schichten und ist für die Spargelpflanze verloren, zum Fenster hinausgeworfenes Geld, das unter Umständen zu zusätzlichen Umweltschäden führen kann. Es sollte bei den Düngerberechnungen der Faktor „Nachlieferung aus der organischen Substanz“, die ja bei der Anlage in reichlichem Maße gegeben wurde, nicht vergessen werden. Zumindest in den ersten Jahren kann diese Nachlieferung gut und gerne mit 80 bis 100 Kilogramm Stickstoff je Hektar angesetzt werden. Phosphat und Kali, in mineralischer Form zugeführt, können im Wartejahr schon im zeitigen Frühjahr ausgebracht werden. Der jährliche Entzug der Pflanzen an Phosphat beträgt etwa 100 Kilogramm, bei Kali etwa 200 Kilogramm je Hektar.

Im Wartejahr ist dem Pflanzenschutz erhöhte Aufmerksamkeit zu schenken. Vorbeugender, regelmäßiger Pflanzenschutz

Spargelbeeren mit inliegendem Samen

Spargelkraut mit Beeren

Der Folienanbau führt zu wesentlich früheren Ernten und damit zu einem Beginn der Spargelsaison oft schon im März. Um der Pflanze jedoch ausreichend Zeit zum Erholen zu geben, ist hier ein etwas früheres Stechende erforderlich.

gegen die verschiedenen Schadpilze und Schadinsekten beherrscht die gesamte Vegetationsperiode. Die Unkrautbekämpfung zwischen den Reihen kann mechanisch bewältigt werden, am Ende der Wachstumszeit sind alle Dämme eingeebnet. Die Krauthöhe erreicht häufig zwei Meter, und der Staudenumfang einer guten Anlage füllt überwiegend die Zwischenräume der Reihen. Erst nach dem Eintrocknen der letzten noch grünen Stauden wird mit dem Abtransport des Spargelkrautes begonnen, auch wenn es darüber Dezember werden sollte. Häufig verwendetes Mähgerät ist der Maishäcksler, zum Teil wird das Kraut auf den Boden gemäht, um dort als organischer Dünger liegenzubleiben.

Nachgrabungen haben gezeigt, daß gut entwickelte Anlagen bereits im zweiten Jahr große Flächen des rigolten oder tiefgefrästen Bodens bis 60 Zentimeter Tiefe zu durchwurzeln vermögen. Die Speicherwurzeln – Rhizome – sind im Herbst des Wartejahres und der folgenden Stechjahre prall mit zu Materie gewordenen Assimilaten aus dem oberirdischen Staudenbereich angefüllt worden.

Die erste Ernte wird im dritten Anlagejahr eingebracht

Das erste Stechjahr dauert allerdings nur drei bis vier Wochen. Das ist auch genug. Übertreibungen bei der ersten Ernte schaden den jungen Anlagen unverhältnismäßig stark und nachhaltig.

Erstmals wird im Frühjahr aufgedämmt. Fast jeder Betrieb hat seine eigene, besondere Methode des Dämmeformens, obwohl im Anbaugebiet bereits eine Anzahl von fabrikmäßig hergestellten Dammgeräten vorhanden ist. Hier beginnen sich die Ansichten zu teilen, denn Bifangbreite und erwünschte Spargellänge, Zeitpunkt des Aufdämmens und die Feldgröße werden unterschiedlich eingeschätzt, und keiner läßt sich gerne in die Karten schauen. Der fertige Damm, aus dem nun bald die ersten Spargelstangen sprießen sollen, ist dementsprechend unterschiedlich geformt. Allen Dämmen gemeinsam sollte sein, die Stangen möglichst gleichmäßig in der Mitte zu finden, die Erdanböschung ist seitlich und in der Höhe ebenförmig, das angeböschte Erdreich sollte unbedingt locker sein und keinesfalls gepreßt. Abschließend wird mittels eines Formbleches eine so glatte Oberfläche hergestellt, daß man jeden Spargelkopf vor seinem Erscheinen finden kann. Das Dämmen erfolgt dann, wenn bereits die ersten Köpfe aus dem Spargelstock nach oben streben und der Boden einigermaßen trocken und erwärmt ist. Zu nasses Andämmen fördert Bodenverdichtungen und krumme Stangen, bei zu trockenem Anböschen mißlingt häufig das Glattstreichen der Dammflächen, und es gibt Qualitätsminderungen durch Grünverfärbungen.

Es kann durchaus Situationen geben, die einen Stechverzicht im dritten Jahr gerechtfertigt erscheinen lassen, besonders dann, wenn im Wartejahr durch Hagel oder frühen Pilzbefall die natürlichen Wachtumsbedingungen erheblich gestört wurden. Gerade im ersten Stechjahr sollte jede Streßsituation vermieden werden; es ist deshalb auch durch keine Argumentation zu rechtfertigen, wenn aufgrund reichlicher Verkaufsangebote die Erntezeit überzogen wird. Nur eine halbe Ernte darf unter normaler bis guter Pflanzenentwicklung heimgebracht werden, die Anbauer wissen in der Regel selbst, wann dieser Augenblick eingetreten ist. Ganz bestimmt aber gibt nicht die halbe Wochenzahl den Ausschlag, sondern die bereits geerntete Menge.

Nach dem Ernteschluß werden sofort die mineralische Düngung ausgebracht, der Damm abgetragen und eingeebnet. Vorzugsweise sollte man die mineralische Düngung halbieren, wenn man mit Volldüngern arbeitet. Es gibt daher viele Düngerformulierungen, bei allen sollte man aber davon ausgehen, daß die oberste Grenze bei 200 Kilogramm Reinstickstoff im Jahr liegt.

So würde z. B. die Formulierung Nitrophoska blau 12:12:17:2 bedeuten, daß in 100 Kilogramm Dünger 12 Kilogramm Stickstoff, 12 Kilogramm Phosphat und 17 Kilogramm Kali sowie zwei Kilogramm Magnesium in pflanzenaufnehmbarer Form enthalten sind. Somit würden etwa 16 Dezitonnen Dünger rd. 200 Kilogramm Stickstoff auf einem Hektar ergeben. Auf ein Ar wären das übrigens 16 Kilogramm Dünger oder je Quadratmeter 160 Gramm. Pro Tagwerk betrüge die Menge elf Zentner jährlich. Diese Gabe in zwei Rationen aufzuteilen erscheint unbedingt notwendig. Es ist absolut falsch, wie häufig praktiziert, den Dünger in Reihensaat unmittelbar über der Pflanze abzulegen. Dort befinden sich keine Saugwurzeln, doch ausschließlich diese sind in der Lage, Nährstoffe aufzunehmen. Konzentrierte Salzgaben – mineralische Dünger sind Salze – können sogar Vegetationsschäden anrichten. Einige starke Regenfälle genügen, den Stickstoff in der Tiefe verschwinden zu lassen. Deshalb ist es wichtig, mit Köpfchen und zugebundenem Geldbeutel zu düngen. Das Sprichwort „Viel bringt viel“ ist abzuwandeln in „Richtig ist wichtig“! Um allen Wurzeln gleichmäßig Nährstoffe zuzuführen, ist also der Dünger stets breitwürfig zu streuen. Die Anwendung von Kalkstickstoff zu Düngung und gleichzeitiger Unkrautbekämpfung vor dem Einebnen der Dämme muß äußerst sachgemäß erfolgen. Breitflächig gestreut beträgt der Höchstaufwand je Hektar 300 Kilogramm. Wird jedoch lediglich in der Reihe gedüngt, ist die Aufwandmenge auf ein Drittel zu verringern. Verbrennungsschäden an den Wurzeln durch Überkonzentration müssen immer wieder festgestellt werden.

Die letzte Stickstoffdüngung ist spätestens bis Ende Juli auszubringen, unbeeinflußt davon können Phosphat, Kali oder Magnesium auch noch im Herbst ausgebracht werden, vorzugsweise jedoch wird diese Grunddüngung ebenfalls unmittelbar nach dem Stechen zugeteilt. Die jährliche Versorgung der Ertragsanlagen mit den Grunddüngern ist dem Entzug anzupassen. Dieser beträgt ca. 80 bis 120 Kilogramm Phosphat, ca. 200 Kilogramm Kali und rund 50 Kilogramm Magnesium je Hektar und Jahr als Reinnährstoffe.

Was jedoch unbedingt zu vermeiden ist: die Ausbringung von Mineral- oder organischen Düngern im Frühjahr. Die Spargelpflanze kann, solange sie keine blattgrünführenden Pflanzenteile besitzt, auch keine Assimilate bilden. Die Umwandlung von Düngern in Nährstoffe findet also solange nicht statt, als kein Kraut vorhanden ist. Wieweit hohe Salzkonzentrationen im Boden der Pflanze sogar schaden, ist bisher nicht abschließend geprüft. Häufig genug wird in der Literatur jedoch davon berichtet, daß hohe Düngervorräte zu Rissen an den Spargelsprossen führen oder bittere Stangen dieselben Ursachen haben.

Es würde keinem Kartoffelanbauer einfallen, Kartoffelknollen zu düngen – dieselben vollgepfropften Speicherorgane sind im Frühjahr auch unsere Spargel-Rhizome. Wie weit Überdüngungen der Spargelwurzeln zu frühen Alterungsprozessen oder überhöhtem Krankheitsbefall führen, ist eine weitere künftige Aufgabe für wissenschaftliche Untersuchungen. Behauptet wird jedoch von unseren älteren Spargelbauern, daß die Anlagen in früheren Zeiten bei weitaus geringerem Düngeraufwand und weniger Pflanzenschutz ein höheres Stechalter erreichten.

Hacke, Fräse, Grubber und Egge am Schmalspurschlepper finden nunmehr weitgehend Verwendung zur mechanischen oder manuellen Unkrautbekämpfung. Mit Chemie jedoch sollte Spargel so wenig als vertretbar in Kontakt kommen. Insbesondere ist die Verwendung langhaltig wirkender Bodenherbizide oder gar von Wuchsstoffmitteln nicht zulässig. Die Ausbreitung bestimmter, schwer bekämpfbarer Ungräser oder Unkräuter wie z. B. Quecke, Hirse, Vogelmiere muß schon in den Anfängen verhindert werden. Zum Einsatz, unmittelbar nach dem Abdämmen, können die Mittel Afalon mit 1,0 Kilogramm/Hektar oder Sencor mit 0,5 Kilogramm/Hektar bei 600 bis 1000 Liter Wasseraufwand kommen. Im ersten Stechjahr besteht auch noch die Gefahr eines Befalles durch die Spargelfliege bis etwa Ende Juni. Eine vorbeugende Pilzbekämpfung ist unbedingt erforderlich und darf nicht vernachlässigt werden, insbesondere muß man gegen Botrytis ab Anfang August aktiv werden.

Die Erzeugung von Spargel sollte aber, bei allem Erfolgszwang, vorrangig mit mechanischen Mitteln möglich bleiben.

Das tiefe Bearbeiten des Bodens erforderte früher den Einsatz von drei- bis vierspännigen Pferdepflügen. Heute haben starke Schlepper mit Spezial-Hydraulik-Pflügen diesen wesentlichsten Teil der Feldbearbeitung übernommen. Zu den Pionieren der modernen Geräteherstellung gehört Michael Fuchs aus Gröbern (Gemeinde Waidhofen), dessen Tiefscharpflüge in vielen europäischen Spargelanbaugebieten Verwendung finden.

SPARGEL-STECH-MESSER

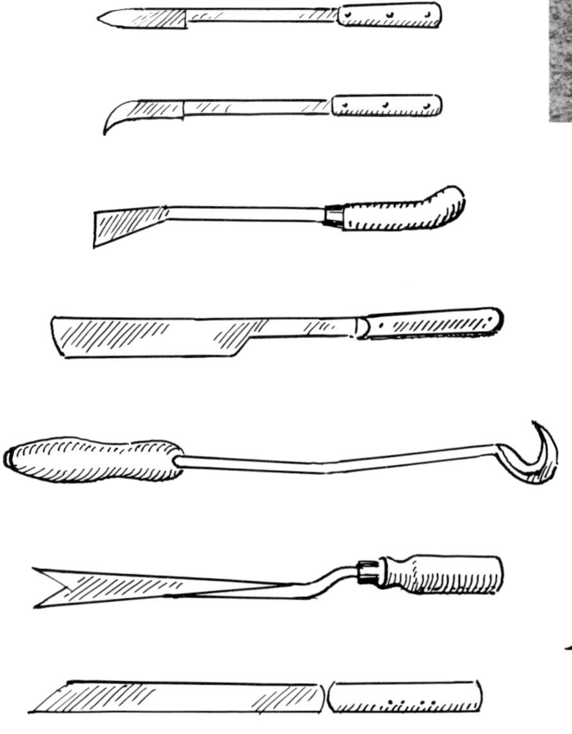

„Urform", um 1780

„Stechmeisel", um 1850

„Scharre"

„Schneid-Gabel"

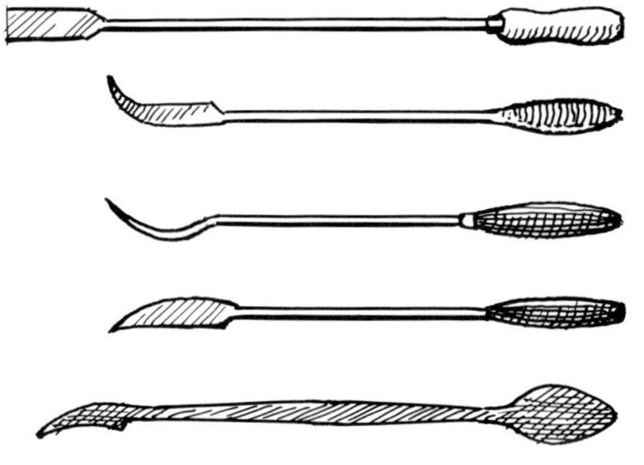

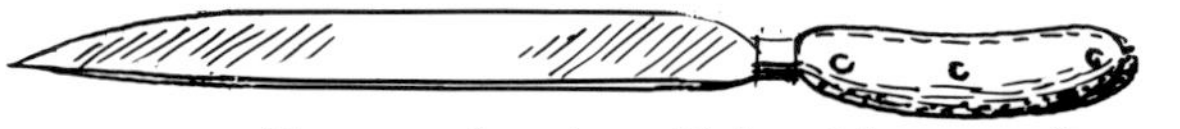

sog. „Braunschweiger Schneidmesser"

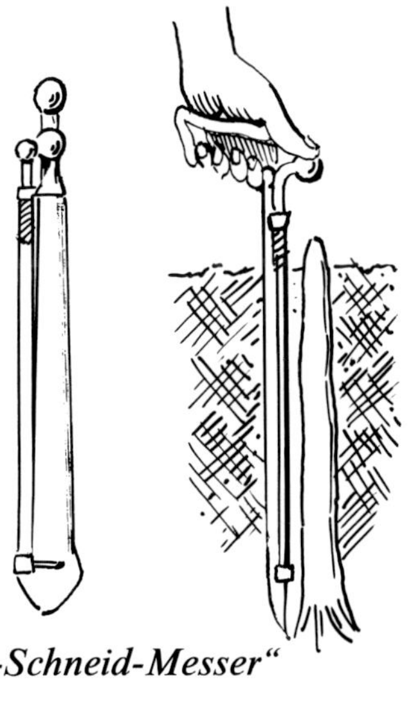

„Dreh-Schneid-Messer"

Acht bis zehn Jahre kann eine Spargelanlage gestochen werden

Ab dem vierten Jahr kann nun der Spargel eine volle Stechsaison lang „gestochen" werden. Im zeitigen Frühjahr werden die alten Stoppeln sorgfältig entfernt und verbrannt. Auch das alte Spargelkraut, das im Spätherbst nicht mehr brannte, ist am besten durch Verbrennen zu beseitigen.

Eine Düngung vor Stechbeginn ist aus den bereits erläuterten Gründen unnötig. Den Beginn der Ernte erwartet man jährlich wieder mit Ungeduld. Man sollte trotzdem vorsorglich einige wichtige Überlegungen anstellen. Zum Beispiel:

Ist die Verkaufswaage geeicht, entspricht sie den hygienischen Anforderungen? Jede Möglichkeit, Handarbeit nicht im Stehen oder Bücken verrichten zu müssen, ist auszuschöpfen. Oftmals wäre dies schon möglich durch Erhöhung der Arbeitstische oder Bänke bzw. Waschvorrichtungen.

Unsere jetzigen Plastikerntekörbe lassen wegen ihrer rechteckigen tiefen Form die Stangen nur mit Schwierigkeiten und besonderer Vorsicht wieder entnehmen. Besser würden abgeflachte Sammelkörbe, wie sie in Frankreich benutzt werden, den Anforderungen gerecht. Spargel muß nach dem Ernten in der Dunkelheit bleiben. Nasse Sisaldecken sollten auf das Feld mitgeführt werden, um die vollen Spargelkörbe vor Sonneneinstrahlung zu schützen. Die Stangen werden am besten vor Rotverfärbung geschützt, wenn sie alsbald zuhause in abgekühltes Wasser, wie es zum Beispiel ein Milchkühlstab erzeugt, gestellt werden und bis zum Sortieren dort verbleiben. Die Lagerräume müssen unbedingt dunkel sein.

Spargel muß den Qualitätsmindestanforderungen entsprechen. Exakte Sortierung und Stangenlänge sind Basis eines zukunftsweisenden Spargelmarktes und dienen auch der Erhaltung der eigenen Kundschaft. Spargel darf nicht gewässert sein. Um nicht zu vertrocknen, schlägt man ihn in feuchte Tücher und legt ihn in den Kühlraum bei Temperaturen um 0 bis 4 Grad Celsius. Bis zu drei Tagen bleibt so die natürliche Frische gut erhalten. Warmes Wasser dagegen läßt Spargel schnell unansehnlich werden, die Stangen riechen dumpf, viele Inhaltsstoffe werden ausgelaugt.

Beim Stechen muß mit größter Sorgfalt vorgegangen werden. Unkundige Stecher können großen Schaden anrichten. Es ist unbedingt zu vermeiden, den Wurzelstock mit dem Stechmesser oder durch Reißen zu verletzen. Das Erkennen der aufbrechenden Stange erfordert Übung und wachsame Augen. Mit Gefühl müssen die freigelegten Stangen aus dem Erdreich gehoben werden. Beständiges Suchen, Bücken und Gehen bestimmen den Tagesablauf der Spargelstecher. Dies bei ständig veränderten klimatischen Bedingungen. In größeren Betrieben ist man bemüht, die tägliche Suche auf die Vormittagsstunden zu beschränken.

Familienbetriebe dagegen begehen zweimal täglich die Spargelfelder, um allen Spargel möglichst weiß zu ernten. Die Bezeichnung hierfür ist Bleichspargel. Erwächst das Erntegut ohne künstlichen Dammschutz, so wird die Spargelstange sofort grün. Sie wird ebenfalls bei etwa 20 bis 25 Zentimeter Wuchshöhe geerntet. Man spricht in diesem Fall von Grünspargel.

Normalerweise steigen unter üblichen Wachstumsbedingungen die Ernteergebnisse in den kommenden fünf Stechjahren noch an, auch der Anteil an „Einserspargel" – mittlere Dicke zwischen 12 und 26 Millimeter – erhöht sich noch. Rund 60 Prozent vom Gesamtertrag sollten in diese Qualitätsstufe fallen. Ab dem sechsten Stechjahr zeigt die Ertragskurve bereits wieder nach unten. Im Einzelfall entscheiden die Faktoren: Pflanzenabstand, ausgeglichene Düngung, sachgemäßer Pflanzenschutz und ausgewogene Erntezeiten über die Gesamtleistung der Anlage und somit über die wirtschaftliche Lebensdauer.

Die reichlichsten Erntemengen fallen bei Bodentemperaturen über 15 Grad Celsius an. Spargel reagiert sehr empfindlich auf Temperaturschwankungen und Trockenperioden, so daß es für den Landwirt oftmals schwierig genug ist, seine Liefertermine auch einzuhalten. Gegenseitiges Aushelfen ist da oft genug der einzige Ausweg, die Kunden nicht zu verärgern.

Der Grünspargel erobert sich Freunde

Mit Sicherheit wird es auch in weiterer Zukunft überwiegend Freunde des Bleichspargels geben. Doch die Nachfrage nach Grünspargel wächst. Die Franzosen haben dem Grünspargel schon immer in ihrer Küche große Sympathien entgegengebracht. In Nordamerika und Kanada wird fast ausschließlich diese apart schmeckende Gemüseart bevorzugt.

Die Argumente für den Großanbau und diese moderne Konsumgewohnheit liegen in der einfacheren Art der Gewinnung, des Marktverkaufs und der Zubereitung. Der Grünspargelanbau erfordert besonders bei der Ernte einen weitaus geringeren Handarbeitsaufwand. Sein Anbau läßt sich auch auf schwereren Böden betreiben. Das Klima allerdings, die Anbauvorbereitungen, die Düngungsfragen und die zu verwendenden Sorten sind in etwa die gleichen wie beim Bleichspargel. Für den Konsumenten spielt die Preisfrage eine gewichtige Rolle: Da die Produktionskosten niedriger liegen, ist auch ein niedrigerer Preis gerechtfertigt. Bisher wird das Marktgeschehen von importiertem Grünspargel bestimmt. Doch auch hier dürften Frische und Geschmack von besonderem Einfluß auf das Käuferinteresse sein.

Die Ernte selbst ist einfach. Man schneidet die Stangen, wenn sie etwa 20 Zentimeter Wuchshöhe erreicht haben, einfach mit einem scharfen Messer glatt unmittelbar über dem Boden ab.

Grünspargel streckt sich nach dem Schneiden noch, so daß die Stangen nachträglich dünner werden. Das Schälen entfällt weitgehendst. Untere, holzige Teile entfernt man vor dem Kochen oder Dünsten. So lassen sich manche „grün-weiße“ Spargelgerichte zaubern, für die schon seit Jahrhunderten Rezepte vorliegen.

Ernteverfrühung mit Hilfe von Folien

Höhere Preiserwartungen, aber auch der frühere Ernteschluß mit anschließend längerer Vegetationszeit sind die Triebfedern für zusätzliche respektable Unkosten in Höhe von etwa 2500,– DM je Hektar, um eine Ernteverfrühung mit Hilfe von Folien zu erreichen. Der prozentuale Flächenanteil unter Folien ist bisher aber relativ bescheiden geblieben. Gegnern erscheint die Ernteverfrühung als kein brauchbarer Weg, denn für den Absatz müßte eine entsprechend früh einsetzende Werbung zusätzlich eingeleitet werden. Verständlicherweise eignen sich nur beste Ertragsanlagen ohne Fehlstellen. Natürlich spielt auch die Lage zu einer gut frequentierten Straße eine Rolle, um persönliche Absatzchancen wahrnehmen zu können. Weithin sichtbar liegen die speziellen „Antitaufolien“ auf den schon im März geformten Dämmen. Leicht erwärmbare Südlagen sind Voraussetzung für verfrühtes Aufdämmen. Vor allem muß ja der sandige Boden trocken genug sein für umfangreiche Erdbewegungen Ende März, spätestens Anfang April. Unter der Folie, die mit entsprechenden Spezialmaschinen in einem Arbeitsgang aufgelegt werden kann, erwärmt sich der Boden bei einsetzender Sonnenbestrahlung rascher und, was wichtig ist, die gewonnene Bodenwärme wird in der Nacht nicht mehr an die kälteren Luftschichten abgegeben. Die Spargelstangen werden dadurch zu raschem Treiben veranlaßt. Als Besonderheit scheint erwähnenswert, daß bei dieser Methode oft genug gleichzeitig bis zu sechs Triebe an das Tageslicht streben, so daß die Stecharbeit erfolgreicher verläuft. Als nachteilig muß gewertet werden, daß in die Folien beim Erscheinen der Stangen große Öffnungen geschnitten oder gerissen werden müssen, so daß die Stauwärme entweichen kann und die Folien nur einmal für die Verfrühung tauglich sind. Mittels dieser Methode wird eine Enteverfrühung von rund zwei Wochen erreicht. Das exakte Auflegen der Folien bei gleichzeitiger Befestigung der Ränder ist heute bei einiger Übung unproblematisch durchführbar. Die Ernte auf dem Folienfeld muß entsprechend früher beendet werden. Da das Treiben der Sprosse, wie beobachtet, verhältnismäßig uniform erfolgt, könnte leicht bei Ernteüberziehung eine durch nichts wieder gutzumachende Ausblutung die Folge sein. Folienanbau könnte andererseits auch zu nachhaltig höheren Ernten führen, weil bei frühzeitiger Stechbeendigung die Vegetationszeit jährlich um drei Wochen verlängert werden könnte.

So eröffnet der Spargel in all seinen Arten, Farben und Formen und mit den unterschiedlichen Möglichkeiten der Gewinnung, vom Kellerbeet über den Garten bis zum Treibhaus, dem Folien- und Feldanbau wie schon seit Hunderten von Jahren immer wieder die Gelegenheit, Neues zu versuchen, Überkommenes zu erhalten oder Unnützes auszuscheiden. Der Wissenskreislauf wird größer. In irgendeiner Form kommt er aber immer wieder auf Cato, den Urvater des kultivierten Spargelanbaues, zurück. Und sei es bei der Düngung, dem Grünspargel oder der Folienabdeckung, die bei den Römern in der Form bronzener Platten bereits bekannt war.

Kurzbeschreibung des Spargels in einem Kinderlexikon: (Meyers Kinderlexikon, Mannheim 1970)

„Auf sandigem Boden wird oft Spargel angebaut. Ihr erkennt die Felder an den hohen Erdwällen. Vom Spargel selbst seht ihr vor der Ernte nichts, denn die jungen Pflanzen befinden sich unter den Erdwällen. So müssen die Sprosse sehr lang werden, ehe sie oben herauskommen. Es sind die gelben Spargelstangen. Kurz ehe sie herauskommen, werden sie geerntet, ‚gestochen'".

SPARGEL-SPEZIALGERÄTE

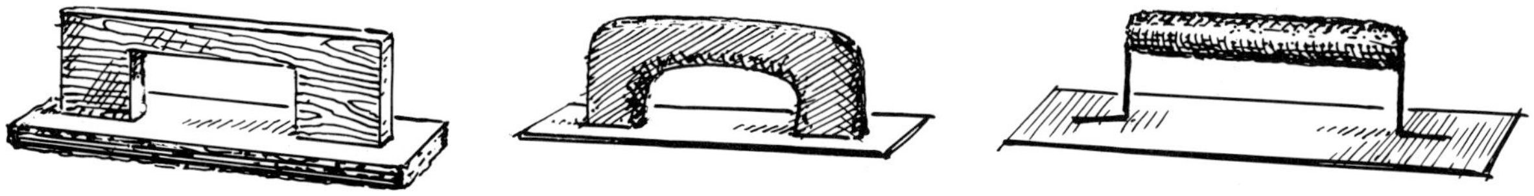

Spargel-Klappen aus Holz und Metall zum Glätten der Bifänge

Spargelkappe zum Schutz vor Lichteinwirkung

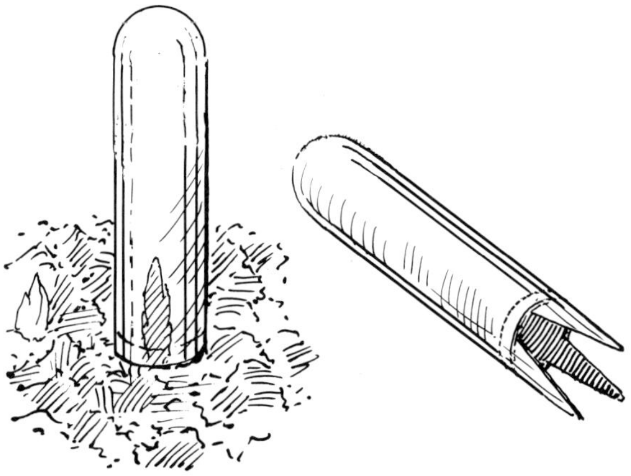

Gläser zum Bedecken der Spargelstangen zum Schutz vor Licht

Spargel-Lade (Holz)

Spargel-Tisch-Schneidegerät

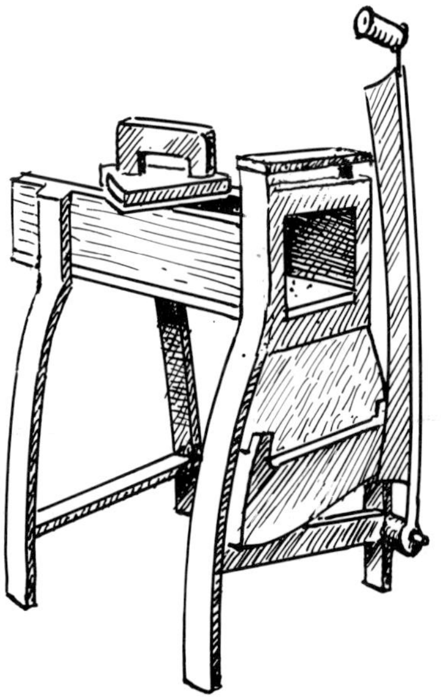

Spargel-Stand-Schneidegerät

Spargel-Bündler

Spargel-Spezial-Geräte

Längst schon legte man die Spargelstangen auf feinen Tafeln mit speziellen Silberzangen und -hebern vor, als in der Mitte des 18. Jahrhunderts das erste landwirtschaftliche „Spargel-Spezial-Gerät" seinen Einstand feiern konnte: das Stech- und Schneidemesser. Während die Bodenbearbeitung weiter mit den üblichen, seit Jahrhunderten bewährten, oft ochsenbespannten Holzpflügen, primitiven Eggen, herkömmlichen Spaten und Rechen, auch Zinkenhacken und Harken erfolgte, bahnte sich bei der Erntemethode eine kleine Revolution an: Das überkommene „Spargelbrechen", „Spargelpflücken" und „Spargelsägen" wurde allmählich abgelöst durch das „Spargelschneiden" und insbesondere das noch heute praktizierte „Spargelstechen". Ein Pionier dieser „Methode" war einmal mehr Christoph Friedrich Seidel, der 1781 bemerkt: *„Man bedient sich eines auf der Seite der Schneid gerade zugehenden Messers, um den Stock weniger in seiner Lage als durch das viele Saegen zu rütteln, obschon . . . starke Stengel . . . auf einmal nicht abzunehmen sind, sondern der Schnitt von beiden Seiten gegeneinander erforderlich ist."* Es folgt die erste Beschreibung eines Stechmessers: *„Ein Freund von mir bedient sich eines Messers, welches vornen den Form eines Meisels hat, und daselbst scharf mitzugeschlieffen ist; so bedenklich mir bey dessen Ansehen der Gebrauch schiene: so bin ich doch jetzo der Meinung, daß bey einer steten Faust damit ein Stengel ohne Beschädigung des andern öfters unmittelbar anstehenden am leichtesten abzunehmen ist."*

Die folgenden 150 Jahre brachten eine Vielzahl von „Stechmessererfindungen", deren Praktikabilität oftmals jedoch gleich Null war. Heute hat sich im wesentlichen die bereits 1781 beschriebene Form durchgesetzt!

Mit dem Aufkommen der Erdbedeckungen in Kegel-, Hügel- und Wallgestaltung ab dem beginnenden 19. Jahrhundert mußten auch neue Gerätschaften zur Bearbeitung eingeführt werden. Zunächst die „Spargelklappe" zum Glattstreichen des Bodens, damit die von nachtreibenden Stangen verursachten Erdrisse rechtzeitig und besser erkennbar waren. Eine Serie von Pflugmodellen, die den besonderen Anforderungen des Spargelanbaues gewachsen sein, insbesondere die erforderliche, weit über das Normalmaß hinausgehende Tiefe bewältigen konnten, folgte. Zunächst in der Holzausführung, später ganz in Metall. Hinzu gesellten sich Spezialgeräte wie der „Reihenzieher" zur Erleichterung des Pflanzvorganges, die „Egge mit Unkrauteisen und Eindringwalze" zum Reinigen und Lockern der Spargelbeete, wobei die Walze die Aufgabe hatte, das zu tiefe Eindringen der Egge in die Beete zu verhindern, oder ganze Kombinationsgeräte mit Spargelbeetformern, Eggen und Walzen. Oft waren die Geräte so schwer und die ihnen zugedachten Funktionen so kraftaufwendig, daß sogar drei- und vierspännige Pferdeeinsätze benötigt wurden. Wer darüber nicht verfügte, mußte in mühsamer Handarbeit mit der Hand- oder Ringelwalze den letzten Schliff vor dem Stechen der Beete anbringen.

Findige Schreiner konstruierten eigene „Beetkästen“ zum Formen der Bifänge, und ein des Unkrautjätens zwischen und auf den Erdwällen überdrüssig gewordener Gärtner erfand das „Schrubeisen“, mit dem das lästige Grün einfach abrasiert wurde. Auch beim weiteren Umgang mit der gestochenen Stange war der Erfindungsgeist nicht mehr zu halten: Spargelbündler in verschiedenen Variationen, verstellbar oder starr, Holz oder Metall, fanden sich ebenso auf dem Markt wie „Spargelschneidegeräte“, vergleichbar dem französischen Henkerswerkzeug, die der herkömmlichen (und heute nach wie vor mit bestem Erfolg im Einsatz befindlichen) Spargellade zum Schneiden der Stangen auf die normale Länge den Rang ablaufen sollten.

Heute hat die Automation und Technik an vielen „Spargelstationen“ auf dem langen Weg vom Einlegen des Samens bis zum Verkauf die Federführung übernommen: Spargelabschneide-, -wasch- und -sortiermaschinen ersetzen menschliche Arbeitskraft ebenso wie superstarke Traktoren mit Universalbeetpflügen die vormals unentbehrlichen Pferde und Ochsen. Und doch: Die wesentlichsten Arbeiten für die Gewinnung von Spargel müssen wie seit rund zweitausend Jahren noch immer von Hand, Stück für Stück, und mit viel Hinwendung, Erfahrung und Gefühl ausgeführt werden – das Einlegen von Jungpflanzen und das Stechen! Der „König des Gemüses“ widersetzt sich standhaft der Gleichbehandlung mit anderen landwirtschaftlichen Erzeugnissen. Er fordert den Menschen, um dem Menschen als Delikatesse dienen zu können.

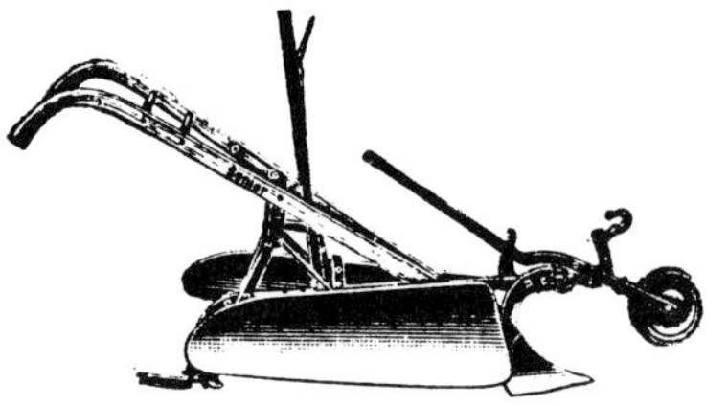

„Seniorkulturgerät mit Häufelschar“

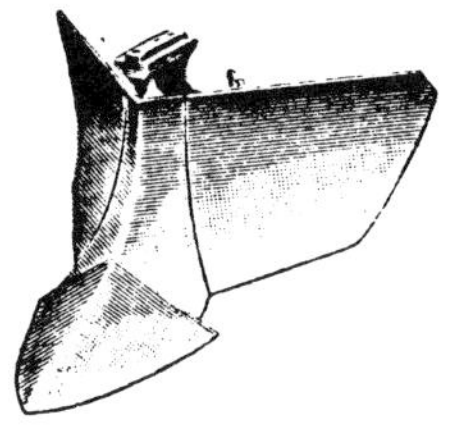

Häufelkörper von vorn gesehen (Gewicht: 43 kg)

„Tiefkulturpflug“ als Grabenzieher mit Häufelkörper und durchgerichtetem Sech für Gräben mit 60–100 cm Breite und 20–50 cm Tiefe (um 1920)

„Spargel-Universalpflug“ mit Selbstführung als Bippartscher Untergrundpflug mit Handhabenverlängerung (um 1925)

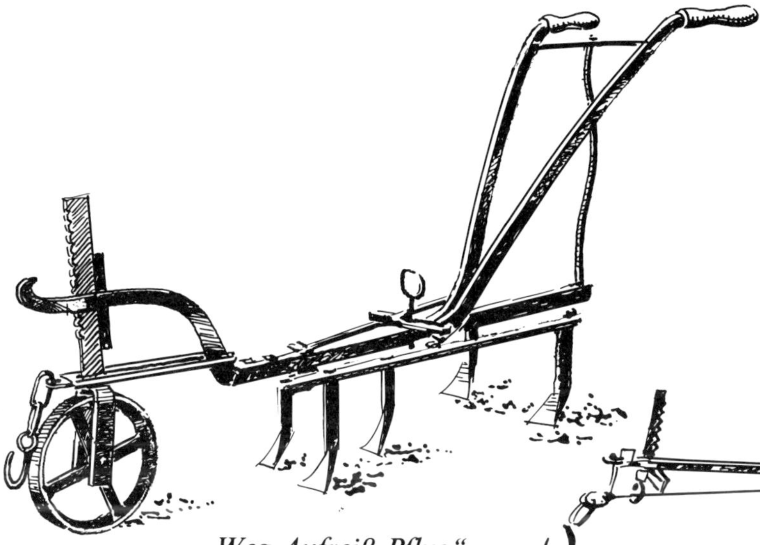

„Weg-Aufreiß-Pflug“

„Spargelhäufelpflug“

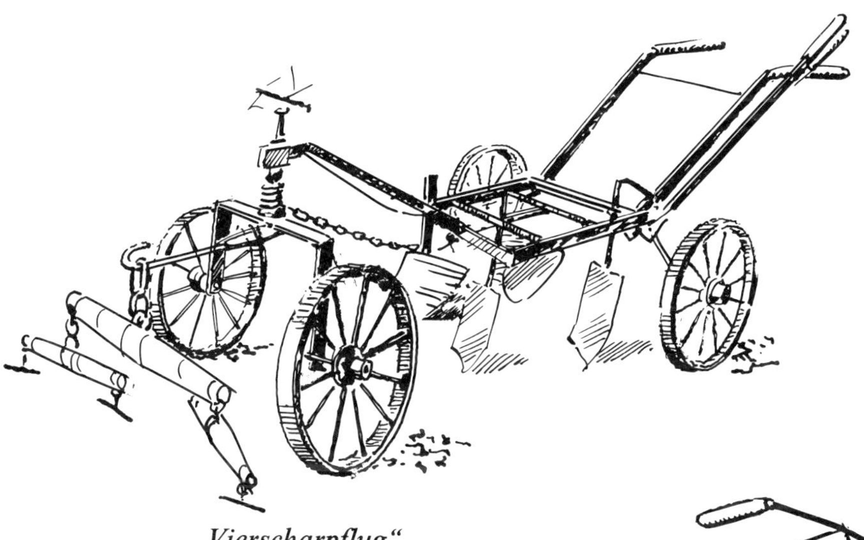

„Vierscharpflug“

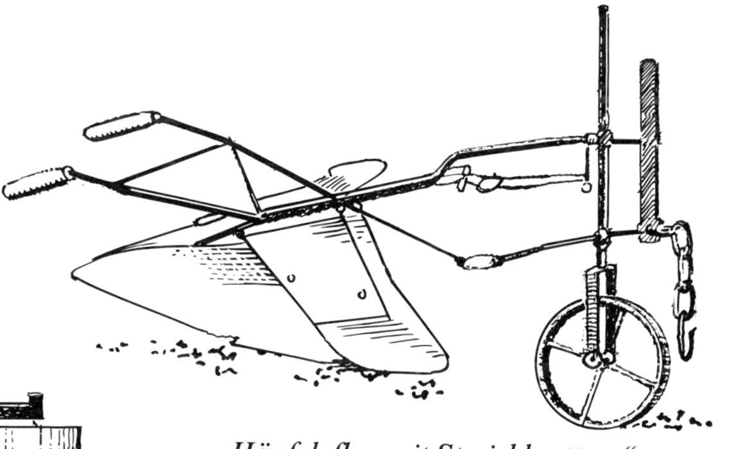

„Häufelpflug mit Streichbrettern“

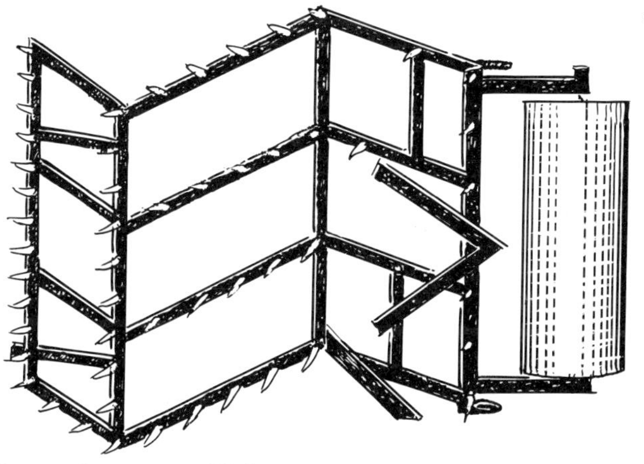

„Spargelegge mit Unkrauteisen und Eindringwalze“

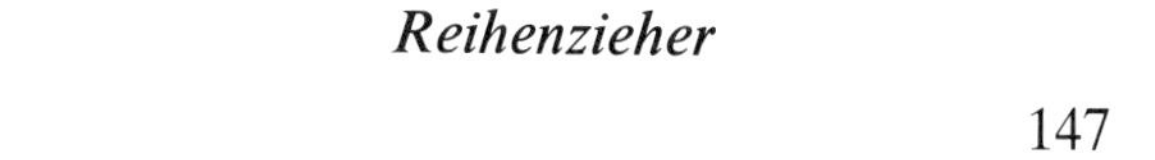

Reihenzieher

Spargelversuche in Ingelheim

„Spargel ist eines von den delicaten und edlen Gewächsen, die auf alle hohe und vornehme Tafeln sonderlich verlangt und gesucht werden; sind in Wahrheit zu bekennen, der Meinungen ihn schön groß aufzubringen so vielerley und oft so widerwärtig, daß man irre wird, welchem, als dem Besten, zu folgen: wahr ist es, daß, weil das Clima Coeli sowohl als Grund an einem und dem andern Ort unterschieden, daß ein weiser Gärtner das eine und andere wohl bedenken, dieß und jenes probiren, am meisten aber auf seine selbst eigene Erfahrung fußen und gehen solle."
(Hohberg, Adeliges Land- und Feldleben, 1701)

Vor über zwölf Jahren wurde der Arbeitskreis Spargelanbau in Südwestdeutschland gegründet. Ihm gehören Praktiker, Züchter, Berater, Marktgenossenschaftler und das Institut für Gemüsebau der Forschungsanstalt in Geisenheim an. Umfangreiche Bodenuntersuchungen hatten gezeigt, daß eine Forschungstätigkeit mit Spargel dringend angezeigt war. So wurde in Ingelheim ein mehr als ein Hektar großes Versuchsfeld angelegt.

Düngungsversuche

Als erstes wurde ein Düngungsversuch geplant, der eine kombinierte Steigerung von Stickstoff, Phosphor und Kalium beinhaltet. Dieser Versuch wurde nach einer zwölfjährigen Laufzeit im Jahre 1982 abgeschlossen. Eine kontinuierliche Feststellung der Ernten, des Nährstoffgehaltes, der Spargelsprosse (Blattanalysen), der Nährstoffmengen im Boden und die Festlegung von Entzugszahlen durch die Spargelernten erbrachten wertvolle und bisher in der Bundesrepublik nirgendwo anders erstellte Ergebnisse. Danach läßt sich ableiten, daß eine Stickstoffdüngung mit mehr als 100 kg N/ha keine Mehrerträge bringt, daß der Spargel anfänglich sehr positiv auf höhere Phosphorgaben reagiert, aber etwa ab der Mitte der Standzeit nur noch geringe Ergänzungsgaben benötigt und daß er sehr empfänglich für hohe Kaliumgaben ist. Bei der Düngung muß beachtet werden, daß unterschiedliche Auswaschungen bzw. Festlegungen bestehen und daß die Pflanzen ein differenziertes Aneignungsvermögen besitzen. Die Nährstoffrelationen der Entzüge durch die Ernte betragen N : P : K wie 1 : 0,3 : 1,2. Das entspricht einer Menge von 30 kg N, 10 kg P_2O_5 und 35 kg K_2O/ha.

Die in diesem Versuch erzielten Resultate, aber auch die Auswertung der Literatur führten im Herbst 1984 zu einer Düngungsempfehlung von Spargel, die von einem großen Kreis von mit der Spargelkultur befaßten Kollegen gebilligt wurde.

Düngungszeitpunkt

Der Düngungszeitpunkt für Phosphor ist auf die Zeit vor dem Aufdämmen und für Stickstoff und Kalium in die Zeit nach dem Abdämmen zu legen, wenn die Pflanzen während der Assimilation und Nährstoffaufnahme besonders aktiv sind. Langzeitdünger haben nicht den Erfolg gehabt, den man sich zunächst versprach. Das hängt damit zusammen, daß der Spargel offensichtlich in der Lage ist, Nährstoffe in seinem Pflanzenkörper zu verlagern und größere Mengen in den Wurzeln zu speichern.

Magnesiumhaushalt

Ein wichtiger Nährstoff ist für den Spargel das Magnesium. In den eingangs erwähnten Untersuchungen konnten wir feststellen, daß 80 Prozent der deutschen Spargelböden weniger als 5 mg bzw. 40 Prozent weniger als 2,5 mg Mg/100 g Boden besitzen. Das Institut hat mit umfangreichen Versuchen die Grenzwerte des Magnesiumbedarfes sowie die visuellen Mangelerscheinungen bei Mg-Mangel erarbeitet. Danach müssen Spargelböden, um keine latenten Mangelerscheinungen aufzuweisen, mindestens 6 mg Mg/100 g Boden haben. Bei Pflanzenanalysen müssen die Werte höher als 0,2 Prozent Mg in der Trockensubstanz liegen. Die Mangelerscheinungen sind zwar sehr deutlich zu erkennen, können aber von Ungeübten mit anderen Erscheinungsbildern, wie Kaliummangel oder Herbizidschäden, verwechselt werden. Insofern ist eine Kombination aus visuellen Beobachtungen, Bodenuntersuchungen und Pflanzenanalysen eine sichere Grundlage für die Beurteilung des Magnesium-Haushaltes.

Humuswirtschaft

Die meisten Spargelböden in der Bundesrepublik haben nur einen sehr geringen Humusgehalt und häufig auch einen geringen Gehalt an sogenannten abschlämmbaren Bestandteilen. Beide Faktoren sind für den Wasserhaushalt und die Nährstoffanlagerung von Wichtigkeit. Da es kaum möglich sein dürfte, die Böden hinsichtlich der abschlämmbaren Bestandteile zu verbessern, ist ausschließlich die Zufuhr von organischer Substanz zu empfehlen. Als organische Ausgangssubstanzen eignen sich alle leicht zersetzbaren Materialien. Wir empfehlen, ein Jahr vor der Pflanzung zunächst den Boden tief zu bearbeiten, anschließend so häufig wie möglich mit Gründüngung verschiedener Arten zu bepflanzen, im Herbst die Gräben zu ziehen und in die Grabensohle Torf, Stallmist, Kompost oder ähnliches in etwas größeren Mengen einzuarbeiten. Letzteres kommt vor allem den Jungpflanzen und deren Anfangsentwicklung zugute. Gerade diese Phase ist für die Wüchsigkeit der späteren Anlage und für den Gesamtertrag in der Stechzeit von Bedeutung. Auch in späteren Jahren soll man, wenn möglich, organisches Material in die Anlagen einbringen. Der Spargel reagiert sofort mit Mehrerträgen bis zu 10 Prozent.

Dieser Versuch wurde 1983 abgeschlossen und verrechnet. Aus den Ergebnissen ist zu entnehmen, daß der Humusgehalt und parallel hierzu der Ertrag in der Variante ohne Versorgung mit Humusausgangssubstanzen in zwölf Jahren um 30 Prozent abgenommen hat. Die Spargelkultur strapaziert im Vergleich zu anderen Pflanzen den Boden außerordentlich stark. Die Felder sind nur vier Monate begrünt und werden zusätzlich durch das Auf- und Abdämmen stark belüftet, was den Humusabbau fördert. Zur Erhaltung der Bodenfruchtbarkeit und des Ertrages sind also häufige kleinere Gaben an organischen Substanzen erwünscht.

In diesem Rahmen muß darauf hingewiesen werden, daß moderne Betriebe das Spargelkraut nicht mehr verbrennen.

Bewässerung

Bisher galt der Spargel als eine Pflanze, die nicht bewässert werden muß. Im Rahmen der Untersuchungen der sogenannten „Spazierstockkrankheit", einer Erscheinung, bei der im August Jungtriebe vor Ausbildung der Phyllokladien absterben, stellten wir fest, daß der Spargel sehr gut auch in unserem Klimabereich auf Wasser reagiert. Die Reaktion ist in gewissem Rahmen vom Boden abhängig. Auf sandigen Böden nahm der Ertrag durch eine Tropfenbewässerung bis zu 30 Prozent zu. Vor allem der Anteil der Handelsklasse Extra konnte durch Wassergaben erhöht werden. Eine Schwierigkeit besteht in der Steuerung der Wassergaben bzw. in der Bestimmung des Beregnungszeitraumes. Französische Untersuchungen und auch unsere Erfahrungen zeigen, daß es nötig sein wird, in Zukunft – ähnlich wie in der Landwirtschaft – die verdunsteten Wassermengen zu messen und mit entsprechenden Empfehlungen über Rundfunk oder Telefon an die Spargelanbauer zu verbreiten.

Ursula Krause-Oehme, „Mainzer Spargel“, (Privatbesitz)

Sortenversuche

Einen größeren Umfang nimmt auf dem Versuchsfeld in Ingelheim die Prüfung verschiedener Sorten ein. Bereits 1974 wurden fünf verschiedene Sorten aufgepflanzt. Von diesem Versuch sind sechs Ertragsjahre vorhanden. Auf einem weiteren Feld wurden 1977 13 Sorten aus Holland, Frankreich und der Bundesrepublik aufgepflanzt. Bekanntlich ist der Spargel zweihäusig. Schon Huchels hat festgestellt, daß männliche Pflanzen eine längere Lebensfähigkeit haben und einen höheren Ertrag bringen. Die Firma Südwestdeutsche Saatzucht GmbH war die erste in der Welt, die eine rein männliche Sorte auf den Markt brachte. Wenn alte Landsorten, wie z. B. „Braunschweiger", in guten Anlagen etwa 30 dt/ha, die neueren Selektionen wie „Schwetzinger Meisterschuß" u. a. 60 dt/ha bringen, läßt sich bei rein männlichen Sorten der Ertrag auf etwa 90 dt/ha steigern, wenn die richtigen Kombinationen zwischen männlichem und weiblichem Elter gefunden sind.

Sortenbeurteilungen sollten innerhalb der eben skizzierten Gruppen erfolgen. Wichtige Parameter für die Qualität einer Sorte sind die Stangenform, Geschlossenheit der Köpfe bei höheren Bodentemperaturen, hohle Stangen, Durchschnittsgewicht der Stangen, Gesamterträge und Frühzeitigkeit. Nach unseren Beobachtungen spielt aber auch die Vitalität einer Sorte eine große Rolle. Es gibt Sorten, die sehr früh altern, und andere Sorten, die sehr lange hohe Erträge bringen. Dieser Faktor läßt sich eindeutig in der Anzahl der Spargelstangen in der Handelsklasse Extra und III bestimmen. Im Laufe der Stechjahre nimmt die Anzahl der Handelsklasse Extra ab und die der Handelsklasse III zu. Setzt man voraus, daß man für einen Stechvorgang etwa die gleiche Zeit benötigt, gleichgültig ob eine dünne oder dicke Stange gestochen wird, nimmt die Arbeitsbelastung unter Berücksichtigung der Stangenzahl/kg und des jeweilig erzielten Preises von 5 Prozent bei der Handelsklasse Extra auf 30 Prozent bei der Handelsklasse III zu. Es muß aus diesem Grunde spät alterndes genetisches Material entwickelt werden.

Wiederbepflanzungsprobleme

Spargel gilt als mit sich selbst unverträglich. D. h., daß es unmöglich zu sein scheint, Spargel nach Spargel zu pflanzen. Es sind hier zwei Einflußfaktoren zu beachten. Eine lange Spargelkultur fördert zum einen verständlicherweise die Anreicherung von artspezifischen Krankheiten wie z. B. Fusarium, zum anderen werden pflanzeneigene Rückstände angereichert. 1984 wurde auf dem Ingelheimer Spargelfeld ein Versuch angelegt, der Fragen zur Behebung der Bodenmüdigkeit behandelt. In diesem Zusammenhang sind nur zwei Stichworte zu nennen: 1. Bodendesinfektion (Behebung der Krankheitsanreicherung), 2. Humusversorgung (Belebung des Edaphons und damit Abbau von Rückständen des Spargels).

Qualitätsbeeinflussung

Holziger Spargel ist eine lästige Erscheinung. In einer umfangreicheren Arbeit werden die Ursachen analysiert. Die vorliegenden Daten zeigen die Bedeutung der Sorte, des Bodens, der Temperatur und der Bodenfeuchtigkeit auf die Verholzung, wobei in Computern die Bedeutung der Einzelgrößen allein oder in Kombination berechnet wird. Histologische und biochemische Untersuchungen fahnden nach dem Ort und nach der chemischen Zusammensetzung der Ligninvorstufen.

Zusammenfassung

Der Arbeitskreis und das Institut arbeiten für die Praxis. Aus diesem Grunde werden die umfangreichen Ergebnisse einer jeden Vegetationsperiode in einem Jahresbericht zusammengefaßt, der Interessenten zur Verfügung gestellt wird. Während der Hauptvegetationszeit von Ende Juni bis in den Oktober hinein kommen Einzelpersonen und Gruppen, um an Ort und Stelle über Probleme der Spargelkultur zu diskutieren und die Versuche zu besichtigen. Während des Winters werden häufig die Ergebnisse den Praktikern in Versammlungen vorgestellt.

Der ehemalige Leiter des Versuchsfeldes, Amtmann Wuchner, hat in einem Versuch einen ganz besonders hohen Ertrag bei einer Pflanze gefunden.

Spargel braucht Wasser. Mit einer Tropfenbewässerung ist eine sparsame und effektive Wasserversorgung möglich.

Im Winter werden Hunderte von Boden- und Pflanzenproben analysiert. Nur so ist eine Beziehung zwischen Theorie und Praxis möglich.

1972, das Versuchsfeld in Ingelheim ist eingezäunt. Die erste Spargelanlage wird vorbereitet.

Der Düngungsversuch zeigt in den folgenden Jahren nach der Stechperiode einen guten Durchtrieb.

Die Aufnahme gibt ein gutes Bild über die Vielzahl der Parzellen, die während der Stechsaison täglich beerntet werden müssen. Die Auswertung erfolgt parzellenweise.

Deckelschüssel in Form eines Spargelbündels, Meißen, Porzellan, um 1780 (Bremer Landesmuseum)

Zerbrechlicher Spargel

Das Bild wiederholt sich alljährlich zu Beginn der Spargelsaison. In Porzellan- und Haushaltwarengeschäften werden sogenannte „Spargelgeschirre" aus den hintersten Regalen in die besten Schaufenster gerückt. Einfarbig, bunt, skurril, naturalistisch, unförmig oder graziös; der Anlaß für Herstellung und Verkauf ist stets der gleiche: Das Besondere soll durch die nicht alltägliche Form hervorgehoben werden, Keramik gleichsam als adäquate Bühne und Kulisse für den Auftritt „seiner Majestät, des Spargels".

Auch wenn die zum Genuß gedachte Spezialität auf den mit ihrer Nachbildung verzierten Platten unterschiedlicher Größen nur in seltenen Fällen ihrem zerbrechlichen Konterfei ähnelt und oft mehr Kitsch als Kunst den Weg über die Ladentheke auf die Tafel findet – es setzt sich hier ein Phänomen fort, das vor nahezu dreihundert Jahren seinen Ursprung hatte: Das Gemüse als Vorlage und Motiv für die Porzellan- und Fayencekünstler, denen die Modellierung der gleichförmigen Stangen offenbar nicht wegen deren unauffälliger Eleganz ein Bedürfnis war. Die entscheidende Rolle für die Aufnahme in das Keramikrepertoire spielte vielmehr die bereits zu Beginn des 18. Jahrhunderts ausgeprägte Sonderstellung des Spargels, der seinen Spitzenplatz unter den Delikatessen an Fürstenhöfen und Herrschaftshäusern längst erobert hatte.

So war der Wunsch, sich mit dem höchste Gaumenfreuden verheißenden Gemüse auch dann umgeben zu können, wenn die Natur dies nicht zuließ, verständlich und durch das Aufblühen der europäischen Porzellanmanufakturen sogar in dreidimensionaler Form erfüllbar.

Unterschieden wurde dabei zwischen verziertem Zweckgeschirr, das in Form der damals modernen „Deckeldosen" zum Servieren von Butter oder Sauce dienen konnte, weiter reinem Tischschmuck, etwa in der Gestalt spargelförmiger Messerbänkchen oder Serviettenringen, und schließlich „Beiwerk" zu anderen Darstellungen, beispielsweise Spargel als Teil eines Obst- und Gemüsekorbes, der seinerseits den Deckel einer großen Suppenterrine bildete, oder aber die häufig anzutreffenden „Spargelgriffe" für Platten.

Ermöglicht wurden diese Kleinkunstwerke aus Porzellan und Fayence durch die glückliche Fügung des Zusammentreffens von Tschirnhaus und Johann Friedrich Böttger (1682–1719), denen die europäische Keramikherstellung nach vielen Versuchen – angefangen von gefärbtem Milchglas um 1470 über Steinzeug mit Majolika-Glasur (um 1575) bis zum Frittenporzellan (um 1660) – ihre eigentliche Geburtsstunde verdankte.

Das Ergebnis des Lebenswerkes dieser Porzellanpioniere beschleunigte die Gründung von Manufakturen und erbrachte mit deren Produktionsaufnahme eine wesentliche Verbesserung der allgemeinen Tischkultur. War „feinstes Porzellan“ bis dahin rar und fast ausnahmslos chinesischer Provenienz, nachdem Marco Polo diese fernöstliche Kostbarkeit zu Beginn des 14. Jahrhunderts eingeführt hatte, so konnte nun das „weiße Gold“ der großen Nachfrage entsprechend und auch erschwinglich hergestellt werden.

Der Gründung von Meißen am 23. 1. 1710 durch August den Starken folgten 1746 Höchst, 1747 Nymphenburg und Fürstenberg, 1755 dann Frankenthal und drei Jahre später Ludwigsburg, um nur einige der damals bedeutendsten Hersteller zu nennen. Gefertigt wurde alles, was Haus und Tisch schmücken konnte: Vasen, Figuren, Teller, Kaffee- und Teeservice, Schüsseln, Schalen, Terrinen, Tafelaufsätze, Uhrengehäuse, Leuchter, Bilder und Besteckgriffe. Der Vielfalt der Formen stand die Mannigfaltigkeit der Farben und verwendeten Motive, unter ihnen Spargel, gegenüber. Plastischer Blumenschmuck mit naturgetreuer Nachbildung der Pflanzen in Gestalt und Farbgebung, Commedia-dell'arte-Figuren und Krinolinengruppen, die aus Damen im Reifrock mit ihren Kavalieren bestanden, bildeten einen Teil dieser prachtvollen Schöpfungen, in die der Spargel eingereiht wurde und für die Namen wie Kändler (gestorben 1775) ebenso wie Johann Peter Melchior aus Höchst stehen.

Abgelöst wurden die mehr der Zierde dienenden Porzellan- und Fayencespargelkreationen zu Beginn des 19. Jahrhunderts durch Geschirr, das ausschließlich für den Spargel, aber ohne dessen Abbildung geschaffen wurde: die Spargelliege. Diese speziell für das Servieren der Stangen entwickelte Form der Keramik, die bis heute sich in Abwandlungen erhalten hat, ließ das „gebündelte Auftragen“ zu, ohne das Gemüse im Sud zu halten, da sich an der Unterseite der Liege Abtropflöcher befanden. Das Prinzip findet sich bei den meist silbernen Abtropfgittern wieder, die zur Zeit die Verkaufslisten anführen. Die Liege selbst war in der Regel fest mit der Unterplatte verbunden, die oftmals auch Träger einer Sauciere sein konnte.

Eines der bekanntesten Stücke aus der Zeit um 1800 befindet sich im Deutschen Spargelmuseum in Schrobenhausen. Es zählt zu den wenigen Raritäten, die der Zerbrechlichkeit über nahezu zwei Jahrhunderte hindurch getrotzt haben. Andere erhaltene Kostbarkeiten, deren Seltenheitswert sie zu nicht verfügbaren Kleinodien bedeutender deutscher Museen macht, die nur noch bewundert, nicht aber gehandelt werden können, lassen die ganze Palette früher Spargelkeramikkunst nachvollziehen.

Die insgesamt geringe Stückzahl der gefertigten Teile sorgte neben der Anfälligkeit des Materials für eine weitere Erhöhung des Wertes, so daß bis zu fünf- und sechsstellige Summen für die Zeugen jener Epoche aufgewendet werden müssen, sofern sich tatsächlich einmal aus einem Schloßnachlaß oder Herrschaftshaus eine Spargelfayence außerhalb einer Sammlung befinden sollte.

Die Kontrolle der Einzelstücke ist dank der oft pedantisch genau geführten „Brennlisten“ der Manufakturen relativ einfach, zumal wenn das Manufaktur- oder Künstlerzeichen erkennbar ist.

So führt etwa die „Brand- und Glasurliste“ der berühmten Manufaktur Fürstenberg bereits im Jahre 1755 „6 Esperges Etuies“ (also Spargeldeckeldosen) auf.

Als im Verlaufe des 19. Jahrhunderts der galant-pompöse Tischschmuck nüchterneren Gestaltungsformen weichen mußte, verschwanden neben den naturalistisch-plastischen Nachbildungen auch die botanischen Dekore mit Darstellungen des Spargels. Erst mit dem Aufkommen des Jugendstils um 1895 wurde wieder spezielles Spargelgeschirr hergestellt, im Ergebnis als kopierte Neuauflage längst bekannter und bewährter Keramiken: die Spargelliege und -platte.

Bald schon wurden diese Formen wieder verdrängt von glatten, allenfalls mit den klassischen Mustern wie Füllhorn, Zwiebeln oder Weinlaub geschmückten Servicen, die die Haushalte eroberten. Von Einzelanfertigungen abgesehen, sollte es in der Folgezeit bis zur Mitte des 20. Jahrhunderts

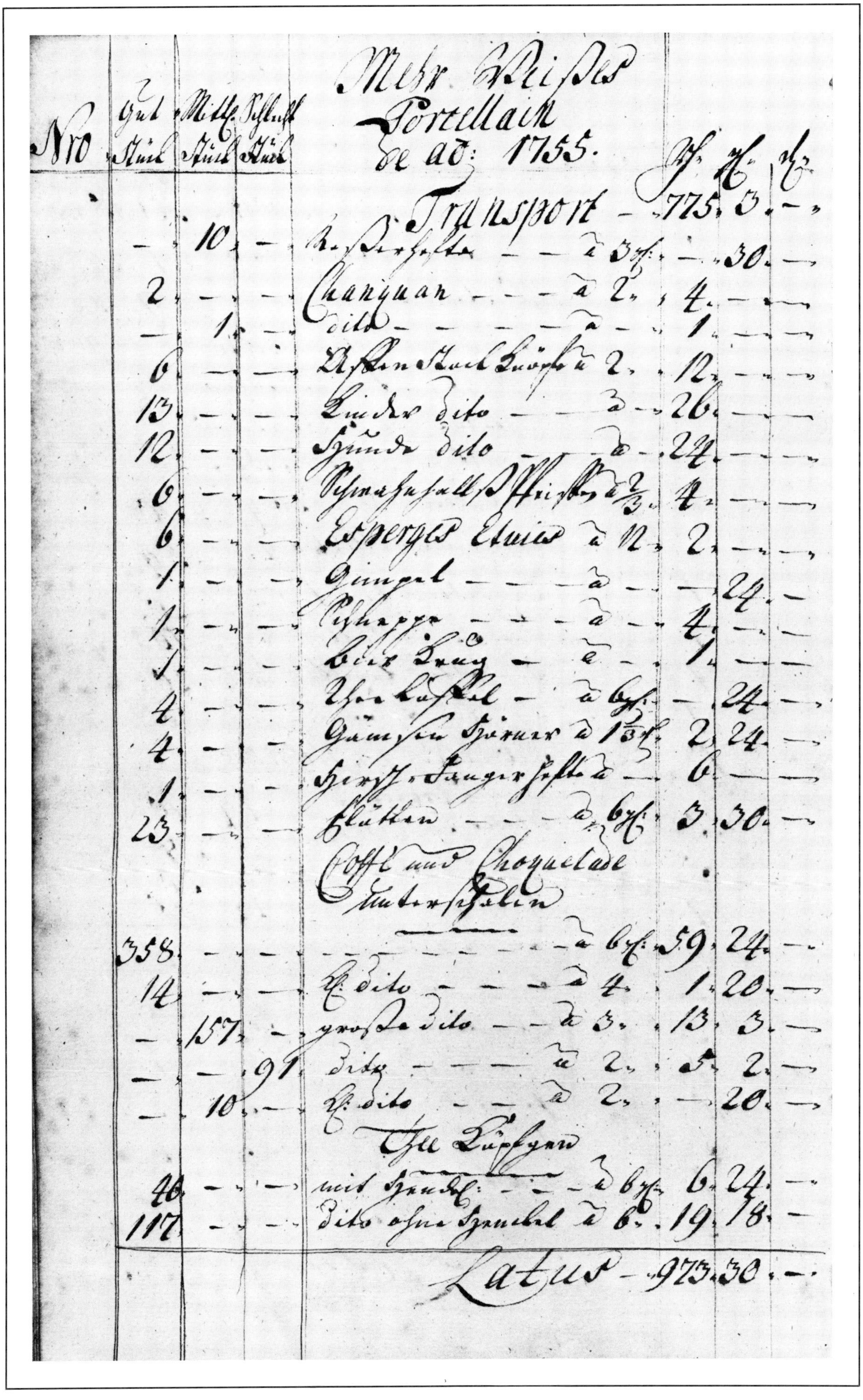

Mehr Weisses Porcellain de ao: 1755.

Nro	Gut Stück	Mittel Stück	Schlecht Stück		Rh.	Gr.	Pf.
				Transport	775.	3.	—
—	10.	—		Rahmschalen — — à 3 gr.	—	30.	—
2	—	—		Chanquan — — — à 2.	4.	—	—
—	1.	—		dito — — — à —	1.	—	—
6	—	—		Aschen Stock Büchsen à 2.	12.	—	—
13	—	—		Zucker dito — — à —	26.	—	—
12	—	—		Spühl dito — — à —	24.	—	—
6	—	—		Schmalzschalen Streicher à 2/3	4.	—	—
6	—	—		Esperges Etuies à 12.	2.	—	—
1	—	—		Quingal — — — à —	—	24.	—
1	—	—		Schnepper — — — à —	4.	—	—
1	—	—		Bier Krug — à —	1.	—	—
4	—	—		Theeschalen — à 6 gr.	—	24.	—
4	—	—		Gänsen Spieser à 13 gr.	2.	24.	—
1	—	—		Hirschfänger hefte à —	6.	—	—
23	—	—		Platten — — à 6 gr.	3.	30.	—
				Coffe und Choquolade Unterschalen			
358	—	—		— — — à 6 gr.	59.	24.	—
14	—	—		kl. dito — — à 4.	1.	20.	—
—	157.	—		grosse dito — à 3.	13.	3.	—
—	—	91.		dito — — à 2.	5.	2.	—
—	10.	—		kl. dito — — à 2.	—	20.	—
				Thee Köpfgen			
46	—	—		mit Henckel — à 6 gr.	6.	24.	—
117	—	—		dito ohne Henckel à 6.	19.	18.	—
				Latus	973.	30.	—

Spargelplatte, um 1895 (Privatbesitz)

Deckeldose, Straßburg, 1753/62 (Bremer Landesmuseum)

Teller mit zwei Spargelbündeln, 18. Jh. (Frankenthal: Kunsthaus Heylshof, Worms)

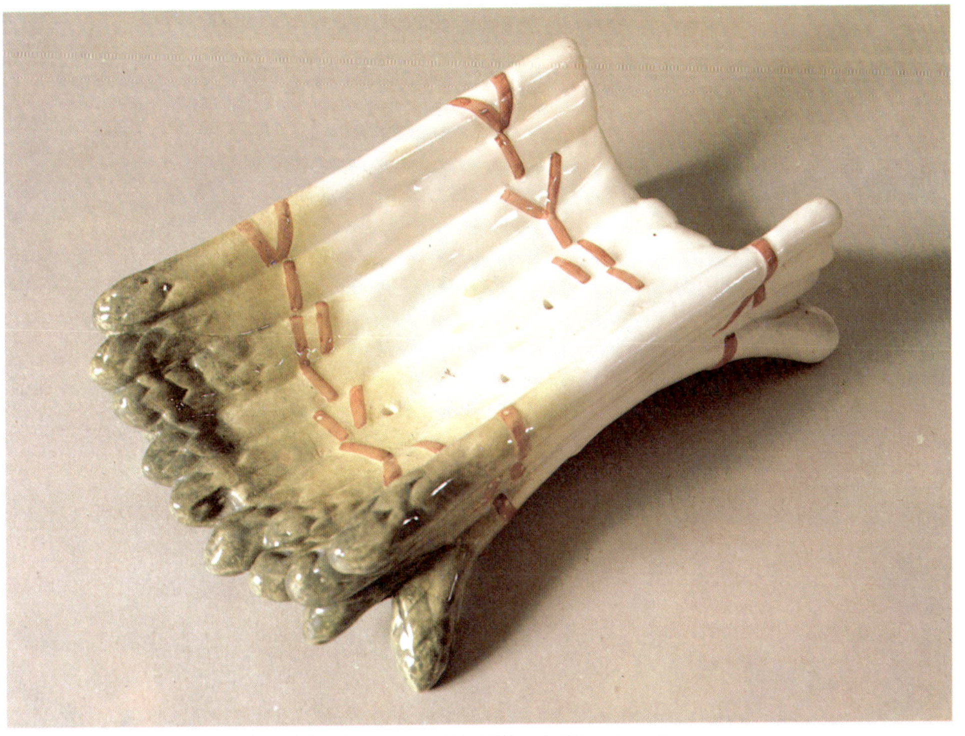

Spargelliege, um 1900 (Antiquariat Wölfle, München)

dann dabei bleiben, daß der Spargel auf Platten ohne Ausschmückungen vorgesetzt wurde, was wohl auch weitgehendst dem Zeitgeist entsprochen haben dürfte: Spargel als Nahrungs-, nicht Luxusmittel. Die wieder ansteigende Begeisterungswelle, einhergehend mit dem Aufkommen des Spargeltourismus, ließ ab etwa 1960 eine neue Generation von Spargelkeramik entstehen. Abstrakte Längsplatten mit silbernen und porzellanenen Abtropfeinsätzen, vollständige Service aus geformten oder bemalten Spargeltellern, -schüsseln, -platten und -saucieren bis hin zu Salz- und Pfefferstreuern in Stangenform erwiesen sich als begehrte Präsentationshilfen für Spargelgerichte. Meist italienischer Herkunft und aus Gebrauchskeramik geformt, eroberten in den folgenden Jahren die in modernem Design gestalteten Spezialteller mit Rillenauflage den Markt, der trotz der Konkurrenz des Nachbildungsgeschirrs weiterhin führend behauptet wird.

Die eindrucksvollen Gestaltungsmöglichkeiten der formbaren Masse ließen neben den praktisch-realen Geschirren auch Einzelkunstwerke entstehen, etwa die „Kunstspargelplatte“ der Schrobenhausener Modellierkünstlerin Barbara Keller-Diez. Sie bringt die praktische Form der Platte mit aufgesetzter Sauciere in einen sinnfälligen Bezug zu den aufgelegten, zartweißen und appetitanregenden (Ton-)Spargeln, nicht ohne durch die Anordnung ihrer „Hauptdarsteller“ im Bündel und als Einzeldelikatesse an die beiden wohl berühmte-

Holzschnitt von Vincent Klink, 1984 (Ente vom Lehel, Wiesbaden)

sten Spargelgemälde von Edouard Manet in der dritten Dimension anzuknüpfen.

Andere Künstler stellen den Spargel seinem Symbolcharakter entsprechend und auf die ihm zugeschriebene potenzsteigernde Wirkung bauend dar, wobei die Wiedergabe als oftmals „nicht jugendfrei“ unterbleiben muß.

Die Schöpfer der frühen Spargelkeramiken haben den Pflanzenforschern wesentliche Details über Form und Gestalt der Stangen aus damaliger Zeit plastisch bewahrt, auch wenn die Phantasie so manchen Farbtupfer hinzusetzte.

Die Designer und Künstler gehen heute oft den umgekehrten Weg. Bei ihnen steht die Phantasie im Vordergrund, die Realität tritt sowohl in Farbe als auch in Form zurück. Allen Wiedergaben des Spargels gemeinsam aber ist die Verneigung vor einer Gabe der Natur, die über Fehlgriffe hinwegsehen und sie vielleicht auch dann noch für fernere Generationen in ihrer ganzen Vollendung nachvollziehbar erscheinen läßt, wenn der ewige Wandel der Welt längst eine andere Pflanze an die Stelle des Spargels gesetzt hat.

Barbara Keller-Diez, „Kunstspargel“, 1984 (Deutsches Spargelmuseum Schrobenhausen)

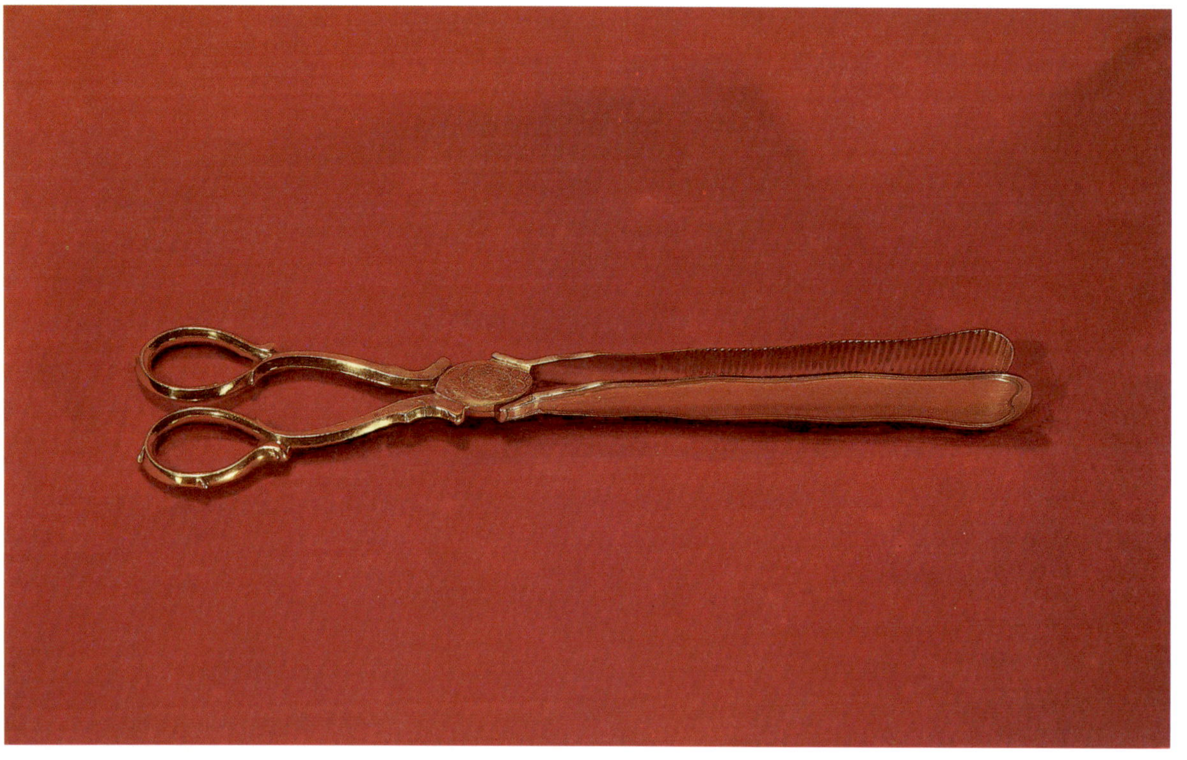

Vergoldete Spargelzange mit Zweibrückener Wappen, Straßburg, um 1780/90 (Residenzmuseum München)

„Spargelfingerzange", Silber, um 1900 (Deutsches Spargelmuseum Schrobenhausen)

Spargelsilber

Lange bevor das erste spezielle Spargelgeschirr die Festtafeln schmückte, gab es bereits ein ebenso praktisches wie schönes „Tafelgerät“ zum Vorlegen der Spargelstangen: die Zange und den Heber.

Ihre Verwendung kann bis in das 17. Jahrhundert zurückverfolgt werden. Frühe Exemplare der Spargelzangen sind in der Art einer Schere mit Furchen auf der Innenseite der Arme geformt; später entwikkelte man daraus eine U-förmige Klammer mit perforierten, flachen Armen sowie einem meist verzierten Führungsgriff. Zeitlich nachfolgend kamen die Spargelheber in Gebrauch. Sie waren den Torten- und Fischhebern nachgebildet und hatten Längsrillen zum Aufnehmen der Spargel.

Das feine Silber und Sheffield Plate erlaubte den Silberschmieden kunstvolle Muster und höchst unterschiedliche Formen, wie die „Vogelklauen-Zange“ oder die raffiniert konstruierte „Schnabel-Klappe“ aus königlichem Hause beweisen. Zu den heute berühmtesten Stücken zählen die Silberzange des englischen Königs Georg III. (um 1790) und die vergoldete, mit feinsten Querrillen versehene Zange des Wittelsbacher-Herzogs Karl II. August aus Schloß Karlsberg mit dem Zweibrückener Wappen, ausgestellt im Residenzmuseum in München.

Kleinere Formen der Zangen fanden als Fingerersatz zum Verzehr der Stangen Verwendung. Die jetzt gebräuchlichen Zangen und Heber sind nahezu ausschließlich reine Gebrauchsgegenstände, bestehend aus Silber, Chrom und versilberten Materialien. Ihre Grundform unterscheidet sich lediglich in Details von den früheren Exemplaren. Das Bewährte hatte Bestand.

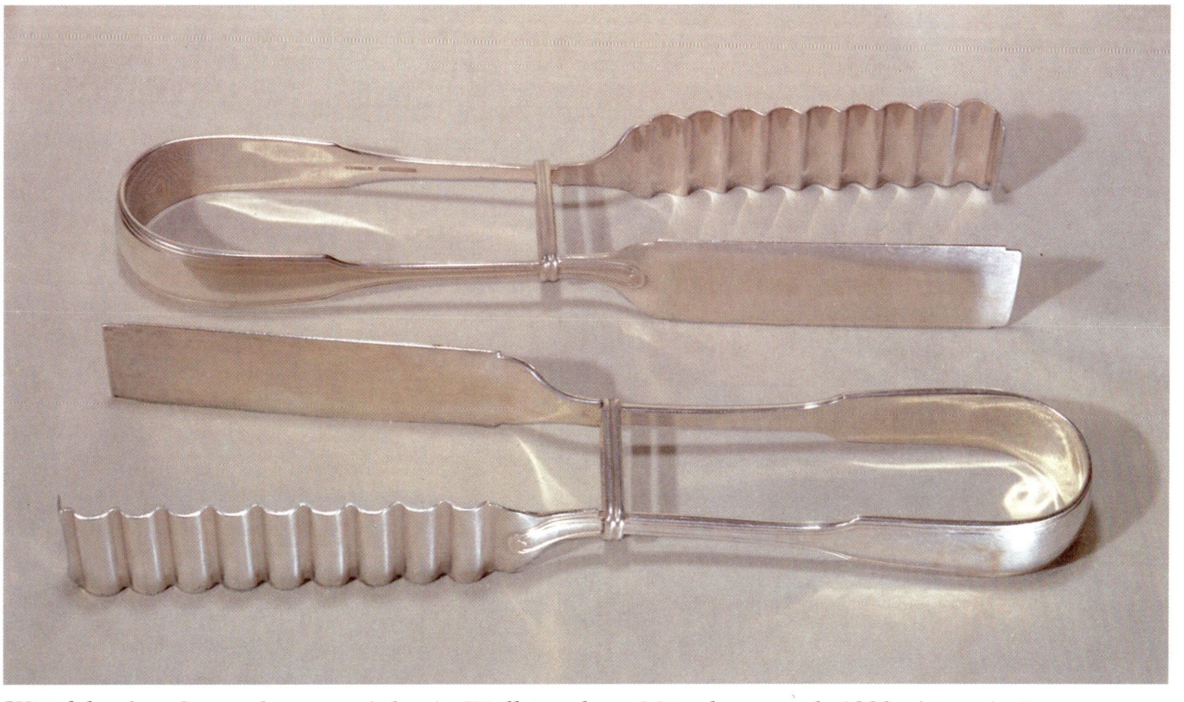

Wittelsbacher Spargelzangen (oben): Wollenweber, München, nach 1888; (unten): Leser, Straubing, nach 1888 (Residenzmuseum München)

Spargelheber aus verschiedenen Materialien (Deutsches Spargelmuseum Schrobenhausen)

„Vogelklauen-Spargelzange", um 1850 (Privatbesitz)

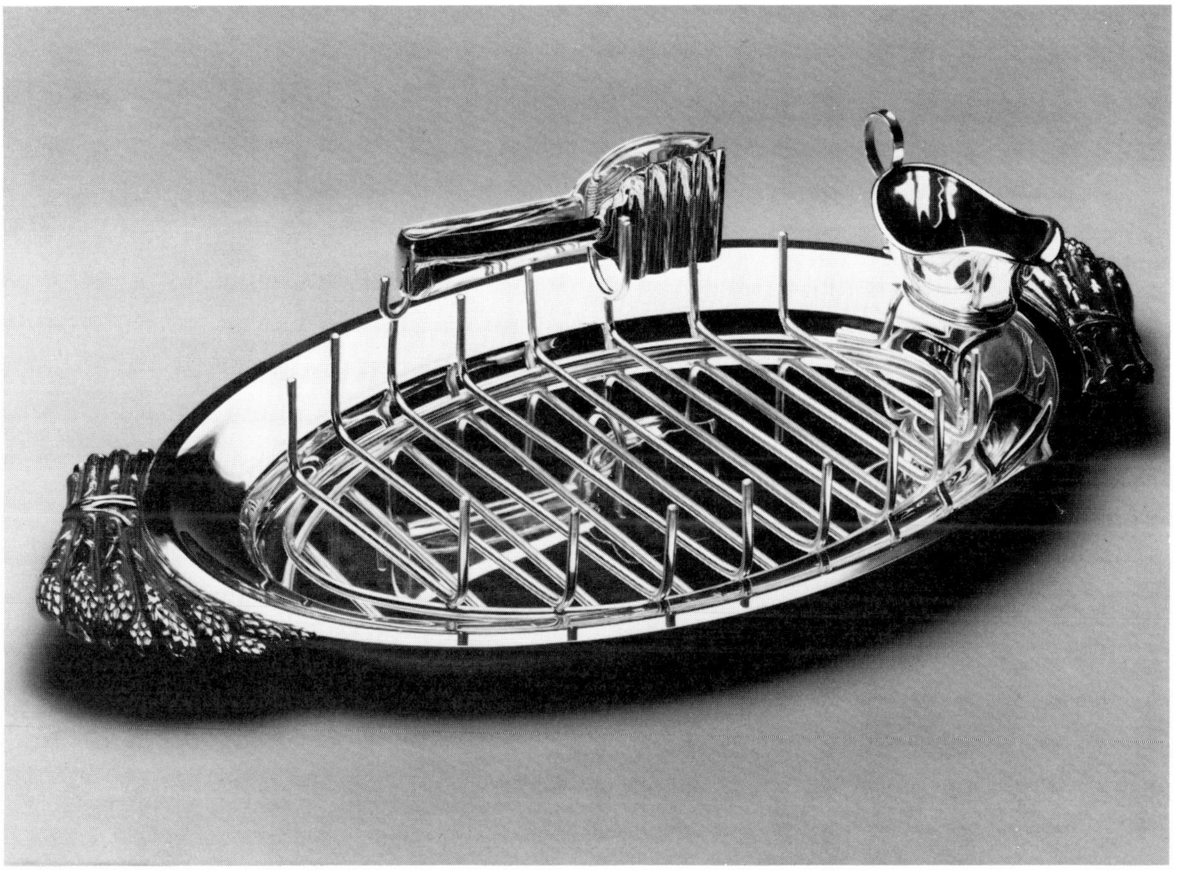

Versilbertes Spargelliegen-Arrangement mit Sauciere und Breitzange, Florentiner Werkstätte, 1981 (Deutsches Spargelmuseum Schrobenhausen)

„Schnabel-Klappe", um 1880 (Privatbesitz)

Spargelnachschlag

Schlägt man „Spargel" nach, beispielsweise im Deutschen Wörterbuch von Jacob und Wilhelm Grimm, gewinnt man schnell gewichtige Erkenntnisse: Der Spargel ist ein Wort männlichen Geschlechts, das nicht nur einen ebenso bekannten lateinischen Namen sondern auch viele Vorgänger und Abwandlungen hat.

Steigt man tiefer in die literarischen Abhandlungen über Asparagus oder Spargen ein, so eröffnet sich eine neue Dimension des Spargelgenusses. Beginnen wir im 16. Jahrhundert.

Johann Fischart (1546–1590) veröffentlichte 1578 in Straßburg „Das philosophisch Ehzuchtbüchlein", das weitgehend auf Plutarch basiert. Uns erstaunt hierbei der berichtete Brauch aus dem Böotierland, die Bräute bei Hochzeiten mit Asparagus zu schmücken, da dies ja auch heute bei uns noch oft bei Hochzeitsgesellschaften getan wird. Eine solche Beeinflussung wäre sicher im Sinne Fischarts gewesen, der der Plutarch-Übertragung seine eigenen Verse deutend hinzufügt:

„Im Böotierland ist der prauch, das auf den tag der Hochzeitbegängnus, wann man die Braut mit dem Gaelen Heuratschlaier, welchs ain zaichen jrer vermälung ist, verhüllet, so setzt man jren auch ain Kränzlin von Wilden Spargen auf, diweil dises kraut aine sehr süse frucht aus sehr stacheligen dornen trägt. Also auch die Neu Ehgetraute, ob sie wohl erstlich sich etwas unholdselig, fremd und beschwärlich erzaiget gegen jrem Neuen Ehwirt, welcher sie doch solcher fremden weis halben weder scheuet noch verschmehet, thut sie im doch nachgehender zeit sehr süse holdselige beiwonung und wird mit der weil seine gefolgige zugethane Gehülfin.

Wie sehr die Wilde Spargen sticht,
Pringt sie doch herzlich süse Frücht.
Also wie sehr die Neu vermählet
Sich erstlich etwas ungleich stellet,
So wird sie mit der weil doch gütig,
Das sie mit dem Man wird ainmütig."

Die Symbolkraft des Spargels leuchtet hier in einer ersten Variante. Daß der Straßburger Fischart zu dem Spargel noch „die" sagte, braucht uns nicht weiter zu stören. Denn schon 62 Jahre früher ist die heute übliche Einzahlform „der" Spargel von J. Pinicianus in Augsburg bezeugt.

Wir dürfen getrost annehmen, daß in der Stadt Augsburg, gerade in dieser Zeit der Fugger und anderer Geldadeliger, an den Renaissance-Höfen erstmals Spargel auf den deutschen Tisch kam, wie man das in diesen Kreisen von Italien und von andernorts kannte. Es spricht allerdings nichts dafür, daß der Spargel damals schon aus Schrobenhausen war.

Restlos gar nichts spricht dafür, daß man in einer Zeit, als die Bauernkriege tobten und Luther die Leute evangelisch machte, schon so feine Tischsitten hatte wie heutzutage:

„Spargel wird nicht geschnitten, sondern mit Hilfe der rechten Hand verzehrt, die die Spargelstange am Ende ergreift, während die Linke mit der Gabel hilft, den Spargelkopf zum Munde zu führen. Das Ende, das ohnehin nicht selten leicht holzig ist, kommt auf den Tellerrand. Wer absolut nicht mit der Hand essen will, sollte den Spargel mit der Gabel knicken."

Heute würde sich Frau Pappritz, Bonner „Benimmdame" aus den fünfziger Jahren, mit Grauen wenden, sähe sie die Messer in der Rechten die Spargel schneiden. Darf man das? Befragt man dazu einen französischen Küchenmeister, so wird dieser nur mitleidig-verständnislos über die typisch deutsche Pedanterie lächeln. Spargelverzehr ist ein Genuß, allenfalls wird dazu die Frage nach der Zubereitung gestattet. Fragt man also noch einmal seinen „Patron", wie man seinen Spargel ißt, so erhält man möglicherweise zur Antwort, „mit Essig und Öl". Aber selbst dies ist umstritten.

Der französische Dichter Fontenelle nämlich, ein Neffe Corneilles, liebte den Spargel nur mit Essig und Öl zubereitet, während sein Freund, der Kardinal Dubois, die Ansicht vertrat, daß Spargel einzig und allein mit einer milden Sauce genießbar sei. Eines Tages hatte die Schriftstellerin Guerin de Tenoin die beiden Herren zum Frühstück geladen. Da sie die Vorliebe der Feinschmecker für Spargel kannte, hatte sie Anweisung gegeben, die eine Hälfte des Gemüses mit Essig und Öl, die andere mit Sauce auf die Tafel zu bringen. Fontenelle erschien pünktlich, während der Kardinal auf sich warten ließ. Als man schon nach ihm schikken wollte, überbrachte ein Bote die Nachricht, Dubois sei einem plötzlichen Schlaganfall erlegen. Mit Tränen in den Augen fragte Fontenelle: „Ist er wirklich tot?" Als der Bote ihm das noch einmal bestätigte, stürzte der Dichter in die Küche und rief: „Alle Spargel mit Essig und Öl! Alle!"

Fontenelle wird die doppelte Portion im stillen Gedenken an seinen Freund genossen haben. Wie dagegen Kaiser Karl V. das Fastenessen bekommen ist, das Kardinal Lorenzo Campeggio von Bologna Seiner Majestät im April 1536 in Rom vorsetzen ließ, wissen wir nicht. Bis auf den Spargelsalat dürfte diese „Diät" der fortschreitenden Gicht Karls V. sicher nicht zuträglich gewesen sein.

Seit Jahrhunderten galt (und gilt) für jung und alt das Verspeisen des Spargels ohne Verwendung eines Besteckes als den Tischregeln entsprechend.

Zum Vornehmsten des Vornehmen zählte seit dem 18. Jh. das Aufnehmen des Spargels mit Hilfe meist silberner „Finger-Zangen" (siehe auch Seite 162 unten).

Die Tafel wurde zuerst mit vier parfümierten und reich bestickten Tischdecken, zwölf Servietten, fünf Gedecken für die Speisen vom kalten Büfett und sieben für die warmen Gerichte der Küche ausstaffiert, jedes zu drei Tellern, von drei Truchsessen gereicht. Dann kamen in der Reihenfolge:

Gedämpfte Datteln
Zuckerbirnen
Birnentörtchen
Quitten, in Wein, Zucker und Zimt gekocht
Pflaumenkuchen mit Rosinen
Rosinen in warmer Weinsauce
Verschiedene trockene Kuchen
Würfel aus Fruchtgelee
Käse aus gebackenen Mandeln
Junger Fenchel

Nachdem die Tischdecken abgenommen und Wasser zur Handwaschung gereicht war, gab man neue Servietten, neues Besteck und große Brezeln auf jede Serviette. Nun folgten vom kalten Büfett:

Salat aus Fischresten
Sardellen in Öl, Essig mit Majoran
Kaviar mit Zitronensaft
Marinierte Karpfen
Heringsfilets
Salat mit Borretschblüten
Salat von Kapern und Weinbeeren
Salat mit Rosmarin
Spargelsalat
Lattichsalat

Nach den Entrées folgten:

Gegrillte Seebarben
Am Rost gebratene Seezungen, mit Granatapfelkernen bestreut
Gebackene Thunfischscheiben mit gekochten Rosinen
Seekrebse gefüllt, am Rost, mit Zitronensaft
Meeräschen geröstet, mit Zitronenscheiben und Zucker
Eingemachte Weintrauben
Umberfisch mit Oliven

War es vielleicht nach dieser Fastenspeise, als Karl V. dermaßen gestärkt am 17. April 1536 in einer berühmt gewordenen Rede im Vatikan vor Papst Paul III. Farnese und Kardinälen die zahlreichen Vertragsverletzungen Franz I. anklagte? Um das Blut der Völker zu schonen, forderte er den Franzosen zum ritterlichen Zweikampf. Welch grandiose Idee! Was der Papst in der Fastenzeit gespeist hatte, wissen wir nicht; ihm muß diese Vorstellung auf den Magen geschlagen haben – und ließ sie unberücksichtigt.

In deutschen Landen speiste man noch nach Jahrzehnten profaner:

„Sein bestes essen ist milch, eyer, honig, schmaltz, für spargen ist er kraut, an statt der würtze salz."

So heißt es in einem Gedicht von Martin Opitz (1597–1639). Als ihn die Pest dahinraffte, dachte er wohl kaum daran, daß man fast 350 Jahre später seine letzte Stunde mit einem Spargelköpfchen in Verbindung bringen würde, wie unten zu zeigen sein wird. Oder wußte er's?

Jedenfalls stand auch für ihn Spargel für Wohlstand und Wohlleben. An diesen „barocken" Zuständen wurde aber Kritik geübt, in Satire gekleidet. Opitz wollte mit Satire eine „harte verweisung der laster und anmahnung zue der tugend". Der Satiriker Joachim Rachel (1618–1669) mahnte folglich:

„welch ein Kind gewehnet sich hernach zum grünen kraut . . .
das von dem vater sieht, wie er die schnecken schlinget,
die spargen halb abbeist, den stör zu tische bringet."

Ein solches Verhalten mag Hans Jakob Christoffel von Grimmelshausen (1621/22–1676) weniger gestört haben:

„als nun gegen nacht essens zeit war, begab ich mich wieder in mein voriges quartier und fande . . . die magd . . . dem herrn sein nachtimbs anrichten, so da war ein salätgen, ein perlegerstsüppgen, ein grün kräutigen von spinat, ein mit butter, sparglen und citronen eingemachtes und ein gebratenes hänngen."

Ähnlich verdauliche und unverdauliche Belegstellen finden sich bei weiteren Dichtern, wie zum Beispiel bei Johann Heinrich Voß (1751–1826) und bei August Heinrich Hoffmann von Fallersleben (1798–1874), dem Verfasser vom „Lied der Deutschen" (1841; „Deutschland, Deutschland über alles . . ."), das damals ein bürgerlich-patriotischer Protest gegen feudal-absolutistische Kleinstaaterei war und später imperialistisch mißbraucht wurde. Aus seiner Feder stammen auch die schönen Kinderlieder „Alle Vögel sind schon da", „Ein Männlein steht im Walde" u. v. a. Wohlleben wird der wegen seiner „Unpolitischen Lieder" entlassene Germanistikprofessor auch nicht zu oft erfahren haben, denn zu einem Spargelessen bemerkt er:

„Neun Tage später großes Spargelessen im Schiffspavillon, wozu auch ich eingeladen bin ... Spargel auf allerlei Art bereitet werden aufgetragen, als selbständige Gerichte oder in Verbindung mit anderen Speisen, ein eigenthümliches Gastmahl."

Hoffmann von Fallersleben

In Eduard Mörikes schönster Prosaschöpfung, der Novelle „Mozart auf der Reise nach Prag" (1855), oder bei Theodor Storm (1817–1875) kommt Spargel vor; ebenso bei Theodor Fontane (1819–1898) im Roman „Der Stechlin" (1899). Dort heißt es:

„Kloster Wutz ist eigentlich eine Gartengegend; unser Spargel ist denn auch weit und breit der beste."

Spargel wurde immer wieder zu Vergleichen herangezogen:

„Sein Famulus ‚verdünnte' sich, wie Rosenzweig sagte, von Tag zu Tag und schoß spargelmäßig in die Höhe."

Diesen dünnen Menschen beschreibt Marie von Ebner-Eschenbach (1830–1916) mit ihrer Sympathie für einfache Menschen in ihren „Dorf- und Schloßgeschichten" (1886).

Industriespargel nennt Wilhelm von Polenz (1861–1903) Fabrikschornsteine in dem bedeutendsten Roman des Naturalismus „Der Büttnerbauer" (1895). Dieser Bauer, der sich gegen das Spekulantentum der Gründerjahre nicht behaupten kann, empfindet dumpf, daß ihm ein von undurchschaubaren Mächten verursachtes Unrecht geschieht; die Zerstörung seiner Umwelt treibt ihn zum Selbstmord. Niedergang und Zerstörung überkommener Verhältnisse werden in hartem Grauton geschildert:

„Wie ist's denn drüben in Heigelsdorf? Esse an Esse! ... So wird's hier auch noch kommen. Ich sehe schon die infamen Industriespargel am Horizont."

Hermann Löns (1866–1914) treibt im „Mümmelmann" (1909) den Vergleich auf die Spitze, wenn er schreibt, „Jacken, deren Taschen ... mit Nikotinspargeln gespickt waren". Er meinte Zigarren. Verkneifen wir uns jedes wertende Wort zu diesem „Heimatkünstler", schließlich ist nach ihm in Schrobenhausen noch eine Straße benannt.

Wenden wir uns lieber wieder dem Spargel als Speise zu. Der Philosoph Immanuel Kant (1724–1804) erzählte angeblich oft folgendes Erlebnis, das ihn besonders empört habe: Bei einer gemeinschaftlichen Tafel im Hotel reichte der Kellner die Spargelplatte herum. Der Gast, der neben Kant saß, ergriff sein Messer und schnitt sich kurz entschlossen alle Köpfe ab und nahm sie auf seinen Teller. „Was soll das?" rief Kant zornig. „Aber, Verehrtester", lächelte ihn der andere verschmitzt an, „das ist ja gerade das beste!" Brüsk stand Kant auf und verschwand. Den Banausen grüßte er nie wieder.

Vielleicht liegt in dieser Unart – die gleiche Anekdote wird von einer Fürstin Casibiano am Hof des Grafen Eszterházy erzählt – der wahre Grund für die Tischsitte, den Spargel nicht mit dem Messer zu schneiden, das Messer gewissermaßen aus der Hand zu verbannen. Möglicherweise grollte Kant aber auch nur deshalb, weil er wieder einen Menschen vor sich hatte, der seinen berühmten „kategorischen Imperativ“ – „Handle nur nach derjenigen Maxime, durch die du zugleich wollen kannst, daß sie ein allgemeines Gesetz werde“ – gründlich mißverstanden hatte. Für Kants „Mitesser“ galt gewissermaßen nur die „normative Kraft des Praktischen“.

Von Kant übernimmt Friedrich Schiller (1759–1805) die ästhetischen Kategorien des Schönen und des Erhabenen für seine Theorie der Kunst. Ob er allerdings dessen Vorliebe für Spargel teilte, ist ungewiß.

Friedrich von Schiller

In einem Gelegenheitsgedicht aus dem Jahre 1797 „Zum Geburtstag der Frau Griesbach“ gilt der Spargel erneut als Symbol des Wohlergehens. Die Frau des Professors Griesbach in Jena scheint im Wohlstand gelebt zu haben. Den Schillers ging es dagegen schlecht. Abgesehen von der schweren Krankheit Friedrich Schillers drückte die ständige finanzielle Not. Sohn Karl dürfte bei Bekannten und Freunden wie den Griesbachs kräftig zugelangt haben und auch sonst bezüglich seines Appetits nicht unbescheiden gewesen sein. Wer möchte das einem Vierjährigen nachtragen? Auch der Vater ironisierte dies, wenn er ihn am Schluß des Gedichts doch wieder um ein Butterbrot bitten läßt. Ein bißchen läßt dieses Gelegenheitsgedicht ahnen, welche Wünsche und Träume der existentiell bedrängte Familienvater durch den Kindermund hat aussprechen lassen:

Zum Geburtstag der Frau Griesbach
In Karl Schillers Namen

Mach auf, Frau Griesbach; ich bin da,
Und klopf' an deine Thüre.
Mich schickt Papa und die Mama,
Daß ich dir gratulire.

Ich bringe nichts als ein Gedicht
Zu deines Tages Feier;
Denn Alles, wie die Mutter spricht,
Ist so entsetzlich theuer.

Sag selbst, was ich dir wünschen soll;
Ich weiß nichts zu erdenken.
Du hast ja Küch' und Keller voll,
Nichts fehlt in deinen Schränken.

Es wachsen fast dir auf den Tisch
Die Spargel und die Schoten;
Die Stachelbeeren blühen frisch,
Und so die Renegloten.

Bei Stachelbeeren fällt mir ein,
Die schmecken gar zu süße;
Und wenn sie werden zeitig sein,
So sorge, daß ich's wisse.

Viel fette Schweine mästest du,
Und gibst den Hühnern Futter;
Die Kuh im Stalle ruft muh! muh!
Und gibt dir Milch und Butter.

Es haben Alle dich so gern,
Die Alten und die Jungen,
Und deinem lieben, braven Herrn
Ist Alles wohl gelungen.

Du bist wohl auf; Gott Lob und Dank!
Mußt's auch fein immer bleiben;
Ja, höre! werde ja nicht krank,
Daß sie dir nichts verschreiben.

Nun lebe wohl! ich sag' Ade.
Gelt? ich war heut bescheiden.
Doch könntest du mir, eh ich geh',
'ne Butterbemme schneiden.

Wer nichts hat, der träumt wenigstens oder singt davon. L. Achim von Arnim (1781–1831) und Clemens Brentano (1778–1842) veröffentlichten in den Jahren 1805/06 bis 1808 drei Bände „Des Knaben Wunderhorn", eine Sammlung deutscher Volkslieder und volkstümlicher Gedichte. Damit haben sie vom Untergang bedrohte Schätze deutscher Volkskultur gerettet. So auch das folgende bayerische Volkslied, in dem die „himmlischen Freuden" genossen werden. Der Spargel darf freilich bei diesem bacchantischen Treiben nicht fehlen. Bayerische Lebensfreude in der Vorstellung vom Paradies als Schlaraffenland:

DER HIMMEL HÄNGT VOLL GEIGEN
(bayerisches Volkslied)

Wir genießen die himmlischen Freuden,
Drum tun wir das Irdische meiden,
Kein weltlich Getümmel
Hört man nicht im Himmel,
Lebt alles in sanftester Ruh;
Wir führen ein englisches Leben,
Sind dennoch ganz lustig daneben,
Wir tanzen und springen,
Wir hüpfen und singen,
Sankt Peter im Himmel sieht zu.

...

Gut Kräuter von allerhand Arten,
Die wachsen im himmlischen Garten,
Gut Spargel, Fisolen
Und was wir nur wollen,
Ganze Schüssel voll sind uns bereit.
Gut Äpfel, gut Birn und gut Trauben,
Die Gärtner, die alles erlauben.
Willst Rehbock, willst Hasen?
Auf offener Straßen
Zur Küche sie laufen herbei.

...

Kein Musik ist ja nicht auf Erden,
Die unsrer verglichen kann werden,
Eilftausend Jungfrauen
Zu tanzen sich trauen,
Sankt Ursula selbst dazu lacht,
Cäcilia mit ihren Verwandten
Sind treffliche Hofmusikanten,
Die englischen Stimmen
Ermuntern die Sinnen,
Daß alles für Freuden erwacht!

...

Die Sinne ermuntert auch Günter Grass (geb. 1927) in seiner Dichtung. Er schreibt nach eigener Aussage:

*„Über das Essen, den Nachgeschmack.
Nachträglich über Gäste, die ungeladen
oder ein knappes Jahrhundert zu spät
kamen.
Über den Wunsch der Makrele nach gepreßter
Zitrone.
Vor allen Fischen schreibe ich über den
Butt ..."*

Eben in diesem Roman „Der Butt" begegnen wir auch wieder dem Dichter Opitz und schließen somit diese „Springprozession" zum Thema „Spargel in der deutschen Literatur" mit der Erzählung des Butts über Agnes Kurbiella, die den Stadtmaler Möller und den Dichter Opitz gleichzeitig bekocht haben soll. Dichtung und Wahrheit greifen ineinander.

„Ein geräumiges Naturell erlaubte es ihr, zuerst dem Maler Möller, dann dem Dichter Opitz und schließlich dem einen wie dem anderen, ohne sprunghaft zu sein, als Köchin und Geliebte den Haushalt zu führen, das Bett vorzuwärmen und – wie soll ich es schicklich sagen – den Ofen wieder zu heizen ..."

Prall sinnlich und zart lyrisch ist dazu das Gedicht aus „Der Butt". Wieder erreicht ein Spargel wie im bayerischen Volkslied „himmlische" Dimensionen. Wem diese Schlußfolgerung überzogen erscheint, der mag die Zeilen bei Grass nachlesen. Er wird dann zugestehen, daß Spargel als Speise, wo er Eingang in die Literatur gefunden hat, immer auch als Symbol steht für Wohlstand, Wohlleben und Liebeskraft.

So lautet der letzte Absatz:

*„Als Agnes, die Köchin,
den sterbenden Dichter Opitz küßte,
nahm er ein Spargelköpfchen mit auf die
Reise."*

Des Zwergenkönigs Geburtstagsfeier.

Im Dunkel der Berge — Dem König der Zwerge — Gebührend zu ehren — Mit herrlichen Beeren — Und süß ihm zu schmeicheln — Mit Schwämmen und Eicheln —

Mit blühendem Dorn — Und mit Kirschen und Korn! — Wie sie hastig sich mühen — Und schleppen und ziehen — Die niedlichen Buben — Gewaltige Ruben —

Und Birnen und Schoten — Für ihren Despoten! — Das Geburtsfest zu feiern — Sie kommen mit Eiern — Mit Spargel und Nüssen — Und leckeren Bissen. —

Es folget der Wurst — Das Bier gegen Durst — Salzbretzeln und Rettich — Daß Jeder denkt: „Hätt' ich — Doch auch solche Jungen — Das wäre gelungen!" — Auch Fische und Krebs —

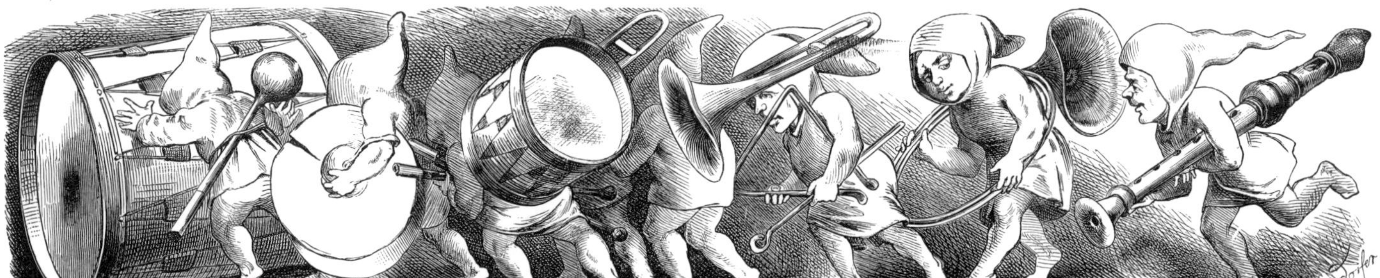

Bringt der lustige Plebs. — Dem Wein und den Speisen — Als Ehrfurchtsbeweisen — Folgt auch die Musik — Mit großem Geschick, — Dem herrlichen Feste — Das Schönste und Beste — Die Weihe zu geben. — „Unser König soll leben!"

Spargel-Spitzen

Anekdoten und Geschichten über den Spargel

Spargel-Aberglauben

Man fragte den französischen Staatsmann Talleyrand, ob er auch den Aberglauben teile, daß 13 Personen bei Tisch oder ein umgeworfenes Salzfaß Unglück bedeute. Er antwortete: „Ich fürchte die Zahl 13 nur, wenn eine Hausfrau für zwölf Personen Spargel gekocht hat und unerwartet ein dreizehnter Gast erscheint. – Mit dem Salzfaß ist es ähnlich: Stellen Sie sich eine Platte zarten Spargels vor, und ein Tolpatsch stößt ein Fäßchen Salz darüber – soll man da nicht erschrecken?!"

Spargel-Vielfraß

Der englische Satiriker und politische Schriftsteller Jonathan Swift, ein leidenschaftlicher Spargelesser, hatte einmal seinen Freund und Verleger Faulkener zu Tisch geladen. Da dieser den Riesenappetit Swifts kannte und fürchtete, daß er selbst zu kurz kommen könnte, wenn er nicht rechtzeitig zugriff, wollte er, obwohl er seine Portion Spargel noch nicht aufgegessen hatte, eine zweite nehmen. Aber Swift sprang empört auf und rief: „Iß zuerst auf, bevor du noch mehr nimmst!" und schob den ganzen Rest Spargel auf seinen Teller. Faulkener, der die Geschichte später oft erzählte, pflegte jedesmal hinzuzufügen: „Mit Swift war nicht gut Spargel essen!"

Spargel-Wappen

Einziges Gemeindewappen in der Bundesrepublik Deutschland, das den Spargel als Bestandteil hat

Annahme eines Wappens durch die Gemeinde Wangen, Landkreis Schrobenhausen

Das Bayer. Staatsministerium des Innern hat mit Entschließung vom 14. April 1967 Nr. I B 3 – 3000/29 W 6 gemäß Art. 4 Abs. 1 Satz 2 GO die Zustimmung zur Annahme eines Wappens für die Gemeinde Wangen erteilt.

Spargel-Bitte

Ernest Renan, der französische Schriftsteller, war bei einer Dame eingeladen, die an ihrer Tafel die Größten der Literatur und Kunst zu versammeln liebte. An ihrem Platz

Lothar Meggendorfer, „Des Zwergenkönigs Geburtstagsfeier", um 1900, aus dem „Münchner Bilderbogen" (Deutsches Spargelmuseum Schrobenhausen).

stand eine kleine Glocke, mit der sie, falls einer der illustren Gäste sprach, ihm Ruhe und Gehör der Tafelrunde verschaffte. Nun sprach gerade Dumas fils, als Renan ihn unterbrach.

„Pardon!“ sagte die Dame des Hauses streng. „Jetzt hat Monsieur Dumas das Wort!“

Mit liebenswürdigem Lächeln verbeugte sich Renan und setzte sich wieder. Nach zehn Minuten war Dumas endlich fertig.

„So, teurer Meister“, meinte jetzt die Gastgeberin, „wir sind begierig, Ihre Worte zu hören!“

„Ach“, lächelte da Renan schmerzlich mit einem Blick auf die leere Platte, „ich wollte Sie vorhin nur um etwas Spargel bitten!“

Spargel-Noten

Gioacchino Rossini, der Komponist des „Barbier von Sevilla“ und des „Wilhelm Tell“, stand mit 30 Jahren auf der Höhe seines Ruhms. Er entsagte fast ganz seinem musikalischen Schaffen und verwandte sein Vermögen dazu, einer der ersten Feinschmecker Frankreichs zu werden. Sein Talent in der Küche stand dem des Tonkünstlers nicht nach. Bezeichnend dafür ist eine Stelle aus einem seiner Briefe:

„... und was Sie wohl ebensosehr wie meine neue Oper interessiert, ist die Entdekkung eines neuen Spargelrezeptes, das mir soeben gelungen ist ...“ Und nun folgt eine ganz eingehende Schilderung der Spargelzubereitung vom Schneiden des Spargels bis zur Krönung des Salates durch eine raffinierte Sauce.

Spargel-Tod

Die neunundneunzig Jahre alte Schwester des französischen Schriftstellers Brillat-Savarin (der das geistvolle Buch über die Tafelfreuden „Physiologie du goût“ schrieb) dinierte im Bett. Sie war schon zu schwach, um sich zu erheben. Die Greisin kämpfte mit einem Ohnmachtsanfall. „Ich glaube“, flüsterte sie, „ich gehe ins Schattenreich. Bitte, beeilt euch, und bringt mir rasch eine zweite Portion Spargel!“ Mit kritischer Miene verzehrte sie das Gemüse, lächelte noch einmal verzückt und – starb.

Spargel-Sammler

Der große norwegische Dichter Henrik Ibsen las in seinen Mußestunden mit Begeisterung – Kochbücher. Davon gefiel ihm besonders das seines Landsmannes Asbjörnsen, das den Titel trug: „Vernünftige Speisenzubereitung“.

Und als Ibsen in seiner Münchner Zeit den Spargel kennen- und verehren lernte, sammelte er eifrig alle Rezepte dazu und schickte sie Asbjörnsen.

Spargel-Enthusiast

„Essen ist wichtig!“ stellte auch Jean Paul fest. Das war ihm so wichtig, daß er jeden Morgen neun Uhr den Küchenzettel für den laufenden Tag entwarf.

In der Spargelzeit gab es nur Spargelgerichte, die er genau festlegte. Er machte dazu Bemerkungen wie: „Wunderbar! – Delikat! – Unsagbar schön!“

(aus: „Schrobenhausener Zeitung“ v. 19. 5. 1984)

Spargel-Karte

Die Glanzzeit des berühmten Dirigenten Felix von Mottl fiel zusammen mit der Hochblüte des Spargelgenusses um die Jahrhundertwende, in der sogar eine „Spargel- und Gemüse-Weltpostkarte“ schick war. Bedingt durch die vielen auswärtigen Verpflichtungen des „Karajan der Wittelsbacher“, freute sich dessen Sohn Wolfgang besonders über jeden Kontakt, auch zu Verwandten und Freunden.

So war die Freude groß, als der Briefträger am Morgen des 10. September 1906 eine dieser modischen Karten brachte, die sorgfältig verstaut – und 75 Jahre später wieder in einer Kiste auf dem Speicher gefunden wurde: mit Kohl, Karotten, Spargel und – Kartoffeln. Die Karte war demnach für den „kleinen Wolferl" ein Vorzeichen gewesen: Als er 1962 verstarb, betrauerten Deutschland und Europa den Tod des „Kartoffelkönigs", der die entscheidendsten Anteile an der Weiterentwicklung dieser gerade zu Spargel so gut passenden Pflanze hatte. Und das ausgerechnet noch in der Spargelregion Schrobenhausen – Sandizell. Vorsehung?

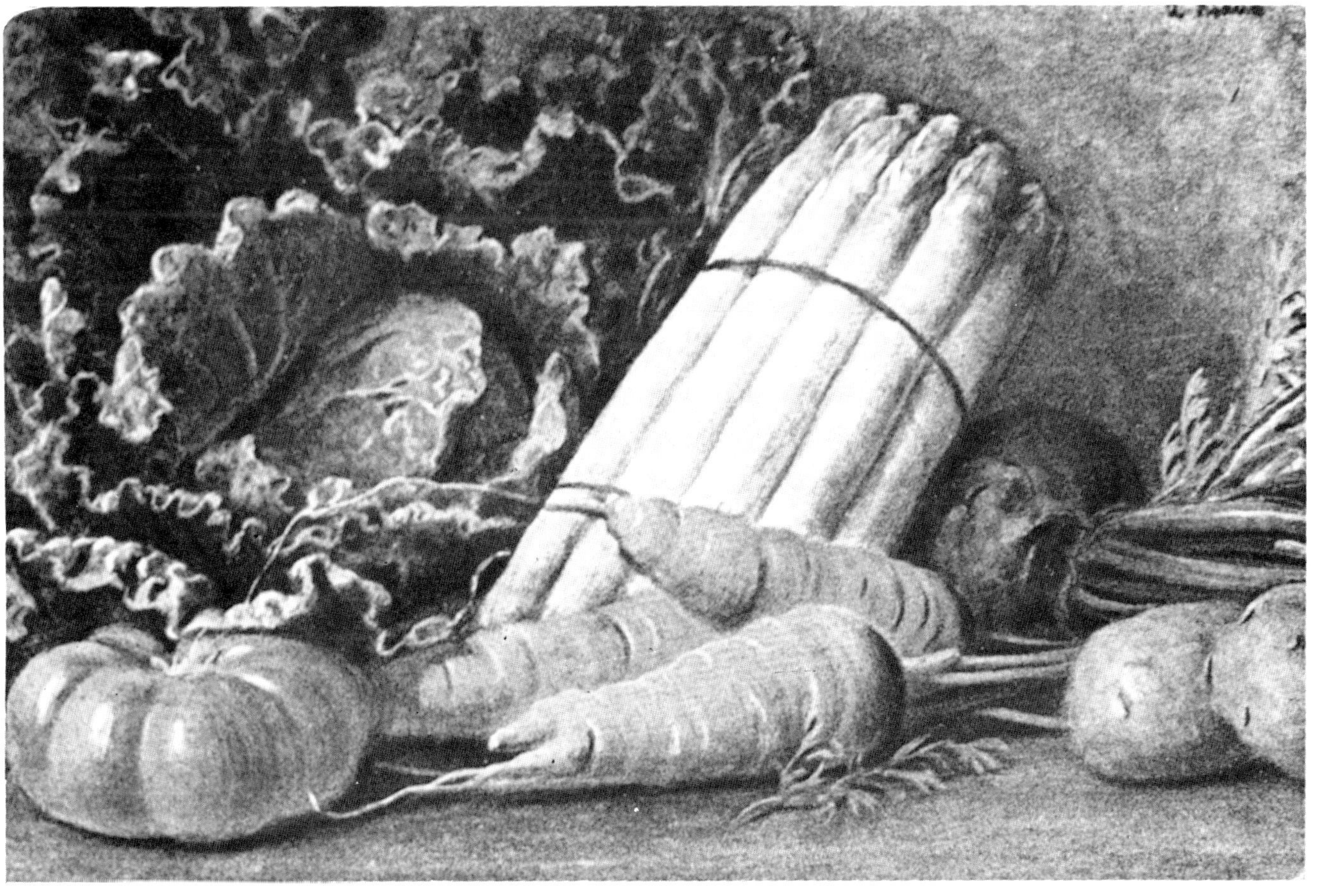

Spargel-Weltpostkarte (1906)

„Spargelkarten-Empfänger" Wolfgang Mottl, der „Kartoffelkönig", dem seine größten Erfolge in der Spargelregion Schrobenhausen im Rahmen des Saatgutbetriebes von Zwehl, Oberarnbach, gelangen.

Falsch-Spargel

Zur Zeit der französischen Revolution, als einige prominente Emigranten in dem badischen Städtchen Ettenheim vor der Guillotine Zuflucht suchten, mangelte es dort an so manchem Komfort. So beklagte sich Kardinal Rohan bei seinem Koch, daß er den Spargel, wie er ihn am königlichen Hofe kennengelernt und auch in seiner Straßburger Residenz mit großer Leidenschaft gegessen habe, hier sehr vermisse. Im badischen Land wurde dieses Gemüse damals noch nicht angebaut.

Da hatte der Koch eine Idee. Am darauffolgenden Fastensonntag, als Rohan den Herzog von Enghien und einige schöne Damen aus dessen Gefolge zu Gast geladen hatte, stand „Asparagus niger" auf der Speisekarte. Und hocherfreut blickten die Tafelgäste auf die gerichteten Platten. Schwarzer Spargel? Der hier war aber von gelbgrauer Farbe, hatte keine Köpfe, die Stangen waren dünner, kürzer und nicht so wohlgeformt, und auch im Geschmack war er völlig anders als der bekannte französische Spargel. Doch niemand beklagte sich. Ganz im Gegenteil verblieb nicht der kleinste Rest; offenbar hatten sich inzwischen die Gaumen der Asylanten an die deftigere badische Kost gewöhnt.

Nachdem die Tafel aufgehoben worden war und sich die Gäste entfernt hatten, ließ Rohan den Koch zu sich rufen und wollte von ihm wissen, wie er zu dem Namen auf der Menüliste kam. „Eminenz", antwortete ihm dieser, „es war ein Spargel, wie ihn die Leute hierzulande essen, der das Licht scheut und im Boden kriechend wächst, er hat keine Köpfe, und seine Schale ist schwarz!" Rohan nickte zufrieden. Woher sollten die beiden auch die Schwarzwurzeln gekannt haben? Wie groß der Mangel an Delikatessen gewesen sein muß, kann man nur erahnen; während der folgenden Wochen stiegen die Preise für Schwarzwurzeln am Ettenheimer Markt um das Dreifache, um erst nach dem Osterfest zu fallen, als am Hofe seiner Eminenz wieder Fleisch gegessen werden durfte.

(aus: Bernhard Stein, Schwetzinger Spargelbuch)

„Schwätzinger" Spargel

In der „Wörgler Rundschau", einem Heimatblättchen, das in der österreichischen Wildschönau erscheint und die Einödbauern über die neuesten Nachrichten aus ihrer näheren Heimat informiert, stand einmal zu lesen, daß das Gasthaus Forellenhof in Kirchbichl eine Spezialität sondergleichen anzubieten habe: Spargel aus Schwätzingen! Urlauber, die alljährlich einige Wochen in der abgelegenen, aber landschaftlich reizvollen Wildschönau verbringen, werteten diese Zeitungsnachricht jedoch ungeachtet der nicht völlig korrekten Schreibweise als einen bedeutenden kulturellen Fortschritt. Hatte doch einer von ihnen erst das Jahr zuvor ein Bündel Spargel aus Schwetzingen in die Wildschönau mitgebracht und den erstaunten Bauern in der Wirtschaft kundgetan, daß es sich bei diesem Gemüse um einen auserlesenen Genuß handle, dem selbst Könige und Kaiser an ihren Tafeln huldigten. Natürlich, versicherte er seinen aufmerksamen Zuhörern, müßten es Spargel aus Schwetzingen sein. Er legte zur allgemeinen Begutachtung das Bündel auf den Tisch und unterhielt sich anschließend ein paar Minuten mit dem Wirt im Nebenzimmer über den Pensionspreis. Als er wieder in die Schankstube zurückkam, stand ihm das Entsetzen im Gesicht: Da saßen die biederen Tiroler schmatzend am Tisch, jeder einen Spargel in der Hand, von dem sie abbissen wie von einem bayrischen Rettich. „He du", sagte einer, „die san ganz guat, aba Salz muß ma auffi streu'n." Im Nu waren die Schwetzinger Spargel vertilgt und mit Bier hinuntergespült. Inzwischen hat der Schwetzinger Spargel Einzug in die Tiroler Küche gehalten und – wird auf einigen Speisenkarten sogar schon mit „e" geschrieben.

(aus: Bernhard Stein, Schwetzinger Spargelbuch)

Nello Finotti, „Spargelkörper", 1968 (Deutsches Spargelmuseum Schrobenhausen).

Spargel-Rekord

Joanna Southcott (1750–1814) war eine religiöse Frau, die in späteren Lebensjahren an Gehirnerkrankung litt. Kurz vor ihrem Tode behauptete sie, mit einem neuen Christus schwanger zu gehen, obwohl sie schon 64 Jahre alt war. Um dies zu beweisen, verzehrte sie 160 gegarte Spargelköpfe auf einmal. Dies war für viele ein sicheres Zeichen außergewöhnlicher Schwangerschaft, denn reichlich Spargel essen galt als Schwangerschaftsvorzeichen.

(aus: Reimers, Das Spargel-Kochbuch)

Mir Sparglbauern

Ja, mir aus Bayern,
mir san scho bekannt,
denn unsern guatn Spargl
kennt ma im ganzn Land.
Wiea er rauskimmt vom Bodn,
kennt'sn hom jedn Dog,
dann kann an jeda kocha,
so wiea an hoid mog.
Ihr kennt'sn a schee gwaschn
vom Haus weg dann ham,
mir schickan eich a
per Post und per Bahn.
Ihr krieagt'sn aber a
von unsre Wirt aufn Tisch
nach bestn Rezeptn
und olle Dog frisch.
Mei lieawa, do schleckert's
eich s'Votzerl dann ab,
denn so was guat's
habt's ihr bstimmt no niea ghabt!
Ihr dat's nimma jammern,
daß er eich z'teier is.
Ihr dat's bstimmt wieda kemma,
des wißat ma gwiß!

Zenta Bruckschlögl, Mundartdichterin, Mühlried

Spargel-Schatz

Große Augen machte ein Lehrer, der auf geschichtsträchtigem Boden in der bayerischen Stadt Weißenburg die Hacke zum Pflanzen von Spargel auf seinem Grundstück ansetzte: Statt des gewohnt nachgiebigen Erdreichs stieß er auf einen Schatz aus der Römerzeit: Statuen, Gefäße, Votivgaben und viel mehr Kostbarkeiten im Gesamtwert von fast zwei Millionen Mark!

Ob dieses Fundes mußte zwar der gewollte Anbau des königlichen Gemüses eine Zeitlang unterbleiben, dafür aber wurde der glückliche Finder auch vom Freistaat Bayern, der die Gegenstände für seine prähistorische Sammlung ankaufte, fürstlich entlohnt ...

Spargel-Inspiration

Nach dem Dichter und Essayisten Charles Lamp (1775–1834), der durch seine Shakespeare-Nachdichtungen bekannt wurde, inspiriert der Spargel sanfte und zarte Gedanken. Alles Aggressive ist ihm fremd.

Der Spargel

Man sagte eines Tags Sr. Hochwürden Courtois von Quincey, Bischof von Belley, daß ein Spargel von außerordentlicher Größe auf einem Beet ihres Gartens hervorsprieße.

Augenblicklich begab sich die ganze Gesellschaft dorthin, um die Tatsache festzustellen, denn auch in den bischöflichen Palästen hat man zuweilen gern etwas zu tun.

Die Neuigkeit war weder falsch noch übertrieben, der Spargel hatte schon den Boden durchbrochen und zeigte sich auf der Oberfläche. Sein Kopf war rund, glänzend, hellrot und versprach einen Stamm, der die ganze Hand füllte.

Man bewunderte dies Erzeugnis der Gartenbaukunst, man kam überein, daß der Bischof allein das Recht habe, es von der Wurzel zu trennen, und bestellte bei dem nächsten Messerschmied augenblicklich ein zu diesem Zweck geeignetes Messer.

Der Spargel wuchs während der folgenden Tage an Größe und Schönheit, sein

Wachstum war langsam, aber allmählich, und bald konnte man den weißen Teil erkennen, an dem das Eßbare des Spargels aufhört.

Die Zeit der Ernte war gekommen; man bereitete sich durch ein gutes Essen darauf vor und verschob die Operation auf die Rückkehr vom Spaziergang.

Nun bewaffneten sich Se. Gnaden mit dem offiziellen Messer, bückten sich ernsthaft und gingen daran, die stolze Pflanze von ihrer Wurzel zu trennen, während der ganze bischöfliche Hof mit Ungeduld den Augenblick erwartete, wo sie die Fasern und den inneren Bau untersuchen könnten.

Aber welche Überraschung, welche Täuschung, welcher Schmerz! Hochwürden erhoben sich mit leeren Händen – der Spargel war von Holz!

Diese vielleicht etwas starke Neckerei rührte von dem Domherrn Rosset her, der, in St. Claude geboren, ein vortrefflicher Drechsler war und gut malte.

Er hatte sein Kunstwerk vollkommen gut zugerichtet, die falsche Pflanze heimlich eingegraben und täglich ein wenig in die Höhe gehoben, um das natürliche Wachstum nachzuahmen.

Se. Gnaden wußten anfangs nicht recht, wie sie den Schwank aufnehmen sollten, aber da sich einige Heiterkeit auf den Gesichtern der Anwesenden spiegelte, so lächelten sie, und diesem Lächeln folgte ein allgemeiner Ausbruch eines wahrhaft homerischen Lachens. Man trug das Beweisstück fort, ohne sich weiter mit dem Verbrecher zu beschäftigen, und diesen Abend wenigstens erhielt die Spargelstatue den Ehrenplatz im Salon.

Spargel-Bündel

An einem schönen Februartag ging ich durch das Palais Royal und stellte mich einen Augenblick vor den Laden der Frau Chevet, der berühmtesten Eßwarenhändlerin in Paris, die mir immer die Ehre ihres Wohlwollens bezeigte. Ich sah ein Bündel Spargel, deren kleinster dicker war als mein Zeigefinger, und fragte nach dem Preis. „Vierzig Franc“, antwortete Frau Chevet. – „Sie sind sehr schön, aber zu solchem Preis kann sie nur der König oder ein Fürst kaufen.“ – „Sie sind im Irrtum, solche Auswahl kommt niemals ins Schloß, man will dort Schönes, aber nichts Großartiges! Mein Spargelbündel aber verkauft sich doch, und ich will Ihnen sagen, wie.

Im Augenblick, wo wir sprechen, gibt es in dieser Stadt wenigstens dreihundert reiche Bankiers, Kapitalisten, Lieferanten und ähnliche Leute, die wegen Gicht, Furcht vor Schnupfen und aus anderen Gründen auf Befehl ihres Arztes zwar nicht ausgehen, aber doch essen dürfen. Sie sitzen an ihrem Kamin und grübeln darüber nach, was ihnen wohl schmecken könnte, und wenn sie recht lange gegrübelt haben, ohne zu entdekken, was sie möchten, schicken sie ihren Kammerdiener auf die Suche. Der kommt zu mir, sieht die Spargel, berichtet, und sie werden um jeden Preis gekauft. Oder ein hübsches Frauchen geht vorbei mit ihrem Liebhaber und sagt zu ihm: „Ah, mein Lieber, die schönen Spargel, wir wollen sie kaufen – du weißt, meine Köchin macht die Sauce so gut.“ In einem solchen Fall darf ein Liebhaber, wie er sein muß, weder sich weigern noch feilschen. Oder es gilt eine Wette, eine Taufe oder ein plötzliches Steigen der Rente, was weiß ich, kurz, die sehr teuren Dinge werden in Paris schneller verkauft als die anderen, weil der Lauf des Lebens hier so viel außerordentliche Umstände herbeiführt, daß immer genügende Gründe zu ihrem Ankauf vorhanden sind.“

Während sie so sprach, kamen zwei dicke Engländer vorbei, die sich beim Arm führten. Sie hielten einen Augenblick an, und ihr Gesicht nahm einen Ausdruck der Bewunderung an. Der eine ließ das wunderbare Bündel einpacken, ohne nur nach dem Preis zu fragen, bezahlte es, nahm es unter den Arm und trug es fort, indem er leise das Lied pfiff: God save the king.

„Da sehen Sie, lieber Herr“, sagte lachend Frau Chevet, „einen Zufall ebenso gewöhnlich wie die anderen und den ich noch nicht einmal erwähnt hatte.“

(aus: Brillat-Savarin, Physiologie des Geschmacks)

Stadt Schwetzingen ▲

▼ *Stadt Schrobenhausen*

Spargel-Orte: Schwetzingen und Schrobenhausen

Schwetzinger Stadtwappen

Schrobenhausener Stadtwappen

So wie es berühmte, beliebte, bekannte oder begeisternde Weinorte gibt, finden sich auf der Landkarte des Genießers auch ebenso zu bezeichnende typische „Spargel-Orte".

Ob im Norden der Bundesrepublik etwa Braunschweig, Lüneburg, Celle, Nienburg, Ülzen, Walbeck, Krefeld, Straelen, Darmstadt, Groß-Gerau oder Griesheim, im Südwesten Bruchsal, Heidelberg, Rastatt, Schifferstadt, Landau, Ingelheim und Schwetzingen oder im Süden Volkach, Fürth, Bamberg, Abensberg und Schrobenhausen: Spargel steht hier an erster Stelle, nicht nur im landwirtschaftlichen, sondern auch im kulinarischen Bereich. Jeder dieser Orte blickt so auf eine mehr oder weniger lange und gewichtige „Spargel-Geschichte" zurück, mit allen Höhen und Tiefen, Besonderheiten und Kuriositäten. Und doch fällt die Auswahl der „Vertreter aller Spargelstädte, -dörfer und -orte" nicht schwer:

Schwetzingen und Schrobenhausen, die mit dem Spargel nicht nur den Anfangsbuchstaben gemein haben. Denn beide Städte zählen mit ihren zahlreichen sie umgebenden Spargelorten zu den Paradebeispielen ebenso fortschrittlicher wie traditionsbewußter Spargelregionen.

Schwetzingen – Spargelweltstadt mit Herz

Inmitten der früheren Kurpfalz, zwischen den Städten Heidelberg, Mannheim und Speyer, liegt die ehemalige Sommerresidenz der Pfälzer Kurfürsten. Schwetzingen, mit seinem herrlichen Schloßpark, genießt wegen seiner reizvollen Lage den Vorzug, Fremdenverkehrsstadt und ideale Wohnstadt zu sein. Weit mehr als eine halbe Million Besucher kommen jedes Jahr, um den bezaubernden Schloßpark und die Festspiele zu besuchen – und in renommierten Restaurants den köstlichen Schwetzinger Spargel zu genießen.

Die Stadt zählt 18 000 Einwohner und ist Sitz zahlreicher Behörden. Sie beherbergt leistungsfähige Industrie- und Gewerbebetriebe. Schwetzingen ist mit seiner glanzvollen Vergangenheit heute eine Stadt, die mit ihren modernen Einrichtungen den Erfordernissen der Bürger Rechnung trägt, zukunftsorientiert ist und mit der Vergangenheit zu leben versteht.

Im Lorscher Codex, dem Urkundenbuch des Klosters Lorsch, ist Schwetzingen 766 erstmals urkundlich erwähnt. Es dürfte eine alemannisch-fränkische Ansiedlung sein, die schon lange vor dieser ersten Erwähnung bestand. Es wird angenommen, daß ein Mann oder eine Familie mit dem Namen Suezzo hier eine Ansiedlung gründete. Von diesem Namen wird der Ortsname, früher Suezzingen geschrieben, abgeleitet. Das Schloß, urkundlich erstmals im Jahre 1350 genannt, ging aus Privatbesitz in das Eigentum der Pfalzgrafen über. 1719 verlegte Kurfürst Karl Philipp seine ständige Sommerresidenz nach Schwetzingen, und nach dem Regierungsantritt Carl Theodors im Jahre 1742 erfolgte ein rascher wirtschaftlicher Aufschwung.

Aus dem Ober- und Unterdorf des 18. Jahrhunderts wurde mit der Anlage des Schloßplatzes um 1756 ein einheitliches Stadtbild geschaffen. 1759 erhielt Schwetzingen das Privileg Marktflecken und durfte Wochenmärkte und Jahrmärkte abhalten. Die Wochenmärkte finden heute noch statt.

Abb. Seite 182: *Blick auf das Herzstück der Spargelstadt Schwetzingen mit Schloß, Park und Kirche.*

Schwetzingen um 1850: Beginn des Aufstiegs zur Spargelweltstadt (Lithographie von Anton Verhas).

An die Stelle der Jahrmärkte sind das Pfingst- und das Kirchweihfest getreten.

Die Bezeichnung „Stadt" wurde Schwetzingen vom badischen Großherzog Leopold 1833 verliehen.

Schwetzingen ist wohl die Kleinstadt, die mit den meisten Superlativen bedacht wurde. Schwetzingen, Stadt des Spargels und des Flieders, Schwetzingen Kulturmetropole, Fremdenverkehrsstadt und Kongreßstadt, Schwetzingen, Deutschlands schönster Schloßgarten, Schwetzingen, Festspielstadt von europäischer Bedeutung, und last not least wurde Schwetzingen von seiner eigenen Bevölkerung der Titel „Stadt mit Herz" verliehen.

Nun, Superlative werden immer aus besonderen Anlässen geprägt. Aber etwas Wahres ist doch dran. Liselotte von der Pfalz hat vor über 200 Jahren in einem Brief geschrieben: „Schwetzingen ist ein angenehmer Ort, den ich als geliebt." Dieser Satz hat wohl seine Gültigkeit behalten über die Jahrhunderte hinweg bis zum heutigen Tag. Kurt Heinz schreibt 1983 in seiner Einführung zum Bildband „Schwetzingen": „Fürwahr, ein angenehmer Ort. Eine Stadt mit Charme und Gemüt. Es gibt deren nicht mehr viele."

Was ist nun eigentlich berühmter in Schwetzingen, der Schloßgarten, die Festspiele oder der Spargel? Das ist eine so kniffige Frage, daß sich noch niemand getraut hat, eine eindeutige Antwort zu geben.

Ein Schloßgartenbesuch in der Fliederblüte ist sicher ein sehr schönes Erlebnis, der Besuch der Festspiele im Monat Mai ein einmaliger Kunstgenuß. Die Vollkommenheit liegt aber in der Abrundung durch den Genuß eines Spargelmahles in Schwetzingen.

Seit mehr als 300 Jahren! Denn: In der Kurpfalz wurde um 1658 der Spargel eingeführt. Kurfürst Karl Ludwig, der seine Sommerresidenz in Schwetzingen hatte, hörte von dem Spargel und äußerte den Wunsch, auch einmal dieses Gemüse zu essen. Er befahl deshalb seinen Hofgärtner Heinrich Kämpf zu sich und tat ihm zu wissen, daß er vernommen habe, Sandboden eigne sich gut zur Kultur von sogenannten Spargeln, welche eine vorzügliche Delikatesse sein sollen. Darum solle der Hofgärtner neben seinen Artischocken, die schon für den feinschmeckerischen Landesherrn im Gemüsegarten gepflanzt wurden, auch die Aufzucht von Spargeln versuchen. Der Versuch war ein voller Erfolg und die Ouvertüre zum Schwetzinger Spargelbau.

So wurde 1658 erstmals Spargel im Schloßgarten angebaut. Etwa 120 Jahre hat dieser Spargelbau angedauert, bis 1778 Kurfürst Carl Theodor seine Residenz nach München verlegte und der Spargelbau zum Erliegen kam. Eine „kleine Renaissance" erlebte er 1820, als Gartendirektor Johann Zeyher wieder eine kleinere Fläche im Schloßgarten mit Spargel anpflanzte. Erst 1850 erfolgte der Anbau durch die Bevölkerung, zunächst auf kleinen Flächen. In den heute noch typischen Spargelanbauflächen „Im Langen Sandgewann", auf dem „Wingertsbuckel" und im „Rüstengewann" bauten einige Schwetzinger Handwerker, ein Schuhmacher, ein Bäcker und ein kleiner Zigarrenhersteller, den Spargel an.

Im Jahre 1865, so wird überliefert, kaufte der Schuhmacher Friedrich Werner von den Erben des Waldhüters Matthias Umhey in der „Rüstengewann" einen Acker von 25 Ar für 190 Gulden, der mit fünfjähriger Spargelkultur angelegt war. Weil er mit dem fremden, neuartigen Gemüse nichts anzufangen wußte, hackte er sogleich die Spargelpflanzen aus. Als so ein Drittel der Pflanzen vernichtet war, riet ihm sein Sohn, doch aufzuhören und sich einmal zu erkundigen, ob sich keine Verwendung des Spargels ermöglichen ließe. Er beließ die restlichen Pflanzen im Boden und brachte im darauffolgenden Frühjahr den Ertrag nach Mannheim auf den Markt. Der Verdienst war beträchtlich. Je Pfund wurde ein Gulden erlöst.

Erst in den siebziger und achtziger Jahren des vergangenen Jahrhunderts kam es in Schwetzingen zu planmäßigem Anbau von Spargel. Jahr um Jahr vergrößerte sich die Anbaufläche. Sie betrug Mitte der neunziger Jahre bereits 135 Hektar. Um 1920 wurden etwa 400 Hektar mit Spargel bebaut. Das waren etwa drei Viertel der gesamten Spargelanbaufläche von Baden mit 581 Hektar.

Auch der Spargelbau war von der allgemeinen Entwicklung in der Landwirtschaft nicht ausgenommen. Immer mehr und immer bessere Erträge wurden von der gleichen Grundstücksgröße verlangt. Es war deshalb notwendig, bessere und reicher tragende Pflanzen zu züchten. Besondere Verdienste hat sich dabei G. A. Unselt erworben. Vom Jahre 1899 bis zum Jahre 1924 wirkte er als großherzoglicher Hofgärtner und Verwalter des Schwetzinger Schloßparks in Schwetzingen. Aufgrund seiner Beobachtungen erkannte er sehr bald, daß durch Züchtung einer ergiebigeren Spargelrasse die Erträge erheblich gesteigert werden können. In seinen eigenen Anlagen machte er genaue Ertragsaufzeichnungen. Vom Ar mit 100 Pflanzen erzielte er im Durchschnitt der Jahre 1913 bis 1916 39 Kilo, im Jahre 1915 erhielt er einen Spitzenertrag von 57,5 Kilo. Mit diesen Feststellungen und der Verurteilung der Zuchtmethode, daß Spargelpflanzen „aus Samen schöner weiblicher Stöcke entnommen und zur Pflanzenzucht verwendet werden", begnügte sich Unselt nicht. Er ging selbst an die Zuchtarbeit. Durch seine Züchtungen erzielte er eine bessere Qualität und eine Ertragssteigerung. „Es ist klar", so schreibt er in seinem Büchlein „Die Steigerung der

Gustav A. Unselt, der große Pionier des deutschen Spargelanbaues († 1924).

Spargelerträge" im Jahre 1917, „daß die Anpflanzung einer ertragsfähigen Sorte ohne gleichzeitig vorhandene sonstige der Entwicklung günstige Vorbedingungen keine Gewähr für hohe Erträge bietet".

Als Garteninspektor Unselt 1924 starb, hat die Saatzuchtanstalt der Badischen Landwirtschaftskammer die Arbeiten weitergeführt. 1926 wurde in Schwetzingen ein Versuchsfeld von drei Hektar eingerichtet und die Züchtung auf eine breitere Grundlage gestellt. In den ersten Jahren dieser Versuchsarbeit hatten die Anlagen öfter unter Spargelrost zu leiden. Auf züchterischem Wege wurde deshalb versucht, dieser Geißel Herr zu werden.

Würdiger Nachfolger von Unselt wurde der Repräsentant der Saatzucht, Franz Böhne. Er hat in jahrzehntelanger Züchterarbeit die beiden heute fast ausschließlich verwendeten Spargelpflanzen „Schwetzinger Meisterschuß" und „Lucullus" gezüchtet, die Spargelprodukte von besonderer Güte hervorbringen. Böhne hat zu Recht auch den Ruf einer Kapazität unter den Pflanzenzüchtern. In seiner über 50jährigen Arbeit in der Spargelzüchtung hat er Erfolge erzielt, die ihn zu einem in der ganzen Welt anerkannten Fachmann gemacht haben.

von oben:
Schwetzinger Spargelgrußkarte, 1905;
Schwetzinger Spargelmarkt, 1913;
Schwetzinger Spargelfestzung, 1925.

Bis Mitte des 19. Jahrhunderts war die überwiegende Einkommensquelle der Schwetzinger Bevölkerung nur die Landwirtschaft. Obst- und Gemüsebau standen im Vordergrund. Aber auch Handelsgewächse, Hopfen und Tabak, bildeten eine Einkommensquelle, zu der dann ab etwa 1865 der Spargelbau kam. Ein Großteil des Obstes und Gemüses wurde in Schwetzingen auf den Wochen- und Obstmärkten abgesetzt. Ab 1894 wurde dann ein besonderer Spargelmarkt eingeführt. Während der ganzen Spargelsaison wurde täglich auf dem Markt von den Erzeugern der Spargel angeboten und verkauft.

Der Obst- und Gemüsebau und insbesondere der Spargelbau führten zur Gründung einiger Konservenfabriken in Schwetzingen, die auch heute noch das einheimische Obst und Gemüse und natürlich den Schwetzinger Spargel behandeln, konservieren und in Dosen verpackt in alle Welt verschicken. Der Spargel wurde als Delikatesse so beliebt, daß Nachfragen selbst aus Übersee kamen, und für seinen Transport wurde in den letzten Jahrzehnten immer mehr das Flugzeug eingesetzt. Die Lufthansa war Mitte der zwanziger Jahre bereits sehr aktiv und richtete einen Luftfrachtdienst ein. Nächster Flughafen war der nur wenige Kilometer von Schwetzingen entfernte Flugplatz in Mannheim-Neuostheim. Vom Schwetzinger Spargelacker weg wurde der frisch gestochene Spargel in der Frühe zum Flugplatz verbracht und per Luftfracht nach Berlin befördert, wo er bereits gegen zwölf Uhr auf der Mittagstafel der Restaurants am Kurfürstendamm zu finden war. Die New Yorker Restaurants ließen den deutschen „Edelspargel aus Schwetzingen in Baden" im Luftschiff „Hindenburg" den Atlantik überqueren, um ihren Gästen einen auserlesenen Genuß zu bereiten.

Die Schwetzinger selbst wissen ihr Erzeugnis ebenfalls zu schätzen. Sie feiern ihr Spargelfest und ihren Spargelsamstag und erklären das Menü Spargel in zerlassener Butter mit Schinken und Omelett zu ihrem Leib- und Magengericht. Der Name Spargel wird überall verwendet. Es gibt Spargelstaffelläufe der Sportler, Spargelzeitungen, Spargelausstellungen und Spargelliteratur, Spargellieder, Gedichte und Hymnen und vor allen Dingen den Spargelmarkt, der während der Spargelzeit von April bis Juni täglich auf dem Schloßplatz stattfindet.

Hauptperson in dieser Zeit ist natürlich der Spargelbauer selbst, der in der Spargelsaison täglich zwei- bis dreimal auf seine Felder geht, um von Hand den Spargel zu stechen. Während solch einer Spargelsaison soll sich auch in früheren Zeiten folgendes „Spargelgeschichtchen" ereignet haben:

„Dem Spargelbauer Sebastian war im Laufe der Zeit der Ringfinger etwas dünn geworden. Als er abends seiner Babette beim Spargelsortieren half, glitt ihm der Ehering unversehens vom Finger. Er bemerkte den Verlust erst, als der Ring mit dem Küchenkehricht längst auf den Misthaufen gewandert war. Alles Suchen blieb vergebens. Der Babette allerdings war die Sache nicht so ganz geheuer. Sie argwöhnte, daß ihr treuer Ehemann den Ring verkauft oder gar ‚aus der Westentasche' verloren habe.

Die Sonne brachte aber, wie bei vielem anderen, die Wahrheit an den Tag. Im nächsten Jahre, als Sebastian auf dem mit dem verrotteten Stallmist gedüngten Spargelfeld wieder zum Spargelstechen kam, streckte ein vorwitziger Spargel seinen Kopf heraus, und darauf thronte der Ehering. Frohlokkend konnte er zu Hause seiner Babette mit dem Vorzeigen einer fingerdicken Spargelstange, deren Haupt mit dem verlorenen Ehering gekrönt war, seine eheliche Treue beweisen."

An der Fassade eines Schwetzinger Spargelgasthauses steht: „Laßt die Spargel munter schießen, laßt die Buttersauce fließen, taucht die Spargel fluchs hinein, doch laßt keinen holzig sein!" Auch hierzu gibt es eine wahre Begebenheit zu berichten. In den dreißiger Jahren kam ein englisches Ehepaar jedes Jahr nach Schwetzingen, um hier eine richtige Spargelkur zu machen. Spargelbrühe morgens zum Frühstück, Stangenspargel zum Mittag und Spargelsalat mit Beilagen abends gehörten täglich zum Programm, ebenso wie der Gang über den Spargelmarkt und durch den Schloßgarten.

Bei den Spargelfrauen auf dem Markt waren die Engländer bald gut bekannt, da sie sich immer nach dem Preis, nach der Qualität und nach Neuigkeiten erkundigten und am Schlusse ihrer Spargelkur noch etliche Kilo zarten Spargels mit nach England für eine Nachkur mitnahmen. Zwischen Marktfrauen und Engländern stellte sich bald ein gewisses vertrauliches Verhältnis ein, und nachdem das englische Ehepaar auf die Frage einer Spargelfrau: „Nämme Sie a des Johr widda Spargel mit häm?" mit einem energischen „Nein" antworteten, war natürlich die Enttäuschung herb, und man wollte den Grund genau wissen. Die Engländer behaupteten, daß der Spargel halt nur in Schwetzingen schmecken würde und nicht mehr auf der heimischen Insel. Woran es lie-

Der Schwetzinger Spargelmarkt auf dem Schloßplatz.

ge, wisse man nicht. Denn man würde ihn genauso zubereiten, wie man es hier in Erfahrung gebracht habe. Zu Hause schmecke er ganz einfach wie ein zähes Stück Holz.

Auf Anfrage der Marktfrau wurde nun ganz genau geschildert, wie der Zubereitungsvorgang vonstatten gehe. Die Marktfrau hörte ernsthaft zu, und am Schluß der englischen Ausführungen kam dann die lapidare Feststellung der Marktfrau: „Sie hawwe awa vergesse, die Spargel zu schäle. Wonn Sie die schäle, und donn schmecke die in England genauso zart wie bei uns."

Nun das Fazit: Wer zur Spargelsaison nach Schwetzingen aufbricht, darf als Spargelliebhaber und Spargelgenießer in dieser Stadt weilen. Er sollte aber auch als Ästhetiker und Kunstliebhaber die Schönheit des Schloßparks, des köstlichen Kleinods Schwetzingens, genießen. Und er sollte sich dabei Voltaires erinnern, der einmal schrieb: „Ich will, bevor ich sterbe, noch einer Pflicht genügen und einen Trost genießen, ich will Schwetzingen wiedersehen, dieser Gedanke beherrscht meine ganze Seele."

Schwetzinger Spargelchronik

1658

Kurfürst Karl Ludwig von der Pfalz läßt im Schwetzinger Schloßgarten durch seinen Hofgärtner neben Artischocken und Gurken auch Spargel anbauen. Es ist der erste bekannte Anbau im nordbadischen Bereich.

1743

Kurfürst Carl Theodor beauftragt seinen Hofgärtner Winter, mehr „von dem königlichen Gemüse" im Küchengarten des Schwetzinger Schlosses anzubauen.

1758

Der Hofgärtner berichtet über die Spargelernte im Schwetzinger Schloßgarten:

Frühe getriebene Spargel	100 Pfund
Spargeln ordinär	1000 Pfund.

1820

Gartendirektor Johann Michael Zeyher bepflanzt wieder eine kleinere Fläche im Schwetzinger Schloßgarten mit Spargel. Seit Verlegung des Pfälzischen Hofes 1778 nach München war der Spargelbau in Schwetzingen erloschen.

1850

Spargel wird erstmals von Privatpersonen für den Eigenbedarf und Kleinverkauf angebaut.

1853

In Schwetzingen wird die erste Spargelgesellschaft gegründet. Zwei Jahre später erfolgt die Auflösung, da nicht genügend Mitglieder der Gesellschaft beitraten.

1860

Schwetzinger Spargel wird erstmals als Handelsprodukt erwähnt. Er kommt zum Verkauf auf den Mannheimer Markt.

1871

Der Großanbau von Spargel auf der Schwetzinger Gemarkung beginnt. Max Bassermann legt erstmals eine größere Fläche von 24 Morgen (8,64 ha) mit Spargeln an. Georg Wittmann folgt nach einigen Jahren mit 20 Morgen (7,20 ha).

1870–1875

Der Versand von frischem Spargel wird ausgebaut. Sendungen mit Schwetzinger Spargel gehen mit der Bahn nach Österreich und der Schweiz und mit dem Schiff nach England.

1875

Am 23. April findet die erste Spargelausstellung in Schwetzingen statt, bei der die ersten Spargelproduzenten aller deutschen Gaue vertreten sind. Auch die Großherzogliche Familie ist anwesend. Die Ausstellung war für den Spargelbau sehr fördernd. 1883 und 1885 folgten weitere Ausstellungen.

Das erste größere Unternehmen, die Konservenfabrik M. Bassermann & Cie, nimmt den Betrieb auf. Firmengründer waren Max

Bassermann und Altbürgermeister Heinrich Wittmann.

1884

Gründung der Konservenfabrik Hassler.

1893

Gründung der Konservenfabrik Pitsch.

1894

Ab diesem Jahr findet täglich der Spargelmarkt auf dem Marktplatz vor dem Schloß statt. Diese Tradition ist bis heute erhalten.

Schwetzinger Spargelstecherin mit Holzbrettkorb, 1913.

1895

Am 18. April wird von der Stadtverwaltung die erste „Spargelmarkt-Ordnung" erlassen und veröffentlicht.

1899

Der Großherzogliche Hofgärtner und Verwalter des Schwetzinger Schloßparks, Gustav A. Unselt, bemüht sich um die Züchtung von Qualitätsspargelpflanzen. Nach seinem Tode (1924) führt die Saatzuchtanstalt der Badischen Landwirtschaftskammer die Forschungsarbeiten weiter. Der Repräsentant der Saatzuchtanstalt, Franz Böhne, baut auf den Arbeiten Unselts auf. Ihm gelingt die Züchtung der Sorten „Schwetzinger Meisterschuß" und „Lucullus", die heute fast ausschließlich angebaut werden.

1916

Gründung der Konservenfabrik Mandel.

1926

In Schwetzingen wird eine Nebenstelle der Saatzuchtanstalt durch die Badische Landwirtschaftskammer eingerichtet. Seit 1938 führt sie die Bezeichnung „Südwestdeutsche Saatzucht GmbH Rastatt – Außenstelle Schwetzingen". Aufgabe war vor allem die Züchtung von Spargel und Hopfenpflanzen.

1927

Schwetzinger Spargel gelangt erstmals per Luftfracht mit der Lufthansa nach Berlin, München und andere deutsche Großstädte. Am 9. April finden erstmals die Schwetzinger Spargelstaffelläufe statt, ein Wettkampf der Schwetzinger Sportvereine, der im Schloßgarten durchgeführt wird.

1938

Am 28. April wird die „Spargelgenossenschaft Schwetzingen eGmbH" gegründet.

1968/1969

Im Gewann „Hardt" wird die erste Spargelgemeinschaftsanlage angelegt. Mit 25 Hektar ist es die größte Anlage dieser Art in der Bundesrepublik.

1976

Am 8. Mai findet erstmals ein „Spargelsamstag" statt. Damit wird das frühere Spargelfest, das ab 1939 nicht mehr stattfand, neu aufgelegt. In der Fußgängerzone der Innenstadt finden Musik- und andere Veranstaltungen auf der Straße und in den Innenhöfen der Häuser statt.

1977

Die Stadt Schwetzingen wird Mitglied im neugegründeten „Förderkreis Spargelbau des Rhein-Neckar-Kreises".

Ein Blick auf die Karte:

Schwetzingen und Schrobenhausen liegen im Südwesten bzw. Süden der Bundesrepublik jeweils in markanten „Städtedreiecken“: Mannheim – Speyer – Heidelberg bzw. Ingolstadt – Augsburg – München.

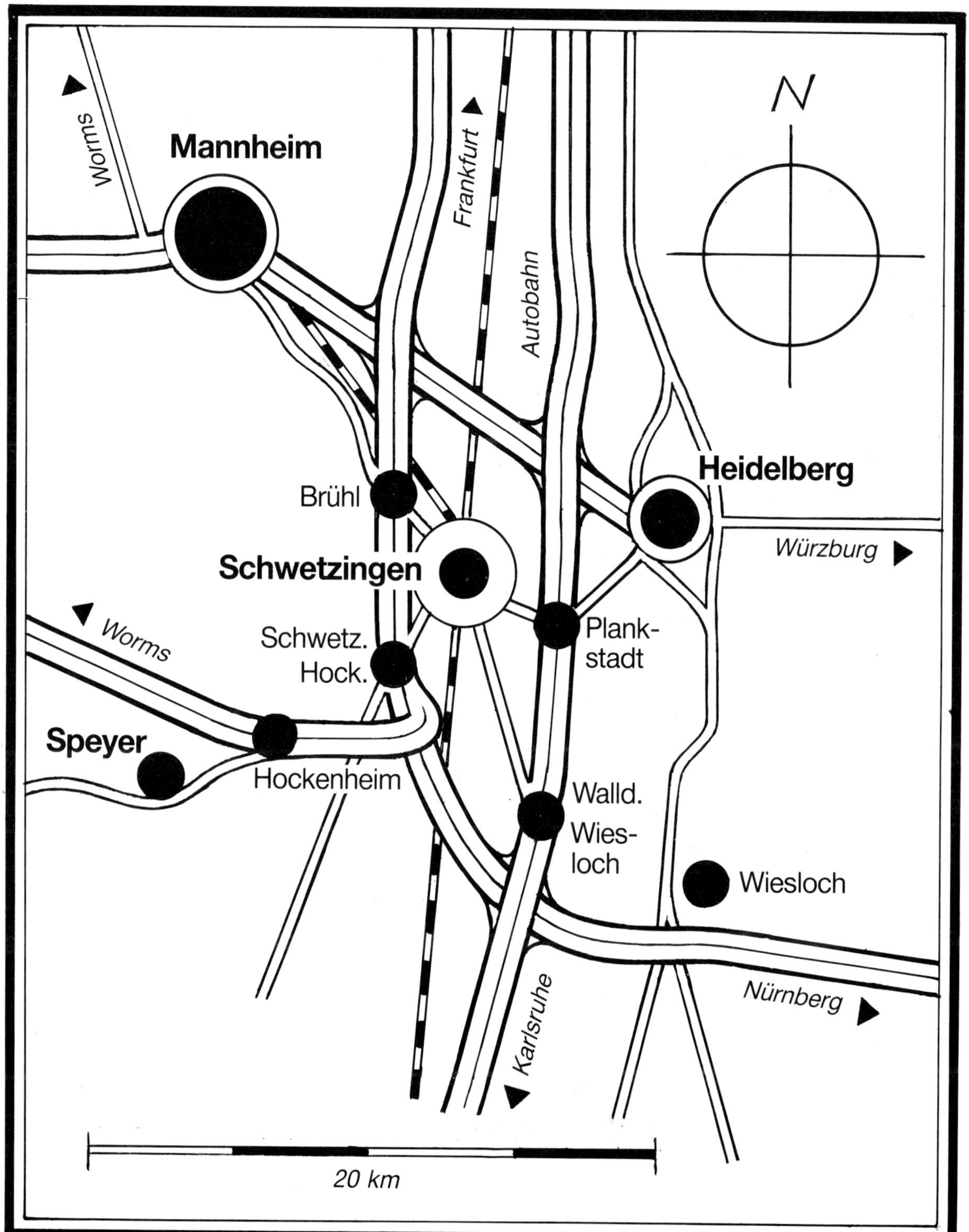

Rudolf Höfler

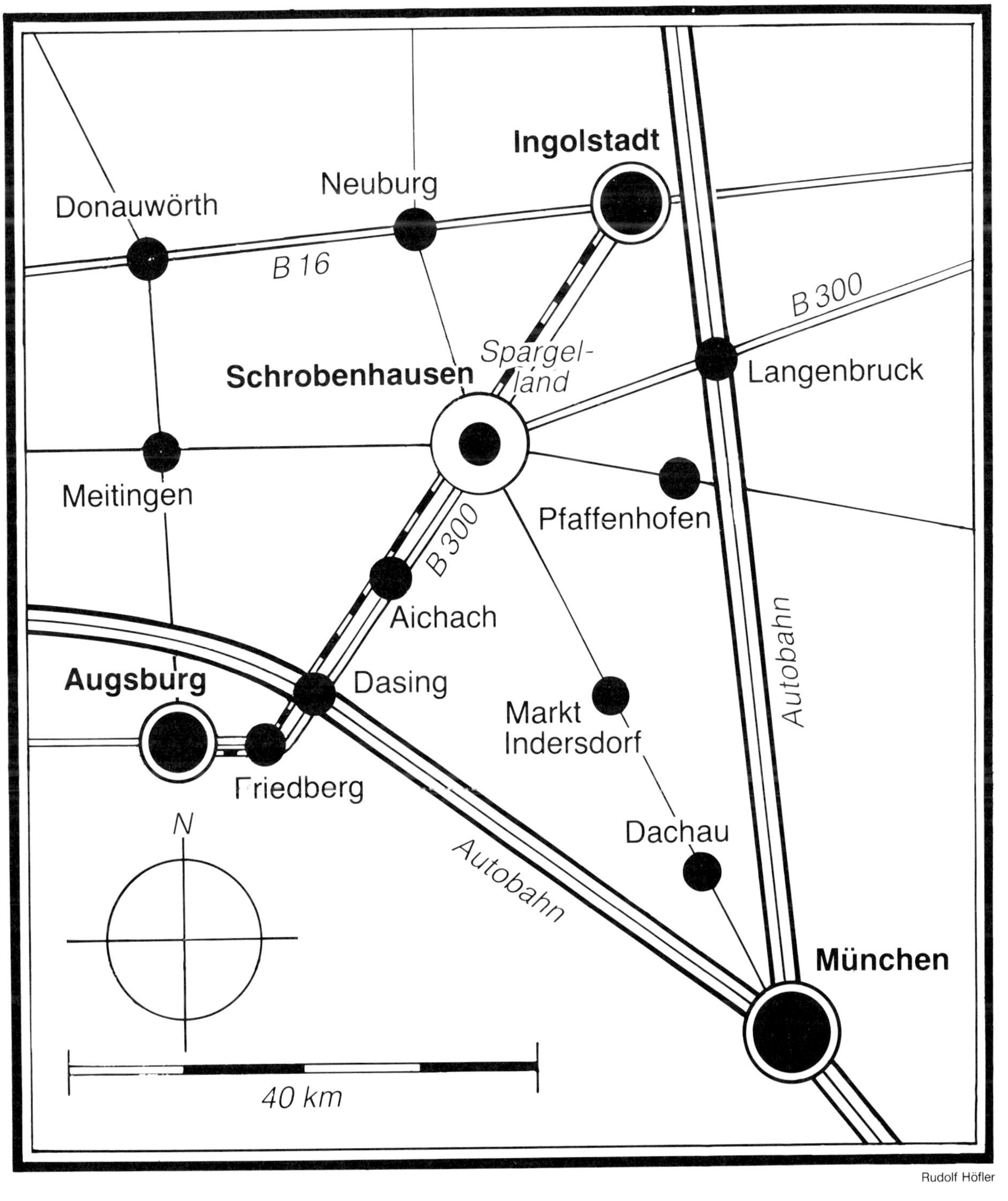

Rudolf Höfler

Schrobenhausener Spargelanbaugebiet (vorne im Bild: der Oberhaidhof des Christian Schadt; rechts hinten das bekannte „Spargeldorf“ Waidhofen).

Schrobenhausen – Spargelmetropole mit Pfiff

„Lenbach- und Spargelstadt“. So wird die kleine oberbayerische Stadt mit ihren 15 000 Einwohnern, im Mittelpunkt des Städtedreiecks München–Augsburg–Ingolstadt gelegen, oft genannt. Und damit eine Verbindung von künstlerischem und kulinarischem Genuß geschaffen, die zwei Glücksfällen für Schrobenhausen zu verdanken ist: Dem hier geborenen Malerfürsten Franz von Lenbach und dem nach Schrobenhausen, genauer auf den „Oberhaidhof“ verschlagenen Geometer Christian Schadt, der in der Nähe der Paarstadt den ersten Spargel pflanzte.

Von der Ansiedlung zur Stadt

Schrobenhausen wurde anno 790 erstmals urkundlich genannt. Es gehörte zu den Stammlanden der aus Scheyern gekommenen Wittelsbacher, die von 1180 bis 1918 als Herzöge, Kurfürsten und Könige Bayern regierten. Etwa seit der Mitte des 13. Jahrhunderts mag der Ort das Marktrecht besessen haben, wenngleich das früheste Magistratssiegel erst von 1328 datiert. 1388 sank der herzoglich-bayerische Markt bei einem Kriegszug der schwäbischen Reichsstädte in Schutt und Asche. Stephan III., der Kneißl, Herzog von Oberbayern-Ingolstadt (1375–1413), und dessen Sohn Ludwig VII., der Bärtige, Herzog von Oberbayern-Ingolstadt (1413–1443), ließen Schrobenhausen in steinerner Gotik neu und wehrhaft aufbauen: Damals entstanden die herzogliche Veste am Hofgraben als schlichtes, wohnliches Pflegschloß, die beinahe sieben Meter hohe Wehrmauer rund um den Markt mit ihren vierundzwanzig Türmen und zwei Torbastionen, das Rathaus am Schrannenplatz als Ortsmitte, die dreischiffige, lichte Säulenhalle der Pfarrkirche Sankt Jakob d. Ä., die Frauenkirche und in der oberen Vorstadt die Sankt-Salvator-Kirche. 1447 erhob Heinrich XVI., der Reiche, Herzog von Niederbayern-Landshut (1393–1450), den befestigten Markt zur Stadt.

Franz von Lenbach (1836–1904)

Der weltberühmte „Maler der Fürsten und Fürst der Maler“, der große Sohn der Stadt, hatte seine Wiege am westlichen Stadtwall stehen, im heutigen „Lenbach-Museum“, in dem nicht nur Studien, Zeichnungen, Pastelle und Ölgemälde Lenbachs zu bewundern sind, sondern auch liebenswerte Werke seines Freundes, des Aresinger Tier- und Genremalers Johann Baptist Hofner (1832–1913). Vom Geburtshaus Lenbachs weg kann der Besucher auf dem herrlich begrünten Stadtwall, vorbei an der fast lückenlosen Stadtmauer mit ihren zwölf Wehrtürmen in einer halben Stunde durch ein halbes Jahrtausend Schrobenhausener Geschichte spazieren. Dabei stößt er auch auf den sogenannten Amtsturm, der seit 1985 das Deutsche Spargelmuseum in seinen Räumen beherbergt. So kurz ist der Weg von Lenbach zum Spargel.

Wolfgang Eberlein, „Lenbach-Spargel-Wappen“, 1978.

Schrobenhausener Spargelregion

Während sich in den zwanziger und dreißiger Jahren dieses Jahrhunderts der Spargelanbau im Bezirk Schrobenhausen auf die Stadt und die Orte in ihrer unmittelbaren Umgebung beschränkte – unter anderen auf

Edelshausen, Hohenwart, Königslachen, Mühlried, Steingriff, Waidhofen, Westerham –, erfaßt er heute, in weitem Bogen dem Lauf der Paar folgend, beinahe alle Ortschaften im tertiärsandigen Paartal und auf dessen Randflächen zwischen Friedberg, Aichach, Aresing, Langenmosen, Brunnen, Pobenhausen, Pörnbach, Langenbruck und Reichertshofen und greift auch ins Ilmtal zwischen Rohrbach und Geisenfeld über.

Spargelpionier Christian Schadt

war der Begründer des Spargelanbaues in Südbayern. Ihm verdankt das Schrobenhausener Land – früher vorwiegend ein Getreide-, Hackfrucht und Grünfutter-Erzeugungsgebiet – durch die Einführung des Anbaues der Delikatesse die Aufwertung zum Spargelland. Ein Journalist reimte dazu: „Das war die gute Tat / des Hessen Christian Schadt.“

1871 in Groß-Gerau, zwischen Mainz und Darmstadt in der Provinz Starkenburg des Großherzogtums Hessen, als Bauernsohn geboren, besuchte Christian Schadt neun Jahre das Realgymnasium in Darmstadt und wollte, aus Zuneigung zum Bäuerlichen, Kulturingenieur werden. Dieses Studium wäre nur in Karlsruhe möglich gewesen, aber es hätte das väterliche Portemonnaie überfordert. Schadt ließ sich daher an der Technischen Hochschule in Darmstadt zum Geometer ausbilden und brachte es später in diesem Beruf bis zum Vorstand des Kreisvermessungsamtes in Groß-Gerau. Im Bauerntum verwurzelt, drängte es Schadt aber wieder dahin zurück. Schon als junger Geometer nämlich hatte er sich in der Mainzer Gegend eingekauft und dort Spargelanbau betrieben, ohne freilich seinen kleinen Besitz flächenmäßig ausweiten zu können. Schadts Handelsbeziehungen reichten damals bereits bis nach München. Dies brachte ihn auf den Gedanken, im süddeutschen Raum nach einem für Spargelkulturen geeigneten Hof Ausschau zu halten, um hierhin zu übersiedeln. Auf seiner Suche kam Schadt auch nach Schrobenhausen, sah die sandigen, warmen, sonnseitigen Südhänge des Paartales, kaufte 1912 in der Gemeinde Wangen (seit 1972 Gemeinde Waidhofen)

KÖNIGLICH BAYERISCHER HOFLIEFERANT
ALOIS DALLMAYR
HOFLIEFERANT SEINER MAJESTÄT DES KAISERS
MÜNCHEN 2 C 2
DIENERSTRASSE 14-15
DELIKATESSEN
KOLONIALWAREN
KONSERVEN
FISCHE
WILD
GEFLÜGEL / TAFELFRÜCHTE
FRÜHGEMÜSE / SPIRITUOSEN
WEINE / KONFITÜREN / KEKS
SCHOKOLADEN / ZIGARREN
FERNSPRECHER 22631 (SAMMELNUMMER)
DRAHTANSCHRIFT: LUKULLUS MÜNCHEN

POSTKARTE

Herrn

Christian Schadt,

O b e r h a i d h o f

b/Schrobenhausen .

Christian Schadt, der „Spargelpionier“ aus Groß-Gerau, verhalf der Region Schrobenhausen zum Aufstieg unter die führenden Spargelstädte Deutschlands. Insbesondere seine Beziehungen zur bayerischen Landeshauptstadt München sorgten für einen raschen Zuwachs der Anbauflächen.

im damaligen Landkreis Schrobenhausen den rund 55 Hektar großen Oberhaidhof, fand auf ihm seine zweite Heimat und schuf so die Voraussetzungen nicht nur für viele Existenzen, sondern auch für den heute weit über die Landesgrenzen hinaus bekannten Ruf der Region.

von oben nach unten:
Das Geburtshaus Christian Schadts in Groß-Gerau/Hessen.
Schadts Spargelhelfer im Jahre 1924.
Versand des Spargels „ab Hof".

1913 legte Schadt in Oberhaid die ersten, aus dem Hessischen mitgebrachten Spargelsamen aus, setzte 1914 in eine Fläche von eineinhalb Hektar die ersten einjährigen Spargelpflanzen ein und erfuhr – während er als Hauptmann Kriegsteilnehmer war –, daß seine Frau Frieda, die 1915 weitere zwei Hektar Spargelfelder anlegte, 1916 die erste, wenn auch bescheidene Spargelernte stechen konnte. „Oberhaidhofer Spargel wird wohl der einzige gewesen sein", schrieb der Schrobenhausener Anzeiger, „der in den letzten Jahren des Krieges und während der Inflation in München zu haben war." Nach 1918 dehnte Schadt seine Spargelanbauflächen auf fünf Hektar aus. Zur Erntezeit beschäftigte er bis zu dreizehn Helfer und Helferinnen. Entgegenkommenderweise weihte er interessierte Landwirte aus umliegenden Orten in die Anbaugeheimnisse seines Edelgemüses ein und führte immer wieder Fachleute und Schulklassen durch seinen Musterbetrieb.

Als Christian Schadt 1935 vierundsechzigjährig verstarb, erntete man im Landkreis Schrobenhausen Spargel schon auf einer Gesamtfläche von etwa dreißig Hektar. Der Schrobenhausener Anzeiger wertete am 10. Juni 1935 in einem Nachruf: „Wenn bei der Nachricht vom Tode Christian Schadts die Öffentlichkeit sich zunächst an die unvergeßlichen Verdienste des Verstorbenen erinnert, so wird dabei sicher niemand, der ihn kannte, seine hervorragenden menschlichen Eigenschaften vergessen, die ihn in hohem Maße auszeichneten. Mit ihm hat der Bezirk nicht nur einen Pionier der einheimischen Landwirtschaft, sondern auch einen Mann verloren, der vielen als Freund und Berater und allen als vorbildlicher, kluger, charakterfester Vertreter seines Standes ein hochgeschätzter und geachteter Mitbürger war."

Der Oberhaidhof ist heute in dritter Generation im Besitz der Familie Schadt und zählt zu Südbayerns führenden Spargelerzeugungsbetrieben.

Frühe Erfolge

In den zwanziger, dreißiger und vierziger Jahren schlossen sich vor allem Gutsbetriebe dem Schadtschen Beispiel an. Wer sich dem Spargelanbau zuwandte – der seinerzeit ja einen besonders hohen Aufwand an Handarbeit erforderte –, mußte eben über entsprechend viele Arbeitskräfte verfügen. Damals beanspruchte noch jedes Tagwerk (0,33 Hektar) Spargelanbaufläche zur Pflege und Ernte jährlich zwei Arbeiterinnen acht bis zehn Wochen lang.

Zu den Männern der ersten Stunde gehörten Egle (Edelshausen), Gärtner (Steingriff), Greppmaier (Waidhofen), Grimm (Westerham), Landwirtschaftsschulgründer Ökonomierat Hammerschmid (Schrobenhausen), Hermann (Westerham), Lebmeier (Kaifeck), Straub (Königslachen), Wünsch (Aumühle) und einige wenige andere.

Noch konzentrierte sich der Spargelanbau rund um die Kreisstadt Schrobenhausen. Und dennoch lieferten diese wenigen Anbauer im Mai und Juni schon derart respektable Erntemengen am Schrobenhausener Bahnhof an, daß täglich ein „Spargelwaggon“ an den Zug in Richtung Augsburg–München angehängt werden mußte. Gezielte Werbemaßnahmen, informative Schriftchen, bunte Aufkleber und eine wohlwollende Presse unterstützten die Absatzbemühungen.

Frühe Erfolge blieben nicht aus. Städtische Großmärkte und Verbraucher schenkten ihre Aufmerksamkeit in zunehmendem Maße der neuen Qualitätsmarke „Schrobenhausener Spargel“.

Der Durchbruch

Bedingt durch die Abwanderung vieler Arbeitnehmer aus der Landwirtschaft in die Industrie, die mit dem deutschen „Wirtschaftswunder“ in den fünfziger und sechziger Jahren einsetzte, nahmen immer mehr mittel- und kleinbäuerliche Betriebe den Spargelanbau auf, da vor allem sie die anfallenden Arbeitsspitzen mit eigenen Familienkräften bewältigen. Der Einsatz moderner Spezialmaschinen – beispielsweise Rigolpflug, Grabenpflug, Spatentieffräse – wurde in den siebziger und achtziger Jahren bei der Neuanlage von Spargelfeldern bestimmend und brachte, ebenso wie das ausgezeichnete Pflanzgut, das die Vermehrer aus dem Anbaugebiet liefern, einen außerordentlich erfreulichen Aufschwung.

1978 betrug die Spargelanbaufläche im Landkreis Neuburg-Schrobenhausen etwa 84 Hektar, im Landkreis Pfaffenhofen a. d. Ilm zirka 62 Hektar, zusammen also rund 146 Hektar. 1984 darf man die Gesamtanbaufläche in beiden Landkreisen wohl auf mehr als 300 Hektar schätzen. Heute kann sich das Spargelanbaugebiet Schrobenhausener Land in jeder Hinsicht mit jedem anderen in- und ausländischen Anbaugebiet messen. Die Aufgeschlossenheit und Fortschrittlichkeit der hiesigen Spargelerzeuger für alles Neue dokumentierten sich auch in zahlreichen mehrtägigen Lehr- und Besichtigungsfahrten zu den Spargelanbaugebieten der Champagne (Frankreich), des Rhônetales (Frankreich), von Venlo (Niederlande), Bruchsal (Baden-Württemberg), Schwetzingen (Baden-Württemberg), Ingelheim (Rheinland-Pfalz), Volkach (Mainfranken) und Braunschweig (Niedersachsen).

Der Schrobenhausener Spargel gedeiht unter vorteilhaften Wachstumsbedingungen auf klimabegünstigten Böden. Er erfährt fachmännische Pflege, sorgfältige Sortierung und stets tagesfrische Vermarktung. Sein Geschmack zeichnet sich in gebietstypischer Art durch Vollmundigkeit, Frische und Nußartigkeit aus, was leider manche Verkäufer importierter Ware dazu verleitet, auch ihren Spargel so zu taufen.

Und heute?

Da steht Schrobenhausen in der vordersten Linie, wenn es gilt, dem Spargel weiter seine Bahn auf dem Jahrtausende andauernden Siegeszug zu ebnen. Durch Einsatz für und mit dem „weißen Schatz“: Etwa dank der seit 1975 alljährlich auf Initiative von Festwirt Jakob Stief gekrönten und ebenso fachkundigen wie charmanten „Spargelkö-

Altbürgermeister Albert Schnell gratuliert der neugewählten Schrobenhausener Spargelkönigin Johanna Wenger (1976). Links im Bild: Schrobenhausens erste Spargelkönigin Rosi Haas (1975).

Alljährlich ist Schrobenhausener Spargel auf dem Münchener Viktualienmarkt zur Eröffnung der Spargelwochen vertreten (im Bild: Staatsminister Dr. Hans Eisenmann und Spargelkönigin Christine Ottinger, 1978).

Alltag für eine Königin: Rundfunk- und Fernsehinterviews (Anneliese Pfeiffer, 1977).

Notwendiges Muß für eine Königin: Fototermine (Angelika Kratzer, 1979).

„Spargelprobe" mit Chefkoch Ludwig Grieser (2. v. l.), Spargelfachberater Summerer, Spargelkönigin Sieglinde Schönacher (1980) und Landwirtschaftsdirektor Zirnbauer.

Klara Schrittenlocher (1981), eingerahmt von Staatsminister Dr. Eisenmann (links), Altbürgermeister M. Flammensböck (rechts) und MdB Seehofer.

Zepter und Krone zieren die Königin: Gerda Gruber (1982).

Spargeldemonstration mit Minister Dr. Eisenmann und 1. Bürgermeister Josef Höllbauer (3. v. rechts), assistiert von Spargelkönigin Irmgard Schwaiger (1983).

Josef Plöckl, der „Motor" der Schrobenhausener Spargelregion und 1. Vorsitzende des Spargel-Erzeugerverbandes Südbayern e. V.

Rolf Schadt, der bekannteste Spargelanbauer der Region Schrobenhausen.

nigin“, der die Repräsentation des königlichen Gemüses in Presse, Rundfunk und Fernsehen sowie bei zahlreichen Veranstaltungen obliegen. Oder durch „Spargelwochen“ mit Vorstellungen der neuesten Ernte und dienlicher Handgriffe beim Viktualienmarkt in München ebenso wie bei Demonstrationen in Augsburg oder Neuburg, die von Josef Plöckl, dem Spargelanbauer und Bürgermeister der Spargelhochburg Waidhofen, alljährlich organisiert und von dem derzeitigen Stadtoberhaupt Schrobenhausens, Josef Höllbauer, assistiert werden. Daß dabei der bayerische Landwirtschaftsminister nie fehlt, ist für Staatsminister Dr. Hans Eisenmann Ehrensache. Schließlich braucht „König Spargel“ seinen vollzähligen Hofstaat . . .

Und natürlich auch ein Museum, das ihm von den Freunden Schrobenhausener Museen e. V. eingerichtet und 1985 in die Hände der Stadt gelegt wurde. Das einzige seiner Art. So kann die „Schwalbe unter den Genüssen“, wie Brillat-Savarin, der geistvolle Schilderer kulinarischer Genüsse, den Frühlingskeim einmal bezeichnete, weiterhin ein wohlbestelltes Nest in und um Schrobenhausen erwarten.

Zehn Jahre Schrobenhausener Spargelköniginnen

1975/76: Rosi Haas, Rachelsbach
1976/77: Johanna Wenger, Ried
1977/78: Anneliese Pfeiffer, Rachelsbach
1978/79: Christine Ottinger, Weichenried
1979/80: Angelika Kratzer, Hörzhausen
1980/81: Sieglinde Schönacher, Rachelsbach
1981/82: Klara Schrittenlocher, Gröbern
1982/83: Gerda Gruber, Sandizell
1983/84: Irmgard Schwaiger, Hohenried
1984/85: Bettina Felbermair, Schrobenhausen

Das Deutsche Spargelmuseum befindet sich im Amtsturm der Stadt Schrobenhausen, der zu Beginn des 15. Jahrhunderts errichtet wurde.

Das Deutsche Spargelmuseum in Schrobenhausen

Im ersten Augenblick klingt der Begriff übergroß: Deutsches Spargelmuseum. Dahinter aber steckt eine kleine – und vor allem feine – Einrichtung, eine Sammlung rund um den Spargel, mit der auch Randerscheinungen zum Thema noch erfaßt werden. Da finden sich alte Ackergeräte neben dem Spargelbesteck, eine Zusammenstellung der Quellen, in denen der Spargel in früheren Zeiten erwähnt worden ist, die Darstellung von Spargel in der Kunst an Hand von zahlreichen Beispielen, Originalen und Reprints, nicht zuletzt eine bemerkenswerte Spezial-Bibliothek.

Wie jede Neuigkeit, so hat auch das Spargelmuseum in Schrobenhausen seinen „Erfinder". Der Urheber ist Dr. Klaus Englert, seines Zeichens Rechtsanwalt, der sich das Engagement in der Öffentlichkeit und für die Allgemeinheit schon früh zur Aufgabe gemacht hat. Es schadet weder dem Ansehen des jungen Museums noch seinem Erfinder, wenn man noch einmal an die Skepsis erinnert, die sich nach den ersten Äußerungen – in der Stadt und anderwärts – beim Gedanken an ein „Gemüse-Museum" erhoben hat.

Dr. Klaus Englert jedoch ließ sich nicht beirren, zumal er sehr schnell Freunde fand. Mit dem Hinweis auf das Brot-Museum in Ulm, auf das Salz-Museum von Bad Nauheim oder auf das Zucker-Museum in Berlin wurden erste Vorbehalte überwunden. Es galt auch im Falle des Spargel, ein kleines Stück Kulturgeschichte zu bewahren.

So entstand in unmittelbarer Nachbarschaft, in der südwestlichen Ecke des historischen Mauerrings der Stadt Schrobenhausen, eine kleine Museumslandschaft. Nicht weit davon hat der Maler Franz von Lenbach, der große Sohn der Stadt Schrobenhausen, in seinem Geburtshaus mit einer Gemäldesammlung eine Heimstatt gefunden, nur ein paar Schritte weiter befindet sich die Gedenkausstellung des zu Unrecht etwas im Abseits des Kunstlebens stehenden Graphikers Joseph Kaspar Sattler. Und das alte Pflegschloß, das lange Zeit als Landratsamt gedient hat, ist dem Heimatmuseum des Paargaues vorbehalten.

Es ist wie mit dem Ei des Kolumbus: Den Einfall muß man haben. So kommt es, daß das Deutsche Spargelmuseum im mit jüngsten deutschen Spargel-Anbaugebiet entstehen konnte.

Den Anfang machte Dr. Klaus Englert mit Anfragen bei den Spargelbauern im Schrobenhausener Raum. So fanden sich im Sommer 1983, fast zwei Jahre vor der Eröffnung im Mai 1985, die ersten Spargelgeräte ein. Spezialpflüge und alte Stechgeräte, ein paar Feldwaagen, ausgebleichte Kochbücher – so fing es an. Und Dr. Klaus Englert schrieb Briefe in alle Spargelecken Deutschlands, nach Schwetzingen und Braunschweig, nach Bruchsal und Uelzen, Niendorf und Volkach. Weitere Schreiben gingen an die größten Spargel-Anbauer in Frankreich und in der Schweiz; und in Ita-

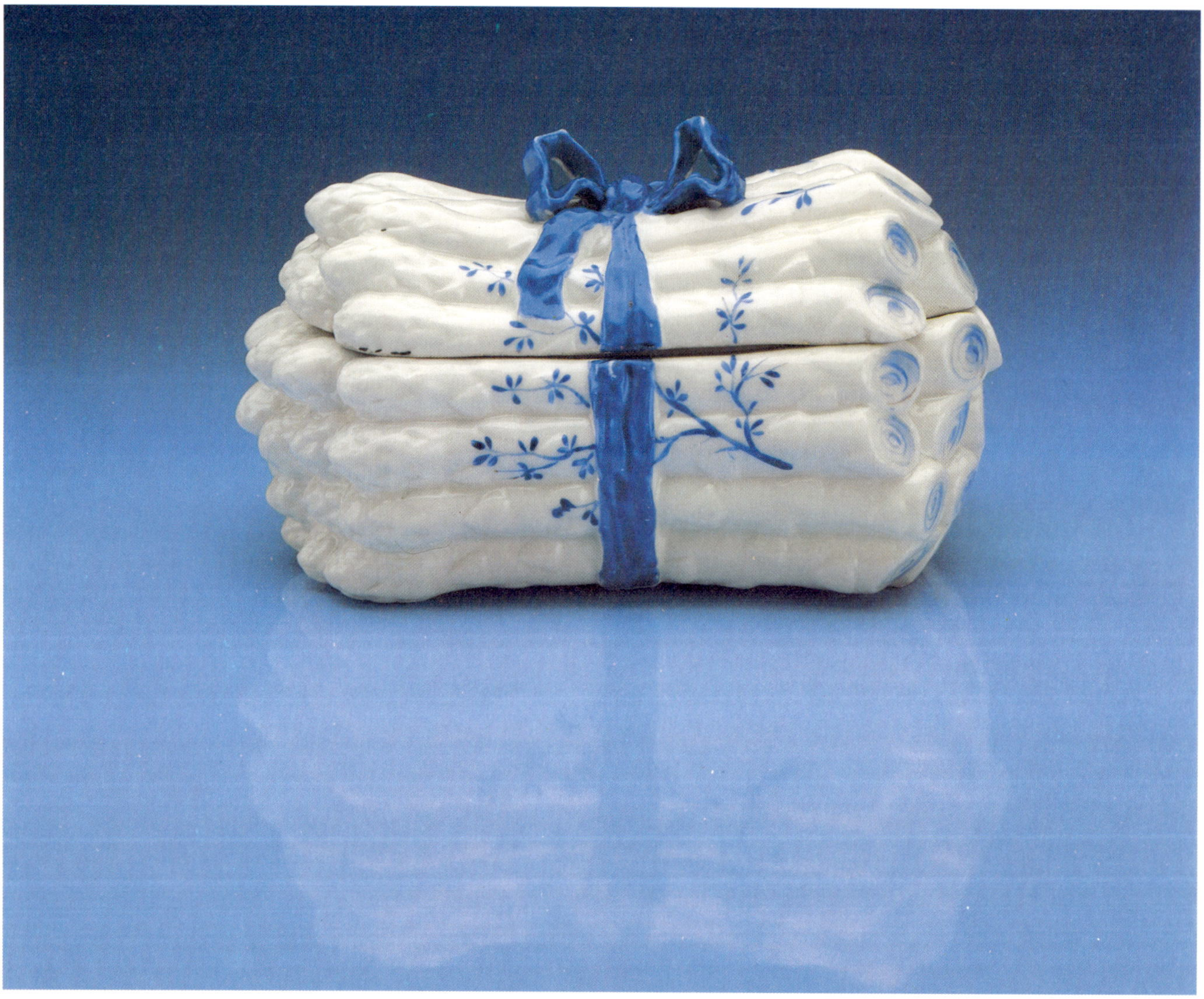

Zu den Kostbarkeiten des Museums gehört u. a. die Spargeldeckeldose aus dem Jahre 1790 (Blaumarke I; Malerzeichen V. Ilmenau; Fayence).

Ludwig Muhrmann, „Spargelstilleben mit Glaskrug“, um 1910.

Spargelservierplatte mit aufgesetzter Liege und Sauciere (Rouen, um 1800, Fayence).

lien wurde ob antiker Spargel-Abbildungen nachgefragt.

Nur sehr zögernd zeigte sich Resonanz. Der umfangreichste Beitrag aus den deutschen Anbaugebieten kam aus Schwetzingen, und in manchen Fällen ließ die Skepsis erst nach, als der eine oder andere „Gesandte“ die ersten Stücke der Sammlung in Augenschein genommen hatte und sich überzeugen konnte, daß hier ein sinnvolles kleines Werk heranwuchs. Monsieur Jean-Marc Nourry aus Millet la Forett in Frankreich nahm sich für einen Ausflug nach Schrobenhausen Zeit und brachte ein altes Spargelmesser sowie ein Buch und alte Fotografien aus seiner Heimat mit.

Das meiste, was dem jungen Spargelmuseum heute Substanz verleiht, wurde in konzentrierter Suche zusammengeholt. Antiquariate und Antiquitätenläden waren für Dr. Klaus Englert jene wichtigen Adressen, in denen er alte Kräuterbücher und Stiche erwarb, und so manches Stück feinsten Porzellans, das in seiner Gestaltung auf den Spargel anspielt, steht heute nicht verborgen in Sammler-Vitrinen, sondern wird im Museum der Allgemeinheit vorgestellt.

Unter den Büchern ragen ein paar Jahrhunderte alte Schätze heraus. Zu den kostbarsten Exemplaren seiner Art zählt das Kräuterbuch des Jacobus Theodorus Tabernemontani (Bergzabern, Erstauflage 1571) in der Ausgabe von 1664. Aus dem 17. Jahrhundert stammt die erste deutsche Spargelbau-Anleitung von Pfarrer Cohler, ein Beispiel der Hausväter-Literatur. Wenngleich guter Rat aus jenen vergangenen Zeiten heutzutage schroff mißachtet wird, den Spargelsamen nämlich nur bei Vollmond in die Erde zu bringen ...

Eine Augenweide ist so manches teure Stück aus altem Porzellan: eine Spargel-Deckeldose aus Meißen, gefertigt im Jahre 1775, oder die Spargel-Liege aus Rouen, die fast zweihundert Jahre alt ist. Aus derselben Zeit stammt die Spargel-Deckeldose „Ilmenau“. In Porzellan zeigt sich aber auch mitunter, wie sich die Liebhaber der hochgeschätzten Gemüsestangen „verlaufen“ können. Ein Salzstreuer in der Form von Spar-

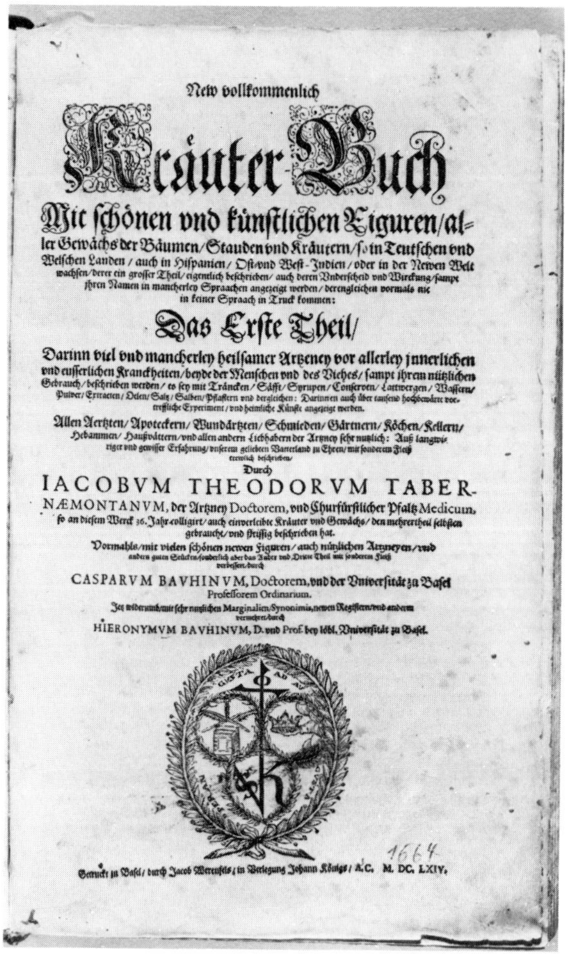
New vollkommenlich
Kräuter-Buch
Mit schönen vnd künstlichen Figuren/ aller Gewächs der Bäumen/ Stauden vnd Kräutern/ so in Teutschen vnd Welschen Landen / auch in Hispanien/ Ost- vnd West-Indien / oder in der Newen Welt wachsen/ derer ein grosser Theil/ eigentlich beschrieben/ auch deren Vnderscheid vnd Wirckung/ sampt ihren Namen in mancherley Spraachen angezeigt werden/ derengleichen vormals nie in keiner Spraach in Truck kommen:
Das Erste Theil/
Darinn viel vnd mancherley heilsamer Artzeney vor allerley innerlichen vnd eusserlichen Kranckheiten/ beyde der Menschen vnd des Viehes/ sampt ihrem nützlichen Gebrauch/ beschrieben werden/ es sey mit Träncken/ Säfft/ Syrupen/ Conserven/ Lattwergen/ Wassern/ Pulver/ Extracten/ Oelen/ Saltz/ Salben/ Pflastern vnd dergleichen: Darinnen auch über tausend hochbewärte vortreffliche Experiment/ vnd heimliche Künste angezeigt werden.
Allen Aertzten/ Apoteckern/ Wundärtzten/ Schmieden/ Gärtnern/ Köchen/ Kellern/ Hebammen/ Haußvättern/ vnd allen andern Liebhabern der Artzney sehr nutzlich: Auß langwiriger vnd gewisser Erfahrung/ vnserem geliebten Vatterland zu Ehren/ mit sonderem Fleiß trewlich beschrieben/
Durch
IACOBVM THEODORVM TABERNÆMONTANVM, der Artzney Doctorem, vnd Churfürstlicher Pfaltz Medicum, so an diesem Werck 36. Jahr colligirt/ auch einverleibte Kräuter vnd Gewächs/ den mehrertheil selbsten gebraucht/ vnd fleissig beschrieben hat.
Vormahls/ mit vielen schönen newen Figuren/ auch nützlichen Artzneyen/ vnd andern guten Stücken/ sonderlich aber das Ander vnd Dritte Theil mit sonderem Fleiß verbessert/ durch
CASPARVM BAVHINVM, Doctorem, vnd der Vniversität zu Basel Professorem Ordinarium.
Jetz widerumb/ mit sehr nutzlichen Marginalien/ Synonimis, newen Registern/ vnd anderm vermehret/ durch
HIERONYMVM BAVHINVM, D. vnd Prof. bey löbl. Vniversität zu Basel.
Getruckt zu Basel/ durch Jacob Werenfels/ in Verlegung Johann Königs/ A. C. M. DC. LXIV.
1664

Das Kräuterbuch des Jakobus Theodorus Tabernaemontanus (1520–1590) erschien erstmals 1588, gedruckt in Frankfurt ...

gelspitzen belegt eher künstlerischen Irrweg denn Geschmack.

Was bei der Spargel-Verehrung alles geschehen kann, offenbart eine weitere kleine Kuriosität. Ein Faschingsorden zeigt einen Harlekin, der auf einem Spargelbündel reitet. Die zufällige Beziehung zwischen zwei Spargelanbaugebieten wurde an diesem kleinen Stück Metall wieder aus der Vergessenheit gehoben: Der Orden wurde um das Jahr 1960 vom Schrobenhausener Prägewerk Poellath für eine Faschingsgesellschaft in Schwetzingen hergestellt.

Das Kapitel „Spargel in der Kunst“ fand im Museum ebenfalls seinen Niederschlag. Neben einigen Originalen moderner Künstler, beispielsweise dem Stich „Der Spargelesser“ von A. Paul Weber, finden sich zahlreiche Wiedergaben alter Werke und allzu teurer neuzeitlicher Bilder. Zu den Schätzen zählt ein Original aus dem 19. Jahrhundert,

... es zählt zu den bedeutendsten Kräuterbüchern der Welt und beschreibt mit über 2300 Abbildungen alle damals bekannten Pflanzen, u. a. auch „Spargen", sehr ausführlich.

ein Spargel-Stilleben von Ludwig Muhrmann. Unter den Reproduktionen konnte man natürlich auf Manets berühmtes Spargelbündel nicht verzichten oder auf die Stillleben von Adrian Coorte, Auguste Bouquet und Carl Schuch. Unter den zeitgenössischen Künstlern sticht die Darstellung einer einzelnen Spargelstange von Thoman Hermsdorf ins Auge.

Die Sammlung des Deutschen Spargelmuseums hat im prächtigsten Turm der Schrobenhausener Stadtmauer ihre Bleibe gefunden, im sogenannten Amtsturm im Süden des alten Stadtkerns. Wer den Turm betritt, trifft im Erdgeschoß auf die szenische Darstellung der Arbeit auf dem Spargelakker, in unmittelbarer Nachbarschaft befinden sich Spargelpflüge aus früheren Zeiten, alte Feldwaagen und Ackergerät. Manches Stück wurde für die Zwecke des Museums gemäß alten Vorlagen nachgebaut. Daneben befindet sich im Erdgeschoß auch die umfassende Spezial Bibliothek.

Während die handfesten Hinweise auf die mühselige Arbeit auf dem Spargelfeld im Erdgeschoß zurückbleiben, trifft der Besucher im ersten Stock die angenehme Seite der Spargelkultur. Da geht es um den feinsinnigen Genuß. Edles Spargel-Porzellan steht hier in Vitrinen, daneben liegen das geeignete Besteck und Vorlegezangen, alte Kochrezepte werden präsentiert, auf gute Spargelküche achtende Restaurants aus ganz Deutschland geben hier ihre „Speisekarte" ab, und die deutschen Anbaugebiete werden auf Bildtafeln vorgestellt.

Und zur Kunst muß man ganz hinauf. Im zweiten Stock des Spargelmuseums finden sich die Darstellungen zahlreicher Maler und Grafiker, die beweisen, daß so mancher Künstler der Kochkunst und dem Spargelgenuß recht nahe steht.

336.
Asparag9 Hort:
Cum flor: & fr:

Vom Allheilmittel zur Naturheilpflanze

Er erwähnte erstmals Spargel als Heilpflanze: Hippokrates, 460 v. Chr.

„Man siedet die jungen Spargen in wein / bereyttets mit essig / saltz vn öl / oder butter. Allso erweyche sie den bauch / vnd treiben den harn. Die wurtzel in Wein gesotten / vnd getruncken / eröffnet die verstopffte lebern / treibt auss die geelsucht / reinigt die nieren vnd blasen / hilft wider das hufftwee. Das kraut vnnd samen gesotten in wein / oder ein wasser darauss destilliret / hat gleiche würckung. Spargen in der speis genossen / bringen lustige begirde den männern. Wein / da Spargenwurtzeln inne gesotten haben / stillet grosse schmertzen der zäne. Solcher wein warm aufgelegt / lindert auch den weetagen der verrenckten glieder. Das kraut allso bereytet vnd vbergelegt / kombt zu hülff den schmertzlichen nieren."

Das „Magnarum Medicine partium herbariae et zoographiae imagines" des Apothekers Georg Oelinger, Nürnberg 1553, enthält die erste wissenschaftlich exakte Abbildung des (Grün-)Spargels (Universitätsbibliothek Erlangen).

Hier, im „New-Kreuterbuch" (Prag 1563) des P. A. Matthiolus, finden wir die Quelle, aus der viele der Angaben über die eröffnende, blutreinigende, harntreibende Wirkung des aus frischem Spargel gepreßten Saftes oder des Spargelgemüses in die zeitgenössischen Kräuterbüchlein fließen. Gleiche Eigenschaften wie Saft und Gemüse wurden auch der – jederzeit zur Verfügung stehenden – getrockneten Spargelwurzel unterstellt.

Die Volksmedizin schätzte den Spargel zu allen Zeiten nicht allein für die eben erwähnten Anwendungsbereiche, sondern darüber hinaus bei Steinleiden aller Art, Herzklopfen, Husten mit blutigem Auswurf, Rheumatismus und Gicht, Milz- und Leberleiden. Er war ein Allheilmittel, mit dem einerseits männliche Potenz zu steigern, andererseits unerwünschter Kindersegen zu vermeiden waren. Als Kontraindikation erwähnt einzig Hieronymus Bock in seinem Werk „Von der kreuter vnderscheid" bei jungen Spargeln: „... doch stetigs genossen / schwecht die gebärende Natur."

Von spargao (griech.) = „ich sprosse" rührt der Name der Pflanze. Asparagos bedeutet „der Nichtgesäte", weil man den Spargel schon im Altertum in Gärten durch Stecklinge vermehrte. Von der Verkleinerungsform des lateinischen „asparagus" leitet sich unser Name „Spargel" ab.

Die genaue wissenschaftliche Bezeichnung lautet „Asparagus officinalis L.". Die botanische Benennung „officinalis" weist darauf hin, daß der Spargel wegen seiner therapeutischen Eigenschaften vor Hunderten von Jahren in Klöstern und Medizingärten angebaut wurde.

Medizinische Verwendung fand das „Zaubermittel" Spargel in beinahe allen sei-

Kurt Sauer, „Asparagus rex", 1984 (Deutsches Spargelmuseum Schrobenhausen).

nen Bestandteilen: im Samen, den Sprossen, den Wurzeln, im Kraut, frisch oder gedörrt, ausgepreßt, gesotten und getrunken.

Die toxische Wirkung der roten, beerenartigen Früchte des Spargels findet bei den alten Kräuterkundigen nirgends Erwähnung, sieht man einmal davon ab, daß Hieronymus Bock die volkstümliche Bezeichnung der „roten corallen" mit dem Hinweis angibt: „So bald die hohe Spargen stengel / die roten corallen zwischen den zerschnitzte Fenchel blettern gewinen / nent man sie im gaw Teüffels drauben." Und Teufelstrauben hieß man ja wohl nur Früchte, die „des Teufels", also unbekömmlich, waren.

Noch ein Wort zur Botanik:

Der Spargel gehört zur Familie der Liliengewächse (Liliaceae); nahe Verwandte von ihm sind Maiglöckchen, Salomonsiegel, Einbeere, die Herbstzeitlose, aber auch Zwiebeln und Porree, also sowohl Pflanzen unserer heimischen Wiesen und Wälder als auch alte Kulturpflanzen der Gärten.

In der Regel ist der Spargel zweihäusig, es gibt also männliche und weibliche Pflanzen, die in einem durchschnittlichen Bestand normalerweise in gleichem Verhältnis auftreten. Einhäusige Pflanzen mit getrennten weiblichen und männlichen Blüten auf einer Pflanze kommen gelegentlich ebenso vor wie zwittrige Blüten, die männliche und weibliche Geschlechtsorgane vereinen.

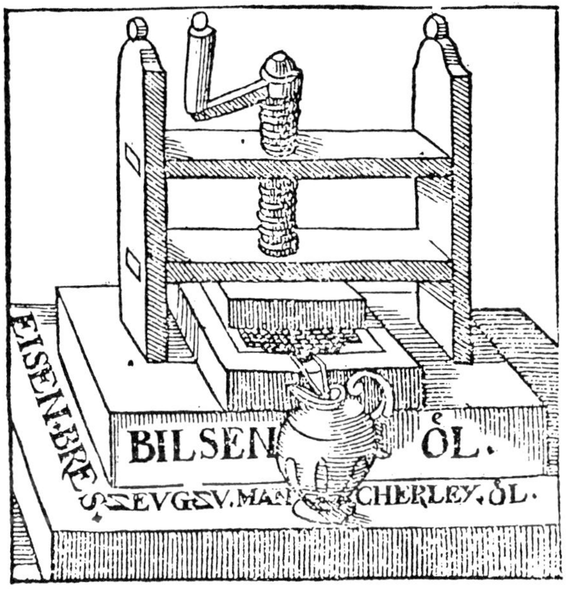

Vertikalpresse, u. a. zum Auspressen des frischen Spargels (aus: „Von der Kreüter unterscheid ..." des Hieronymus Bock, Straßburg, Ausgabe 1577).

Seit mehr als 2000 Jahren Spargelanbau

Beim Spargel handelt es sich um eine echte mehrjährige Staude, deren fleischiges, stark bewurzeltes Rhizom am Boden kriecht, dort überwintert und hohe Kältegrade ohne Schaden übersteht. Die oberirdischen Teile sterben im Herbst ab und treiben im Frühjahr wieder aus. Spargel wächst einseitig: Er bildet Knospen nur nach einer Seite hin aus, um an der anderen Seite allmählich abzusterben. Deshalb ist beim Pflanzen die Wuchsrichtung zu berücksichtigen, damit vermieden werden kann, daß die Pflanzen später seitlich aus den Reihen herauswachsen. Ausnahmen bilden gelegentlich auftretende rundköpfige Typen.

Seit mehr als 2000 Jahren werden Spargeln in erster Linie aufgrund ihrer Ernährungswerte und ihrer medizinischen Bedeutung angebaut. Als Delikatesse gewannen sie erst später Bedeutung. Der bekannteste Spargel ist heute der Gartenspargel, dessen Triebe als Gemüse verzehrt werden. Weil Spargel wenig Eiweiß, Fett und Kohlenhydrate enthält, ist er ausgesprochen kalorienarm, jedoch dank seiner Fasern reich an Ballaststoffen, die den Körper nicht belasten. Diese kalorienarmen Ballaststoffe sind als Ausgleich zu der heutzutage oft zu konzentrierten Ernährung besonders wertvoll. Hinzu kommt sein hoher Gehalt an ätherischen Ölen, basischen Bestandteilen, den Vitaminen B und C, Provitamin A, einer Vorstufe des Carotins, und schließlich den Mineralien Kalium, Calcium, Eisen und Magnesium. Nicht zu unterschätzen sind seine stickstoff- und schwefelhaltigen Stoffe, auch sein Anteil an Citronen- und Apfelsäure, die stark harntreibend wirken.

Vom „Zauber" des Spargels ...

Darüber, daß man dem Spargel schon in vorchristlichen Zeiten die Rolle eines stark wassertreibenden, heilkräftigen Nierenmittels zuschrieb, unterrichtet uns Dioscurides; nach ihm fanden auch die als Amulett umgehängten Spargelsprossen bei Frauen als wirkungsvolles Verhütungsmittel Verwendung ... Hier wie auch bei der universellen, wenngleich wissenschaftlich verbrämten Anwendungsweise im Mittelalter und während der Renaissance tritt die Einschätzung der Spargelpflanze als Zaubermittel deutlich hervor, um so mehr überrascht es dann immer wieder, wie sachlich richtig und nüchtern andererseits Indikation für und Therapie mit Asparagus officinalis L. in den gleichen Quellen beurteilt werden. Doch finden sich diese beiden Seiten – exakte Ver-

Wenig charmant, aber hochberühmt: Leonhart Fuchs (1501–1566), Verfasser des „New Kreuterbuch“, Basel 1543.

ordnung und Phantasieanwendung – gleichermaßen bei anderen Kräutern und Wirkstoffen in jenen alten Tagen.

Zum Zaubermittel sei noch gesagt, daß Leonhart Fuchs dem Spargel in seinem 1543 zu Basel erschienenen „New Kreüterbuch“ sogar neutralisierende Wirkung von Giften zuschreibt: „in Wein aber gesotten / bekombt sie (die Wurzel) wol denen so vo den gifftigen thiern gebissen seind.“

Fuchs widmet auch einem Tatbestand Erwähnung, der ebenso bei Jakob Theodor Tabernaemontanus, dem Kurfürstlichen Pfalz-Medicus, in dessen „Neuw vollkommentlich Kreüterbuch“ angegeben wird: der Förderung der Monatsblutung, die Tabernaemontanus mit dem poetischen Ausdruck seiner Zeit „Monatblumen“ belegt, während Fuchs dies mit dem wenig liebenswürdigen Ausdruck „Blödigkeit“ umschreibt: („Die wurtzel und same ... Bringen den frawen ihre bloedigkeyt / und mehren den lust zu den weibern.“) Letztere, aphrodisierende Wirkung des Spargels nennt auch der Kurfürstliche Medikus: „Nimb Spargenwurtzel und Pfefferkümmel / jedes gleich viel. Stoß diese beyde zu einem subtielen Pulver / vnd gib darvon eins quintleins schwer mit fürnen wein zu trincken / es hilfft bald. Gemeldte Arzeney fürdert auch die ehelichen Werck.“

Das „Blutreinigungsmittel“ par excellence

So unterschiedlich und mannigfaltig die genannten Anwendungsgebiete bei den diversen Kräuterkundigen und „studierten Doctorn“ jener Zeit auch waren, einheitlich findet sich immer wieder die medizinische Wirkung von Spargelsprossen und -wurzel als Diuretikum und Blutreinigungsmittel. Als Hausmittel war Spargel durch die Jahrhunderte hindurch stets in Gebrauch bei Wassersucht, bei allen Nieren- und Blasenerkrankungen, bei Nieren-, Leber- und Gallensteinen, bei Gelbsucht, Herzklopfen, Gicht, Harnzwang, Harnverhaltung, Harnwinden, Rheumatismus, Hämorrhoiden, Ruhr, Lungenleiden, Magenschwäche, Koliken, Milzkrankheiten. Mehrfach bemerken die alten Autoren die angenehme Wirkung bei Zahnweh, wobei in einem Fall die in Wein gesottene Wurzel, in einem anderen der Saft des Spargelkrauts als Medikament empfohlen werden.

Bei Hippokrates galt Spargel als stopfendes Mittel. Wahrscheinlich handelte es sich dabei um die Wurzel.

Auch Lonicerus bezeichnet ihre dienliche Wirkung bei „roter Ruhr und Harnwinden“, während die Spargelsprossen von ihm als den Bauch erweichend, expektorierend und diuretisch gerühmt werden.

Van Haller rechnet die Wurzel unter die „fünf großen eröffnenden Wurzeln“ und gibt sie als Blutreinigungsmittel, die Sprossen dagegen bei Nierenverschleimung und Nierengrieß. Eine Spargeltinktur empfiehlt Jeaffreson als sehr wirksames Diuretikum.

Bei Hautwassersucht, chronischen Exanthemen, insbesondere Milchschorf, bei Gicht und Rheumatismus verordnete Clarus den Spargel.

Als Kontraindikation wird mehrfach Podagra genannt: Dieses Leiden würde eventuell durch die vom Spargelgenuß induzierten neuen Anfälle verschlimmert. Der Urin nimmt nach Spargelgenuß einen charakteristischen Geruch an, der nach Kroeber u. a. von dem darin enthaltenen Asparagin herrührt. Nach den Erfahrungen von Crouel wird dieser Geruch nicht durch das Asparagin, sondern durch eine flüchtige Substanz hervorgerufen, welche keine Vermehrung der Harnausscheidung bewirkt, wohl aber eine Vermehrung der Miktionen durch eine reizende Wirkung auf das Epithel der Harnorgane. Leclerc erwähnt dann die Beobachtungen von van Helmont, nach welchen durch längeren reichlichen Genuß von Spargel Nierensand und -steine mit starken Schmerzen aufgetreten seien. Weiter zitiert er Lobb, der dem Spargelsaft umgekehrt die Fähigkeit zuspricht, Nierensand und -steine wieder aufzulösen. Die Mehrzahl der heutigen Autoren raten nach ihm von dem Gebrauch des Spargels ab, wenn die Harnverhaltung auf entzündliche Zustände der Nieren zurückzuführen ist. In allen sonstigen Fällen gilt die Spargelwurzel als gutes Diuretikum.

In gleicher Weise erwähnt auch Meyer den Spargel als gut wirkendes Diuretikum und warnt vor der Verordnung bei Nierenreizungen. Weiter schreibt er, daß Spargelsamen pulverisiert in Gaben von ⅓ bis 1 g mehrmals täglich in manchen Gegenden benutzt wird, um hartnäckiges dauerndes Erbrechen zu stillen. Auch soll nach ihm der Samen auf den Magen-Darm-Kanal eine beruhigende Wirkung, ähnlich der des Kümmels, ausüben. Aufgüsse der Spargelsprossen werden gegen chronisches Ekzem verwandt.

Spargel kann aber auch unangenehme Seiten haben ...

Frischer Spargel kann als Allergen wirken: Bei entsprechend disponierten Personen treten Reizwirkungen auf Haut, Nase, Augen, Luftwege nach Spargelschälen oder bei Berührungen mit dem Spargelsaft auf. Dies kann sogar zu regelrechten Asthmaanfällen führen. Die Natur des Allergens ist bisher nicht bekannt. Bei manchen Personen ist die Idiosynkrasie gegen Spargel so ausgeprägt, daß schon das Berühren der rohen Pflanze Nebenwirkungen hervorruft. Ausführlich über diese Spargeldermatitis berichtet Touton. Sternthal, ein Braunschweiger Arzt, untersuchte 37 Jahre lang die Überempfindlichkeit gegen Spargel in 60 großen und mittleren Konservenfabriken seiner Umgebung. 1914 häuften sich die Fälle der sogenannten „Spargelkrätze“ dergestalt, daß das Gewerbeaufsichtsamt einschritt und vorschlug, alle empfindlichen Frauen und Mädchen von der Bearbeitung des Spargels auszuschließen. Im Kreisärztlichen Gutachten wurde damals vermerkt, daß man keinerlei Anhaltspunkte für die Empfindlichkeit von Konstitutionen, Alter oder Geschlecht abhängig machen könne.

Die Schutzpatrone der Ärzte und Apotheker, St. Kosmas mit dem Harnschauglas und St. Damian mit Salbenbüchse und Spatel (aus: „Feldtbuch der Wundartzney“ des Hans von Gersdorff, Straßburg 1517).

Um gleich bei den unangenehmen Seiten des Spargels zu bleiben, sei nochmals auf die giftigen roten Früchte eingegangen. Vermutlich ist die toxische Wirkung der erbsengroßen, ziegelroten Beeren Saponinen zuzuschreiben. Deren Toxizität wird allerdings als gering eingestuft. So treten beim Verzehren der Spargelbeeren allenfalls leichte Beschwerden auf, die lediglich eine symptomatische Therapie erfordern dürften. Letzteres gilt auch für die Spargel-Dermatitis.

Und dies ist Spargel heute medizinisch wert . . .

Während die Volksmedizin auch außerhalb Deutschlands den Spargel als Heilpflanze in der Vergangenheit einsetzte und teils heute noch verwendet – in Italien gegen Rheumatismus bei Kindern, in der Steiermark als Diuretikum und Aphrodisiakum, in Ungarn als Diuretikum, gegen Nierensteine, Gelbsucht, Leber-, Milz- und Lungenleiden, Vertigo und Zahnschmerzen –, gilt für seine Anwendung in der Praxis aufgrund der Literatur und einer Rundfrage das Folgende:

Die harntreibende Wirkung des Spargels half seit den Anfängen der Medizin bei der sog. „Harnschau", durch die eine genaue Analyse der Krankheiten ermöglicht werden sollte. Die Abbildung aus dem „Hortus sanitatis" des Jacob Meydenbach, Mainz 1491, zeigt Ärzte in einer Apotheke bei dieser „Harnschau". Im Vordergrund Patienten mit Körben für Harngläser.

Asparagus wird als Diuretikum gegen Hydrops (auch kardialen), Blasen- und Nierenleiden (Retentio urinae, Cystitis, Blasengrieß, Blasen- und Nierensteine), Arthritis urica und Rheuma verordnet. Auch in der Homöopathie wird Asparagus vielfach gebraucht. So hat Janke mit Asparagus D 2 zwei chronische Blasenleiden bei Männern mit Erfolg beseitigt. Auch gegen Herzbeschwerden, insbesondere wenn diese mit schwachem Puls verbunden sind, Prostatahypertrophie, Diabetes, Impotenz (nicht ununterbrochen), Milz- und Leberleiden und Hautunreinheiten wird Asparagus verwandt. Als Wechselmittel werden Sabal serrulata und Cubeba gebraucht.

Dennoch kommt M. Pahlow in seinem „Großen Buch der Heilpflanzen" zu dem Ergebnis: „Man kann den Gemüsespargel schwerlich als echte Heilpflanze bezeichnen, wenngleich er diese Rolle früher durchaus gespielt hat. Heute hingegen ist er eine Delikatesse. Wenn man Nervenkranken zu einer Spargelkur rät, wenn man Übergewichtige im Frühling mit Spargel ‚füttert', dann ist das wohl mehr ein Vergnügen als eine richtige Kur. Aber man muß auch dem Gemüsespargel bescheinigen, daß er die Zelltätigkeit der Nieren steigert und die Wasserausscheidung fördert. Weil er auch eine Abführwirkung hat, ist der Gemüsespargel ein hervorragendes ‚Blutreinigungsmittel'. Für arzneiliche Zwecke verwendet man hauptsächlich die Wurzel. Diese ist, selten zwar, Bestandteil verschiedener Teemischungen gegen Blasen- und Nierenbeschwerden. Einen Tee aus reiner Spargelwurzel verwendet man jedoch sehr selten." Bei einer Begrenzung der Spargelkur respektive Spargeldiät auf etwa zehn Tage sind laut Pahlow keinerlei Nebenwirkungen zu befürchten.

Selbst in der modernen Literatur findet man, von den üblichen Anwendungsgebieten abgesehen, noch Hinweise auf gute Resultate bei Krankheiten des Nervensystems wie Ischias, Nervenentzündungen und Lähmungen. Bei letzteren wird die in Wein gekochte Wurzel empfohlen, deren Absud zur äußerlichen Massage verwendet wird. Auch in Öl gekochte Wurzeln werden als gutes Mittel hierfür bezeichnet.

Was ihn für die obengenannten Spargelkuren in der Tat interessant macht, ist die Tatsache, daß Asparagus den Grundumsatz um 15 bis 30 Prozent erhöht, also nicht nur selbst kalorienarm und damit wenig belastend ist – welches Gemüse, welches Nahrungsmittel überhaupt besteht schon zu 94 Prozent aus Wasser –, sondern substanzabbauend wirkt; die Verbrennungsvorgänge im Organismus werden forciert. Wegen seines geringen Kohlenhydratgehalts von nur drei Prozent ist Spargel als Nahrungsmittel für Diabetiker hervorragend geeignet: Der Zuckerkranke kann 400 Gramm Spargel essen und belastet seinen Körperhaushalt dabei nur mit einer einzigen Broteinheit (1 BE).

Auch der Übergewichtige kann Spargel unbedenklich genießen: Der Sättigungseffekt des delikaten Gemüses ist ausgezeichnet, dabei haben 100 Gramm Spargel nur 21 Kalorien oder 90 Joule. Spargel enthält 1,6 Prozent Eiweiß, so gut wie kein Fett (0,2 Prozent) und überhaupt kein Cholesterin. Das hat zur Folge, daß der Genuß von Spargel bei sämtlichen Blutfettkrankheiten eine Entlastung darstellt. Sein guter diätetischer Einfluß auf den Bluthochdruck hat mit seiner stark entwässernden Wirkung zu tun, die zum einen mit der Nierenanregung durch die Asparaginsäure zusammenhängt, zum anderen mit seinem extrem günstigen Kalium-Natrium-Verhältnis (210 mg Kalium bei 4 mg Natrium). Letzteres bedeutet einen zusätzlichen wassertreibenden Effekt.

Selbst der gelegentlich geäußerte Vorwurf, Spargel würde Gicht – speziell die Gicht der Großzehe, das Podagra – fördern, ist nur teilweise berechtigt. Mit 30 mg/100 g Harnsäuregehalt liegt der Asparagus officinalis L. im hinteren Feld der harnsäurehaltigen Gemüsearten, so daß sein dosierter Genuß – bis zu einem Pfund – auch bei Personen mit Harnsäureproblemen noch zu verantworten ist, unter der Voraussetzung aber, daß eine ausreichende Flüssigkeitszufuhr gewährleistet ist, die mindestens der ausgeschiedenen Flüssigkeitsmenge entspricht. Durch die vermehrte Wasserausscheidung und die Alkalisierung des Harns wird eine gute und sofortige Wiederausscheidung der Harnsäure gewährleistet.

Insgesamt kann resümiert werden, daß Spargel unter den verschiedensten Aspekten für Korrekturen am Gesundheits-Stoffwechsel gut geeignet ist. Unter dieser Prämisse kann man ihn wohl doch, trotz Pahlows gegensätzlicher Aussage, auch heute noch unter die Heilpflanzen rechnen.

Ein altes Rezept

Seine gute Wirkung bei Steinleiden, besonders im Blasen- und Nierenbereich, kannten ja schon die Alten, und sie ist nach wie vor unbestritten. So sei zum Ausklang unserer Betrachtung nochmals ein altes Kräuterbuch zitiert, nämlich wieder das des „Churfürstlichen Pfalz-Medicus“ Jakob Theodor Tabernaemontanus, der besonders das „Spargenwasser“ bei besagten Leiden empfiehlt:

„Das Spargenwasser sol insonderheit von denen gebraucht werden / die zum Grieß / Stein und Lendenwehe geneigt seindt / dann es / treibt das Grieß vnnd den Stein hinweg / deßgleichen auch den Schleim darvon der Stein wächst . . .“

Natürlich gibt Tabernaemontanus vorab auch das Rezept an, nach dem Spargelwasser gewonnen wird und das unsere Exkursion beschließen soll:

„Die beste Zeit das Spargenwasser zu destillieren / ist im Herbst wann es die roten Beerlein hat / sol man das Kraut mit den Wurtzeln vnnd Beerlein klein hacken / darnach in Balneo Mariae sänfftiglich abziehen / folgends zu einer jeden massen deß gedörrten Krauts mit der Wurtzeln vnnd den Beerlein grobschlecht gestossen thun / vnnd 34 Stunden in Balneo Mariae erbeytzen lassen / darnach zu andernmal destillieren vnd eine zeitlang in die Sonn setzen.“

Botanik des Spargels

Spargelpflanze

Standort: Bevorzugt sandige Böden (Äcker, Schuttplätze, Weinberge, Dämme)

Habitus:
- 30 bis 150 Zentimeter hohe, diözische (zweihäusige) Pflanze
- männlich meist gedrungener und dichter als weiblich
- mit holzigem Rhizom (Wurzelstock) im Boden verankert
- fingerdicke, weiße, blaurötlich überlaufene, fleischige, saftige Sprossen, nach oben treibend
- Sprossen mit spiralig gestellten Schuppenblättchen besetzt
- Sprossen entwickeln sich später zu 1,5 Meter hohen, starken grünen Stengeln, deren Zweige mit Fiederblättchen besetzt sind
- Sprossen des dritten Jahres gelangen erst zur Blüte

Blüte: Blütenstengel: aufrecht, kahl, glatt, Stengelglieder 3 bis 5 Millimeter lang, weißliche, grünliche, gelbe, trichterförmig hängende Blüten

Fruchtform: erbsengroße, ziegelrote, kugelige Beeren mit schwarzem Samen

Spargel: Als Spargel bezeichnet man die fleischigen, saftigen, weißlichen, grünlichen oder blaßroten Sprossen (Pfeifen), die sich im Frühjahr aus dem holzigen Wurzelstock entwickeln.

Spargelarten: Asparagus officinalis L. Liliaceae (HAB 34, HPUS 64)
zwei Spielarten: 1) mit grünlichen Sprossen
2) mit weißlichen Sprossen
Asparagus officinalis, Species Radicum (Portugal 1896)
Asparagus ascendens (Indien)
Asparagus ludicus (Formosa, China, Japan)
Asparagus burkei (Südrhodesien)

Verwendete Pflanzenteile:

		lat. Bez.	**Arzneiform**
a) arzneilich bzw. Homöopathie	Wurzel	Radix	Tinktur
	Sproß, jung	Turiones	Tinktur
b) Volksheilkunde	Wurzel	Radix	Tinktur
	Sproß, jung		Tinktur Saft/Sirup Abkochung
	Kraut	Herba	
	Samen	Semen	Pulvis (0,5–1 g)

früher offizinell: Radix Asparagi (heute noch offizinell in Portugal, Frankreich, Spanien, Italien)
≙ Rhizana Asparagi ≙ Radix Altricis
Der im Herbst gesammelte Wurzelstock mit Wurzeln.
Ersterer fingerdick, horizontal verlaufend, mit Stengelnarben besetzt.
Frisch weißlich, saftig; getrocknet hart und grau, Wurzeln schmutzig weiß.

Inhaltsstoffe der arzneilich verwendeten Pflanzenteile

	Wurzel November	junger Sproß Febr.–April	Wurzelstock
Aminosäuren	Asparagin Arginin (wenig) Tyrosin	Asparagin Arginin Tyrosin	
Proteine	–	–	Proteine
Kohlenhydrate	Saccharose (Rohrzucker)	Saccharose	Saccharose
	Invertzucker (Fructose/ Glucose)	–	Invertzucker
	Mannane	–	
	Pentosane	Pentosane	
	Galaktane	–	
	Arabinose	–	
	Asparagose (Fructose 97 T Glucose 3 T)	Asparagose* (Fructose 97 T Glucose 3 T)	Asparagose
	Pseudoasparagose	Pseudoasparagose	Pseudoasparagose
		Mineralstoffe (kaliumreich)	Mineralstoffe
		Vitamine A, C	
Citratsäurecyclus	Bernsteinsäure	Bernsteinsäure	
Saponine	(Sapogeninsteroid Sarsapogenin)	Diosgenin, Jamongenin, Sarsapogenin	
Flavonoide	Rutin		
Fettes Öl	–	Fettes Öl	
Ätherisches Öl			
Fett		Fett	Fett
Cholin			
Fasern		Rohfasern	Rohfasern
H_2O (wenig)		H_2O 93–95%	wenig H_2O
		Arsen in Spuren	
		Koniferin	
		Vanillin	

* Nach Jahreszeit

Dosierung
3 bis 4 Eßlöffel Saft (Kaltauszug mit 1 l H_2O/60 g Spargel), 2 Tropfen Tinktur
Homöopathie: die D1; 3 × tägl. 10 Tropfen

„Gar große Kräfte sind's, weiß man sie recht zu pflegen,
die Pflanzen, Kräuter, Stein in ihrem Innern hegen."
(Shakespeare, in: „Romeo und Julia")

Asparagus und Justitia

Kaum eine andere Pflanze unterfällt einer derart differenzierten Einteilung, Unterscheidung und Normierung wie der Spargel. Seine Länge, sein Gewicht, sein Aussehen, der Preis, die Behandlung, sein Verkauf und vieles mehr wurde und wird in Gesetzen, Verordnungen, Erlassen, Dekreten, Richtlinien und sonstigen Normen geregelt.

So ist die erste bekannte „Spargelhöchstpreis-Bestimmung" mittels eines Dekretes durch Kaiser Diocletian im Jahre 304 n. Chr. zur Eindämmung der Wucherpreise, die damals im Römischen Reich verlangt wurden, getroffen worden.

Jahrhunderte später waren es dann zunächst die „Wettbewerbsverhindernden Marktordnungen" einzelner Städte und Herzogtümer, wie etwa im Jahre 1768 das Verbot für die Söflinger Spargelbauern, in Ulm am Markt teilzunehmen, verbunden mit der Verpflichtung, ihre Spargelstöcke zu beseitigen. Besonders ausgeprägte Marktordnungen erließ die Stadtgemeinde Schwetzingen. Nach der Erstfassung vom 18. 4. 1895 waren nur „frisch gestochene Spargeln von Spargelbauern des Amtsbezirks" zum Verkauf zugelassen, Händlern hingegen das Feilbieten der Stangen strengstens untersagt. Weiter wurde Betrugsstrafe demjenigen angedroht, der das „angegebene Gewicht auf Treue und Glauben" nicht einhielt. Bereits sieben Jahre später erließ der fortschrittliche Gemeinderat eine erweiterte Marktordnung, in der unter § 4a die Klassifizierung des Spargels eingeführt und gleichzeitig bestimmt wurde, daß „Spargeln 1. Klasse" offen verkauft werden mußten. Als erstklassig galten „Spargeln von weißer Farbe, von denen bei einer Länge von etwa 22 Centimeter nicht mehr als 18 Stück auf 1 Pfund" gingen.

Die „Spargelmarktordnung" der südwestdeutschen Metropole sollte in späteren Jahren noch manche Ergänzung und Änderung erfahren, so mit der Ortspolizeilichen Vorschrift vom 22. 5. 1916, der Neubekanntmachung vom 10. 3. 1927, abgelöst durch die Polizeiverordnung über den Markt- und Messeverkehr mit Wirkung ab 1. Januar 1957.

Ein anderer Anlaß für den Erlaß von Verordnungen waren die im gleichen Maße wie der Spargelanbau zunehmenden und oft verheerende Wirkungen bringenden Schädlinge „Spargelfliege" und „Spargelrost".

So erließ die Freie und Hansestadt Lübeck am 9. Oktober 1900 eine Verordnung, die inhaltlich auch vom Herzogtum Braunschweig kurze Zeit später (1902) in das „Gesetz, betreffend die Bekämpfung der Spargelschädlinge" übernommen wurde. Bei Verstößen gegen die strengen Vorschriften wurde Geldstrafe bis zu 150 Mark oder Haft bis zu sechs Wochen angedroht.

Die gleiche Thematik behandelte eine 1938 veröffentlichte „Verordnung zur Bekämpfung des Spargelrostes". Neben hoheitlich diktierten Regeln entwickelten die Erzeuger, Händler und Konservenhersteller eigene Bestimmungen zur Vereinheitlichung und Vereinfachung der Geschäfte. Beispielsweise in den 30er Jahren die „Bedingungen für den gemeinschaftlichen Absatz von Spargel aus mitteldeutschen und anderen Anbaugebieten auf westdeutschen Absatzplätzen" oder die „Sortierungs- und Verpackungsbestimmungen", enthalten in der „Bekanntmachung der Hauptvereinigung der deutschen Gartenbauwirtschaft über Reichseinheitsvorschriften für die Sortierung und Kennzeichnung von Obst und Gemüse" vom 23. 5. 1940, ergänzt mit Bekanntmachung vom 30. 3. 1942.

Diese Vorläufer der heutigen Handelsklassen, die ihren Ursprung beim Spargel rund 100 Jahre früher mit dem Aufblühen der Konservenindustrie hatten, waren während der Kriegs- und Nachkriegszeit untergegangen und fanden auch dann keine Beachtung mehr, als sie mit einer Anordnung der Verwaltung für Ernährung, Landwirtschaft und Forsten vom 6. Juli 1948 über die Marktregelung von Gartenbauerzeugnissen neuerlich veröffentlicht wurden.

Erstmalig 1950 folgten wieder Sortierungsvorschriften durch die Arbeitsgemeinschaft Gartenbau, von der sie der Wirtschaft zur Anwendung empfohlen wurden. Diese in den folgenden Jahren verschiedentlich verbesserten Sortierungsvorschriften dienten zusammen mit den einschlägigen Bestimmungen anderer Länder als Arbeitsunterlage für die Sachverständigenbesprechungen, die zur Verordnung vom 21. Juli 1953 und sodann zu der „Verordnung über gesetzliche Handelsklassen für frisches Obst und Gemüse" vom 3. Juli 1955 führten. Diese nur zwei Jahre nach der erstmaligen Einführung gesetzlich normierter Handelsklassen bekanntgemachte Neuverordnung war erforderlich geworden, da sich die Wirtschaft der im Jahre 1953 zunächst der freiwilligen Anwendung empfohlenen Verordnung nur insoweit bediente, als auf einer Reihe von Großmärkten die Erzeugnisse zwar nach den Handelsklassenbestimmungen sortiert, jedoch nicht als Handelsklasse in den Verkehr gebracht wurden. Man wollte sich u. a. nicht den Haftungsvorschriften des § 3 des Gesetzes über gesetzliche Handelsklassen für Erzeugnisse der Landwirtschaft und Fischerei vom 17. 12. 1951 aussetzen, das die Rechtsgrundlage für die Handelsklassenverordnung darstellte.

Die Einführung der Handelsklassen, von fortschrittlichen Spargelanbauern längst auch ohne Gesetz schon Mitte des 19. Jahrhunderts „entdeckt", wurde vom Bundesministerium für Ernährung, Landwirtschaft und Forsten, dem der spätere Bundespräsident Heinrich Lübke vorstand, wie folgt begründet: „Die Einführung verbindlicher Handelsklassen verspricht Auswirkungen, die vom volkswirtschaftlichen und vom volksgesundheitlichen Standpunkt gleichermaßen erwünscht sind.

Die Handelsklassen sollen zur Steigerung der Erzeugung, der Güte und des Absatzes dienen. Das beinhaltet, daß sie die Rationalisierung, die Produktivität und den Leistungswettbewerb fördern und zur Verbrauchssteigerung beitragen sollen.

Den Erzeuger sollen sie zur Qualitätserzeugung anspornen, ohne die er im internationalen Wettbewerb nicht bestehen kann. Dem Handel sollen sie den Ein- und Verkauf erleichtern. Durch Ausschaltung von Verlustquellen sollen es die Handelsklassen leichter machen, Preisvergleiche anzustellen und das günstigste Angebot auszuwählen. Nicht zuletzt wird erwartet, daß mit der Ausbreitung der Handelsklassen die leider bislang noch häufig anzutreffende „Spiegelung" (die Unsitte, die wahre Beschaffenheit durch eine obenliegende Schicht guter Ware zu verdecken), aufhören wird. Das dadurch gefestigte Vertrauen und Wohlwollen des Käufers wird sicherlich ganz wesentlich zur Steigerung des Obst- und Gemüseverzehrs beitragen."

Unter diesen Aspekten fiel es dem damaligen Bundespräsidenten Theodor Heuss nicht schwer, dieses Gesetz zu verkünden und damit den Grundstein für spätere Erweiterungen und Verbesserungen, insbesondere aber für die heute gültigen „Spargel-Regeln“ zu legen: Sie sind nun verankert in der „Gemeinsamen Marktorganisation für Obst und Gemüse“, der EWG-Verordnung Nr. 1035/72 des Rates der Europäischen Gemeinschaften vom 18. Mai 1972 sowie in den Bestimmungen der Verordnung über Qualitätsnormen für Obst und Gemüse vom 9. 10. 1971.

Jedermann zugänglich gemacht werden diese „Spargel-Normen“ durch ein vom Verein für Land- und Hauswirtschaftlichen Auswertungs- und Informationsdienst e. V., Bonn, vorbildlich illustriertes Merkblatt „Klassifizierung von Spargel“, das keine Fragen offenläßt.

So schließt sich auch hier beim Verhältnis des asparagus zu Justitia, der Göttin des Rechts, wieder der Kreis zu den Römern. Deren berühmte Spargel aus Ravenna, wonach „3 Stück auf ein Pfund gegangen“ sein sollen, hätten sicherlich die Klasse „Extra“ erreicht. Auch wenn es sich dabei um etwas verholzten Grünspargel gehandelt hat. Denn „bei grünem Spargel ist eine beginnende leichte Verholzung zulässig“ . . .

Heinrich Wachinger, „Spargelfeld im Schnee“, 1984 (Deutsches Spargelmuseum Schrobenhausen).

Gesetz, betreffend die Bekämpfung der Spargelschädlinge „Spargelfliege und Spargelrost“.

§ 1. Die jungen Spargelpflanzungen mit Einschluß der dreijährigen Pflanzungen sind in den Monaten Mai bis August eines jeden Jahres allwöchentlich auf das Vorhandensein der Spargelfliege zu untersuchen. Ergibt sich dabei, daß Spargelpflanzen von der Fliege befallen sind, so sind diese bis „an die Krone“ abzuschneiden und sogleich an Ort und Stelle zu verbrennen. Die Vernichtung der befallenen Pflanzen muß spätestens bis zum 15. August in jedem Jahre ausgeführt sein.

§ 2. Das Spargelkraut aus sämtlichen Pflanzungen des Herzogtums ist im Herbste jeden Jahres und zwar spätestens bis zum 1. Dezember unmittelbar an der Erdoberfläche abzumähen oder abzuschneiden und danach an Ort und Stelle zu verbrennen. Es ist verboten, Spargelkraut oder Teile desselben (einschließlich des sogenannten „Samenstrohes“) vom Felde zu entfernen. Ausgenommen sind nur die Beeren zur Samengewinnung mit der Maßgabe jedoch, daß die Gewinnung auf dem Spargelfelde selbst vor sich zu gehen hat.

§ 3. Spargelkrautteile, welche nach Ausführung der in § 2 vorgeschriebenen Maßnahmen noch auf dem Spargelfelde verbleiben, sind gründlich mit Erde zuzudekken.

§ 4. Die Verpflichtung zur Ausführung der in diesem Gesetze vorgeschriebenen Bekämpfungsmaßregeln liegt den Eigentümern bezw. Nutznießern oder Pächtern der zum Spargelbau hergerichteten Grundstücke ob.

§ 5. Die Ueberwachung der Ausführung dieses Gesetzes wird den in Gemäßheit des Gesetzes vom 25. Juni 1879, Nr. 36, die Vertilgung der Seidenpflanze betreffend, bestellten Kommissionen übertragen. Diese haben sich insbesondere durch von Zeit zu Zeit vorzunehmende Besichtigungen der Spargelpflanzungen von der Befolgung der gesetzlichen Vorschriften zu überzeugen, Säumige zur Erfüllung ihrer Verpflichtungen anzuhalten und im Unterlassungsfalle zur Bestrafung zu bringen. Neben den Kommissionen haben die Ortspolizeibehörden bezw. die Gemarkungspolizeibeamten die Ausführung des Gesetzes zu überwachen.

§ 6. Wer den Vorschriften dieses Gesetzes zuwiderhandelt, wird mit Geldstrafe bis zu 150 Mark, im Unvermögensfalle mit Haft bis zu 6 Wochen bestraft. Außerdem hat der Säumige zu gewärtigen, daß die Ausführung der zur Bekämpfung der Spargelschädlinge erforderlichen Maßnahmen auf seine Kosten durch die Ortspolizeibehörde oder den Gemarkungspolizeibeamten verfügt wird und die erwachsenen Kosten im Wege des Verwaltungszwangsverfahrens von ihnen eingezogen werden.

Braunschweig, 1902

Spargelmarktordnung der Stadtgemeinde Schwetzingen

§ 1

In Schwetzingen finden in den Monaten April, Mai und Juni auf den Schloßplanken Spargelmärkte statt. Die Märkte beginnen täglich nachmittags ½6 Uhr, an Sonn- und Feiertagen eine halbe Stunde früher. Die Marktzeit beträgt eine Stunde.

§ 2

Zugelassene Gegenstände des Marktverkehrs sind ausschließlich frisch gestochene, ungewässerte Spargeln von Züchtern des Amtsgerichtsbezirks Schwetzingen.

Händlern ist jeder Verkauf von Spargeln auf dem Spargelmarkt und dessen nächster Umgebung verboten, ferner ist ihnen der Ankauf von Spargeln erst 30 Minuten nach Beginn des Marktes gestattet.

Der Beginn des Marktes wird durch Aufstecken einer Fahne angezeigt. Nach deren Einziehen ist der Marktverkehr allgemein freigegeben.

§ 3

Nach näherer Anordnung der Marktpolizei ist die Aufstellung der Verkäufer von

Schwetzingen und den übrigen Gemeinden an den Verkaufsständen eine getrennte.

§ 4.

Die Spargeln kommen auf den Tischen nach folgender Anordnung zur Auflage:
1. Reihe nach der Käuferseite: 1. Sorte,
2. Reihe nach der Käuferseite: 2. Sorte,
3. Reihe nach der Käuferseite: 3. Sorte (Suppenspargeln).
Vor Beginn des Marktes sind die Spargeln abzudecken.

§ 5

Die Spargeln kommen offen oder in Bündeln zu 500 Gramm zum Verkauf. Als Spargeln 1. Sorte gelten nur solche von weißer Farbe, es dürfen nicht mehr wie 12 Stück auf ein Pfund gehen. Die normale Länge beträgt 22 cm.

Hohle oder zerbrochene Spargeln dürfen weder in Bündeln noch offen als Spargeln 1. oder 2. Sorte feilgehalten werden.

§ 6

Soweit die Verkaufsplätze nicht versteigert sind, sind für die angewiesenen Verkaufsplätze die festgesetzten Gebühren zu bezahlen.

§ 7

Das Mitbringen von Hunden auf den Markt – auch an der Leine – ist verboten.

§ 8

Zuwiderhandlungen gegen diese Marktordnung werden auf Grund des § 149 Ziffer 6 Gewerbeordnung mit Geld oder mit Haft bestraft, sofern nicht auf Grund anderer Gesetze eine höhere Strafe verwirkt ist.

Unbeschadet einer Bestrafung können Spargeln, die den Bestimmungen der §§ 2 und 5 der Marktordnung nicht entsprechen, gemäß § 367 Ziffer 7 und Schlußsatz Reichsstrafgesetzbuch eingezogen werden.

§ 9

Diese Vorschrift tritt am 1. April 1927 in Kraft. Auf den gleichen Zeitpunkt tritt die ortspolizeiliche Vorschrift vom 20. März 1902 (Spargelmarktordnung) und die Ergänzung hierzu vom 22. Mai 1916 außer Wirksamkeit.

Schwetzingen, den 10. März 1927.
Der Bürgermeister

Verordnung des Deutschen Reiches zur Bekämpfung des Spargelrostes, 1938:

§ 1.

Die Nutzungsberechtigten von Spargelanlagen sind zur Bekämpfung des Spargelrostes verpflichtet.

§ 2.

Spargelkraut und seine Reste (Stubben) dürfen nicht von der Anbaufläche entfernt werden; die Beeren dürfen jedoch zum Zwecke der Samengewinnung auf der Anbaufläche geerntet und von ihr entfernt werden.

§ 3.

(1) Das Spargelkraut sämtlicher Spargelpflanzen (auch der einjährigen Anlagen und der Spargelzuchtbetriebe) ist bis spätestens 15. November[1] jeden Jahres unmittelbar am Boden abzuschneiden und unverzüglich an Ort und Stelle zu verbrennen.

(2) Die nach dem Abschneiden in der Erde verbliebenen Pflanzenreste (Stubben) sind im nächsten Frühjahr nach dem Herausgraben bis spätestens 25. April[1] zu verbrennen.

§ 4.

(1) Spargelpflanzungen dürfen in Gemeinden, in denen sich 2- oder 3jährige Spargeljunganlagen befinden, nicht neu angelegt werden; im übrigen muß die Entfernung einer Neuanlage von 2- oder 3jährigen Spargeljunganlagen mindestens 300 m betragen. Diese Vorschrift gilt nicht für Spargelzuchtbetriebe.

(2) Die untere Verwaltungsbehörde gibt in ortsüblicher Weise bekannt, für welche Gemeinde und Gebiete das Verbot des Absatz 1 gilt.

§ 5.

Während der Stechzeit ist es verboten, in stichreifen Anlagen Spargelstangen, auch wenn sie nicht die gewünschte Stärke haben, hochwachsen zu lassen. Diese Vorschrift gilt nicht für Spargelzuchtbetriebe.

§ 6.

In Junganlagen ist das Spargelkraut, das von dem Beauftragten des Pflanzenschutzamtes als stark verseucht bezeichnet worden ist, vom Nutzungsberechtigten sofort abzumähen und an Ort und Stelle zu verbrennen; Spargelkraut, das von dem Beauftragten des Pflanzenschutzamtes als schwach verseucht bezeichnet worden ist, ist nach den Weisungen des Beauftragten zu bespritzen.

§ 7.

Den Beauftragten des Pflanzenschutzamtes ist Zutritt zu allen Spargelanlagen zu gestatten und jede erforderliche Auskunft zu geben.

§ 8.

Die unteren Verwaltungsbehörden sind ermächtigt, nach Anhören des zuständigen Pflanzenschutzamtes im Bedarfsfalle anzuordnen, daß sämtliche wildwachsenden Spargelpflanzen bis spätestens 20. Juni jeden Jahres beseitigt werden müssen. Die Beseitigung kann durch Beauftragte des Pflanzenschutzamtes vorgenommen werden.

§ 9.

Wer den Vorschriften dieser Verordnung zuwiderhandelt, wird nach § 13 des Gesetzes zum Schutze der landwirtschaftlichen Kulturpflanzen bestraft[2].

Bedingungen für den gemeinschaftlichen Absatz von Spargel aus mitteldeutschen und anderen Anbaugebieten auf westdeutschen Absatzplätzen

Vermittlungsstellen

1. Sachlich beratende und unterstützende, aber materiell und geschäftlich nicht verantwortliche Vermittler des geplanten gemeinschaftlichen Spargelabsatzes sind für die Erzeugerschaft der Reichsverband des deutschen Gartenbaues e. V., Berlin, für die Versteigerungen die Obst- und Gemüsestelle des Reichsverbands der deutschen landwirtschaftlichen Genossenschaften – Raiffeisen – e. V., Berlin.

Vertreter

2. Vertreter der anliefernden Spargelerzeuger sind der Verband der Spargelanbauer der Provinz Sachsen e. V., Stendal, und der Gemüsebauverein Niedersachsen, Altencelle.

Vertreter der den Spargel verkaufenden Versteigerungen sind die Vereinigung rheinischer Erzeugerversteigerungen in Straelen (Niederrhein) und die außer deren Mitglieder am Spargelabsatz beteiligten westfälischen Organisationen.

Erfassung der Ware

3. Der Verkauf des Spargels erfolgt nach Erfassung und Bindung desselben auf Grund besonderer von jedem mitwirkenden Anbauer vollzogener Verpflichtungserklärung, die beim Vorstand des Verbandes der Spargelanbauer der Provinz Sachsen und des Gemüsebauvereins Niedersachsen hinterlegt werden.

Sortierung, Verpackung und Gewicht

4. Der Spargel wird nach den Reichseinheitsvorschriften für Sortierung und Verpackung von Obst und Gemüse sortiert und in 30-Pfund-Kisten angeliefert. Die Anlieferung der III. Sortierung und des Bruchspargels kann auch in 20-Pfund-Spankörben erfolgen. Der Bruchspargel soll, wenn irgend möglich, nicht mitgeliefert werden. Blauer Spargel (1. und 2. Sortierung gemischt) muß getrennt zur Anlieferung kommen. Der Verband der Spargelanbauer der Provinz Sachsen und der Gemüsebauverein Niedersachsen gewährleisten durch örtliche Kontrolleure eine gewissenhafte, möglichst gleichmäßige Handhabung der Sortierung. Der Spargel darf nur in gewaschenem Zustande, aber nicht gewässert, zum Versand kommen. Jeder Einzelpackung ist der Sitz der Ortsgruppe und die Nummer des Einzellieferanten beizufügen. Dadurch soll eine Kontrolle des Anlieferers jederzeit möglich sein.

Versand

5. Die Anlieferungen zur Versteigerung haben sobald wie möglich in besonderen Eisenbahnwaggons, statt als Stückgut zu geschehen. Im Waggon sind die Anlieferungen der Erzeuger, die zusammen verladen, getrennt zu stapeln.

Proben

6. Von jeder Einzelanlieferung ist von den Sortierungen tunlichst je eine Probepackung an einer Türseite des Waggons so bereitzustellen, daß diese Proben dem Waggon leicht entnommen werden können. Die Proben sind aus der Gesamtanlieferung der einzelnen Erzeuger unter deren

Verantwortung so auszuwählen, daß sie den Durchschnitts-Qualitäts-usw.-Charakter der ganzen Lieferung darstellen.

Inhaltsverzeichnis

7. Jeder Sendung ist ein Inhaltsverzeichnis beizufügen, das die Anlieferungen jedes Erzeugers getrennt nach den einzelnen Sortierungen und den Gesamtinhalt der Ladung ausweist. Das Verzeichnis ist in einer gekennzeichneten Probekiste niederzulegen.

Gewichtsschwund

8. Den Gefahren eines Mindergewichtes durch Gewichtsschwund ist mittels einer angemessenen Gewichtszugabe zu begegnen. Die Verpackung wird mit der Ware versteigert. Das Gewicht der Packung muß also netto vorhanden sein.

Verkaufsbedingungen

9. Der Verkauf erfolgt auf Grund der für die rheinischen Erzeugerversteigerungen geltenden, den beiden Parteien bekannten und von ihnen anerkannten einheitlichen Versteigerungsordnung. Die Versteigerungen handeln nur als verkaufsvermittelnde Erzeugerorganisationen.

Versteigerungsgebühr

10. Die Versteigerungen erheben eine die Unkosten ihrer Verkaufsvermittlung ablösende Gebühr in jeweils mit den Spitzenorganisationen vereinbarten Prozenten des Wertes der zur Versteigerung gelangten Ware. Dafür haben sie alle erforderlichen Leistungen einschl. intensiver Verkaufspropaganda zu übernehmen. Irgendwelche sonstigen Kosten, die die Anlieferer zu tragen hätten, dürfen nicht entstehen. Eine Umsatzsteuer, die von der Versteigerungsgebühr zu bezahlen ist, tragen die Versteigerungen.

Abrechnung

11. Die Abrechnung hat möglichst täglich, jedenfalls aber in der Weise zu erfolgen, daß bis spätestens Mittwochs abends das Guthaben aus einer höchstens 7tägigen Anlieferung abzüglich der Frachten zur Überweisung an die mit der Erzeugerorganisation arbeitende Stelle aufzugeben ist. Nichterfüllung dieser Bedingung berechtigen den Verband der Spargelanbauer der Provinz Sachsen und den Gemüsebauverein Niedersachsen zur sofortigen einseitigen Aufhebung der für den Spargelabsatz getroffenen Vereinbarungen.

Mindestpreise

12. Der Verband der Spargelanbauer der Provinz Sachsen und der Gemüsebauverein Niedersachsen sind berechtigt, für die durch sie vertretenen Erzeuger einen Rücktritt von diesem Abkommen zu erklären, falls sich nach mindestens 14tägiger normaler Verkaufspraxis auf Grund dieser Bestimmungen herausgestellt haben sollte, daß die Preisbildung auf den Versteigerungen um mehr als 5% hinter den Durchschnittspreisen zurückbleibt, die nach den offiziellen Abrechnungen des Berliner und des Hamburger Marktes dort für Spargel tatsächlich erzielt worden sind. Der Verband der Spargelanbauer der Provinz Sachsen und der Gemüsebauverein Niedersachsen sind berechtigt, sich durch entsandte Vertrauensleute jederzeit von der Handhabung des Verkaufsgeschäftes der Versteigerungen in allen Einzelheiten zu überzeugen.

Lieferungseinstellung

13. Wenn die eingangs genannten vermittelnden Verbände auf Grund eigenen Ermessens oder gemäß dem Antrage der die Erzeuger vertretenden Organisation zu dem Ergebnis kommen, daß nach der Marktlage ein Verkauf des Spargels nicht mehr lohnt, kann die Belieferung der Versteigerungen eingestellt werden.

Schiedsgericht

14. Etwaige Streitfragen aus diesem Abkommen, insbesondere auch darüber, ob und in welcher Höhe eine Vertragsstrafe verwirkt ist, werden unter Ausschluß des ordentlichen Gerichtes endgültig durch ein Schiedsgericht entschieden, zu dem die eingangs benannten Verbände auf Anforderung einer Partei binnen 24 Stunden telegraphisch je ein Mitglied ernennen. Die Mitglieder des Schiedsgerichtes einigen sich über einen Obmann. Kommt eine Einigung darüber nicht zustande, so wird der Obmann vom Deutschen Landwirtschaftsrat benannt.

Verordnung über gesetzliche Handelsklassen für frisches Obst und Gemüse vom 3. Juli 1955 (Bundesanzeiger Nr. 127 v. 6. 7. 55)

Gemäß § 6 Absatz 1 der Verordnung durfte die „Gemüseart" Spargel nur noch nach den nachfolgend bezeichneten Handelsklassen feilgehalten werden:

XXIV. Spargel
(ausgenommen Spargel französischer, italienischer oder amerikanischer Art)

1. Handelsklasse A – weiß

Eigenschaften:
Stangen gerade und gut gewachsen, Kopf weiß, fest geschlossen und unbeschädigt;
soweit äußerlich erkennbar, nicht hohl, nicht gespalten;
Frischmarktware gewaschen, jedoch nicht gewässert;
Industrieware ungewaschen;
zulässig: nach dem Stechen eingetretener roter Anlauf der Stangen; leichter, durch Schälen entfernbarer Rost.

Größe:
Stangenlänge 17 bis 22 cm.

Sortierung nach Gewicht:
Mindestgewicht bei 22 cm Stangenlänge:
entweder I 31 der dünnsten Stangen nicht unter 1 kg, einzelne Stangen nicht unter 33 g, kürzere Stangen entsprechend leichter,
oder II 46 der dünnsten Stangen nicht unter 1 kg, einzelne Stangen nicht unter 22 g, kürzere Stangen entsprechend leichter.

2. Handelsklasse A – blau

Eigenschaften:
Wie Handelsklasse A – weiß, jedoch Kopf blau.

Sortierung nach Gewicht:
Wie Handelsklasse A – weiß.

3. Handelsklasse A – Köpfe

Eigenschaften:
Kopfabschnitte der Handelsklasse A – weiß.

4. Handelsklasse B

Eigenschaften:
Stangen gut gewachsen, jedoch auch leicht gebogen;
soweit äußerlich erkennbar, nicht hohl, nicht gespalten;
zulässig: Stangen mit krausen, auch blauen, aber nicht grünen Köpfen; leichter, durch Schälen entfernbarer Rost.

Größe:
Stangenlänge 12 bis 22 cm.

Gewicht:
Mindestgewicht für Stangen von 17 bis 22 cm;
bei einer Stangenlänge von 22 cm:
Einzelstangen nicht unter 17 g, kürzere Stangen entsprechend leichter.
Mindestgewicht für Stangen von 12 bis 17 cm:
Wie Handelsklasse A.

5. Handelsklasse C

Eigenschaften:
Noch schälbar;
zulässig: Fehler, insbesondere gekrümmt, rostig, hohl, gespalten, grün.

Größe und Gewicht:
Stangenlänge 12 bis 22 cm, Einzelstangen nicht unter 12 g.

6. Handelsklasse D (Bruchspargel)

Eigenschaften:
Gebrochene Stangen der Handelsklasse A und B, jedoch ohne abgeschnittene Unterenden.

7. Ausfall

Den Bestimmungen der vorstehenden Handelsklassen nicht genügend.

Merkblatt für Spargelsortierungen.

Auf Grund der „Reichseinheitsvorschriften über die Sortierung von Spargel"
der Hauptvereinigung der Deutschen Gartenbauwirtschaft, Berlin.

Grundsätzliches.

1. Der Spargel darf nicht länger als 24 cm sein.
2. Der Spargel muß sauber und gerade, nicht schräg abgeschnitten sein.
3. Die für die Sortierungen festgelegten Mindestgewichte gelten für Stangen von 24 cm Länge; kürzere Stangen entsprechend leichter.
4. Die Ablieferung der abgeschnittenen Unterenden ist verboten.
5. Für den **Markt** ist der Spargel **gewaschen** und **gekühlt** zu liefern; (vergl. Heft 24 dieser Schriftenreihe: Schellens „Über das Sortieren, Kühlen und Packen des Spargels").
6. Für die **Konserven-Industrie** ist der Spargel **ungewaschen** zu liefern.
7. Für die Sortierung ist maßgebend:
   a) der äußere Befund der Spargelstange und ihres Kopfes: ob normal oder nicht normal,
   b) bei der normalen Spargelstange ihre Stärke bzw. ihr Gewicht.

   Der nicht normale Spargel wird je nach dem Grad der Abweichung den Sortierungen 3 und 4 oder eigenen Sortierungen zugeteilt.

Zu a) Normaler Spargel ist die gesunde, gerade und gut gewachsene, nicht hohle, unbeschädigte Spargelstange mit weißem, fest geschlossenem, unbeschädigtem Kopf **(Abb. 1, 2, 7, 8, 9, 10).** *Für die Konserven-Industrie ist als fest geschlossener Kopf nur Spargel wie* **Abb. 7 und 8** *anzusehen.*

Zu b) Demnach gehört normaler Spargel, auf 24 cm Länge abgeschnitten, je nach seinem Einzelgewicht in die 1., 2., 3. oder 4. Sortierung.

Nicht normal sind: Stangen mit nicht geschlossenen, aufgeblühten, krausen, blauen oder grünen Köpfen, auch rostige, hohle und beschädigte Stangen oder Köpfe, gekrümmte Stangen, Stangen unter 17 cm Länge, gebrochene Stangen. Ihre Einordnung ist aus dem Abschnitt „Die Sortierungsmerkmale" zu ersehen.

Während der Kriegszeiten wurde die Spargellänge durch Reichseinheitsvorschrift auf 24 cm erhöht.

Sortierungsbestimmungen.

1. Sortierung — **Kennzeichnung weiß** (**Abb. 1, 2, 7, 8**; für Frischmarkt auch **Abb. 9 und 10**).

Stangen: gesund, gerade und gut gewachsen, nicht hohl, nicht äußerlich erkennbar gespalten; Rost, der durch Schälen zu entfernen ist und kleine hohle Stellen beeinträchtigen die Sortierung nicht.

Köpfe: weiß, fest geschlossen, unbeschädigt.

Höchstlänge 24 cm, Mindestlänge 17 cm.
Mindestgewicht pro 24 cm lange Stange **36 g**; kürzere Stangen entsprechend leichter.
(28 der dünnsten Stangen nicht unter 1 kg).

2. Sortierung — **Kennzeichnung rot**

Stangen: } wie 1. Sortierung.
Köpfe: }

Höchstlänge 24 cm, Mindestlänge 17 cm.
Mindestgewicht pro 24 cm lange Stange **24 g**; kürzere Stangen entsprechend leichter.
(42 der dünnsten Stangen nicht unter 1 kg).

Für die Konserven-Industrie: Köpfe entsprechend den Sortierungen 1 und 2 ohne Rücksicht auf ihre Länge.

3. Sortierung — **Kennzeichnung gelb**

a) Stangen: gesund, gut gewachsen, jedoch auch leicht gebogen (**Abb. 3**), nicht durchgehend hohl, mit nicht fest geschlossenen, aufgeblüten, krausen sowie grünen Köpfen; Rost, der durch Schälen zu entfernen ist, beeinträchtigt die Sortierung nicht.
Höchstlänge 24 cm, Mindestlänge 17 cm.
Mindestgewicht pro 24 cm lange Stange **19 g**; kürzere Stangen entsprechend leichter.
(53 der dünnsten Stangen nicht unter 1 kg).

b) aus den Sortierungen 1 und 2: Stangen unter 17 cm, jedoch nicht unter 12 cm und solche mit nicht fest geschlossenen, aufgeblühten und krausen (**Abb. 11—14**), sowie grünen Köpfen (**Abb. 16 und 17**).

Für die Konserven-Industrie: Köpfe entsprechend der 3. Sortierung.

4. Sortierung — **Kennzeichnung grün**

a) Stangen und Köpfe mit Fehlern (**Abb. 15**), auch durchgehend hohl und (**Abb. 5 und 6**) gespalten, auch gekrümmt (**Abb. 4**) und rostig; Stangen müssen schälbar sein.

b) Höchstlänge 24 cm, auch unter 17 cm Länge. Mindestgewicht pro 24 cm lange Stange **12 g**; kürzere Stangen entsprechend leichter.

Sortierung Blauer Spargel (nur Frischmarkt) — **Kennzeichnung blau**

Stangen entsprechend der 1. und 2. Sortierung, jedoch mit blauen (nicht grünen) Köpfen, zu etwa gleichen Teilen gemischt.

Für die Konserven-Industrie: Blauer Spargel der 1. Sortierung in 2. Sortierung, der 2. Sortierung in 3. Sortierung; die 3. und 4. Sortierung verbleibt in der 3. und 4. Sortierung.

Sortierung Bruchspargel — **Kennzeichnung gelb mit einem schmalen schwarzen Diagonalstreifen**

gebrochene Stangen der 1., 2. und 3. Sortierung (abgeschnittene Unterenden dürfen nicht mitgeliefert werden).

Für die Konserven-Industrie: Gebrochene Stangen gehören in die 4. Sortierung.

Sortierung Köpfe — **Kennzeichnung weiß mit schwarzem Querstrich**

Köpfe von gebrochenen Stangen der 1. und 2. Sortierung, weiß und fehlerfrei, Länge nicht über 10 cm.

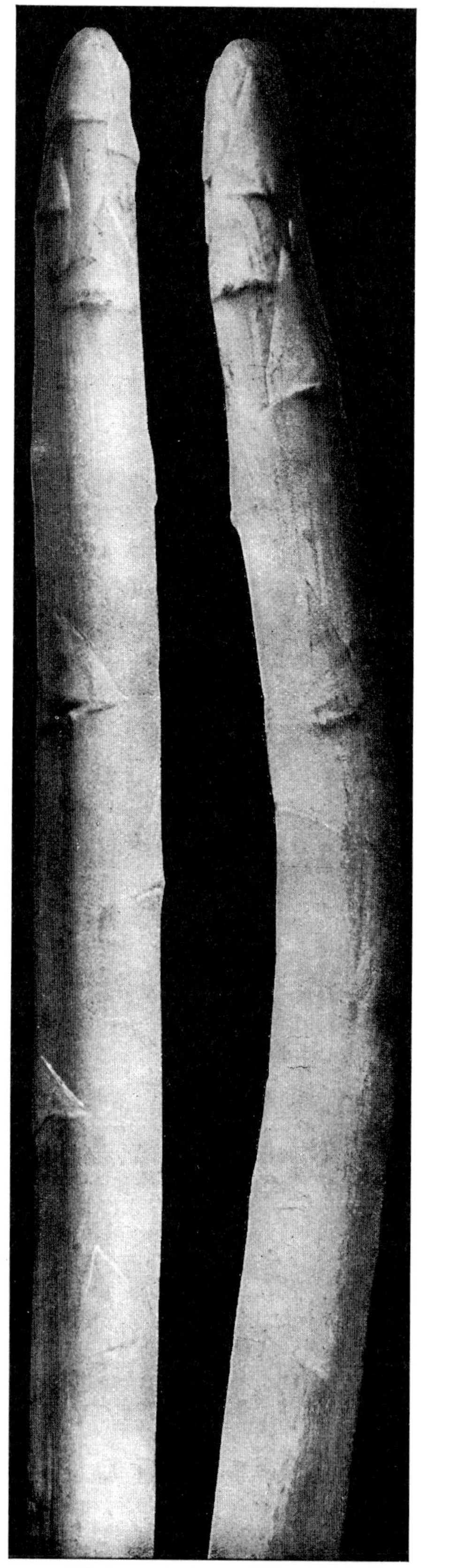

Bild 1
gut gewachsen
(1. Sortierung)

Bild 2
noch gut gewachsen
(1. Sortierung)

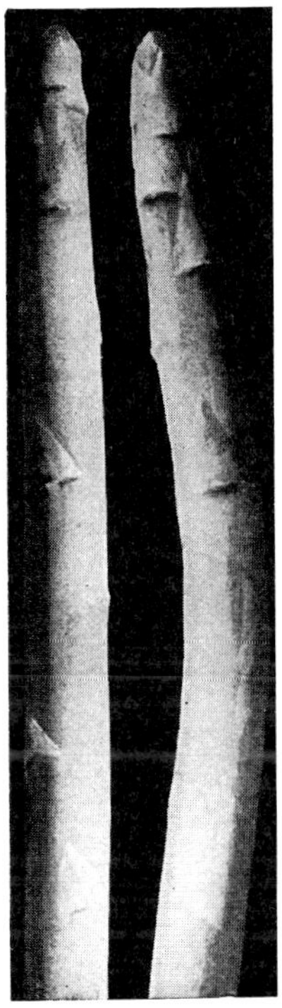

Bild 1 und 2:
gut gewachsene Stangen
der 1. und 2. Sortierung

Bild 3:
Leicht gebogene Stange
(3. Sortierung)

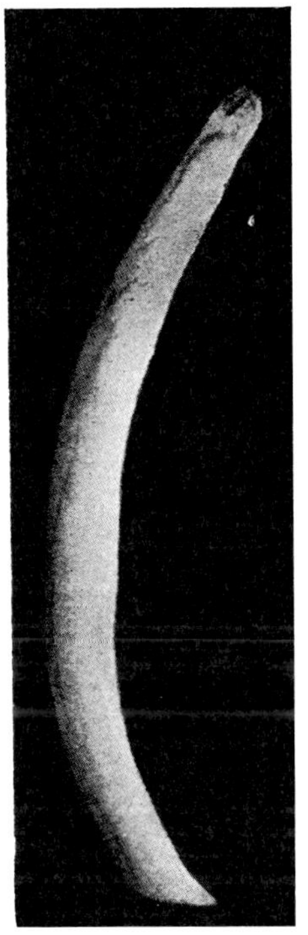

Bild 4:
Gekrümmte Stange
(4. Sortierung)

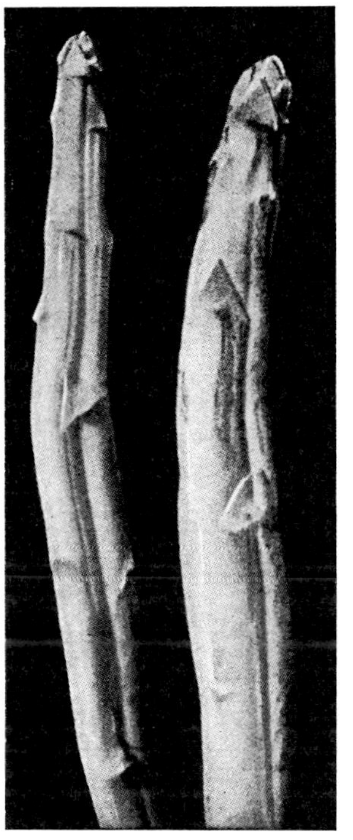

Bild 5 und 6: Hohle Stangen
(4. Sortierung)

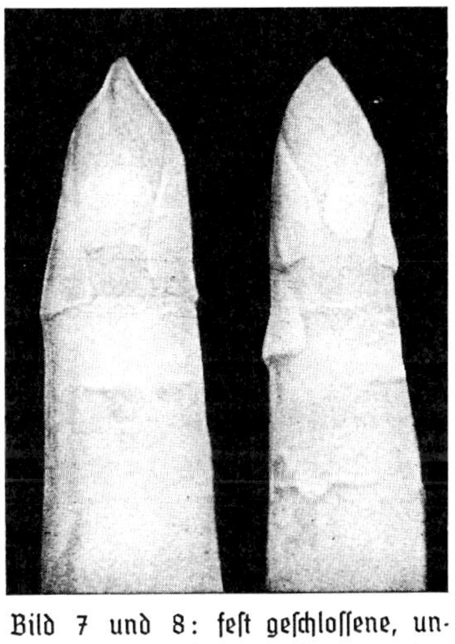

Bild 7 und 8: fest geschlossene, unbeschädigte Köpfe: (1. Sortierung)
(Vorschrift für Industrie)

Bild 9 und 10: **Nur für den Frischmarkt**
als fest geschlossen noch zugelassen
(1. Sortierung)

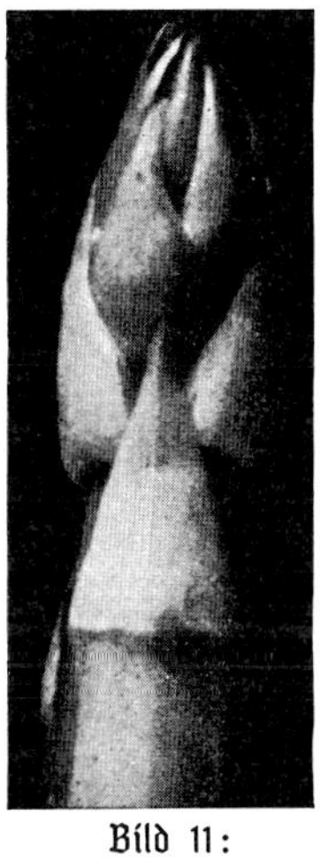

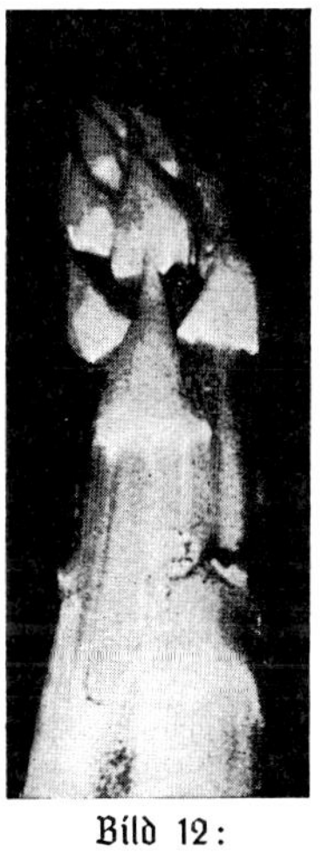

Bild 11: Bild 12:
Nicht festgeschlossene Köpfe
(3. Sortierung)

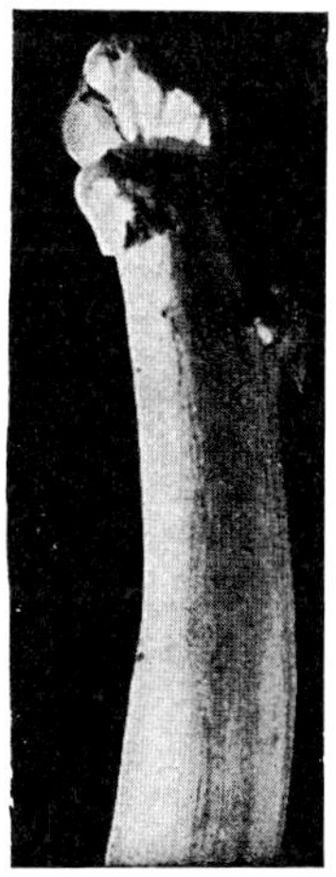

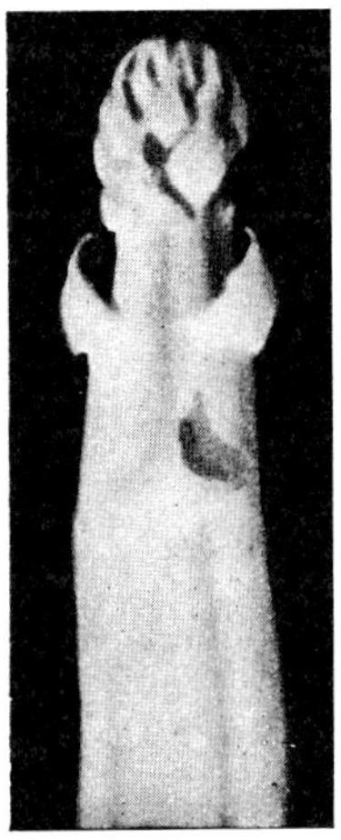

Bild 13: Bild 14:
Aufgeblühte und krause Köpfe
(3. Sortierung)

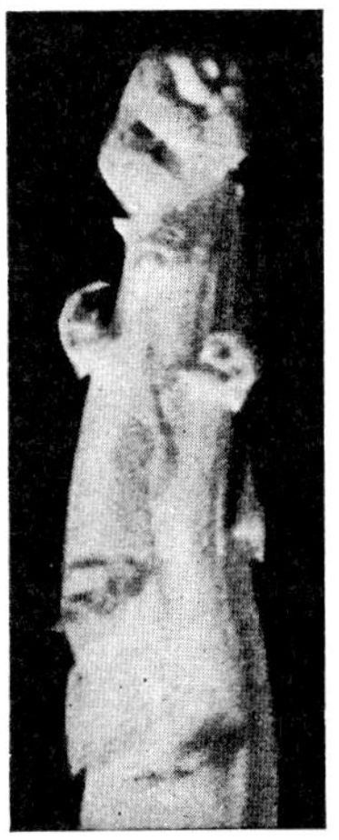

Bild 15: Kopf mit stärkeren
Fehlern (4. Sortierung)

Bild 16 und 17: Grüne Köpfe der 1. bis
3. Sortierung in 3. Sortierung; Stangen
der 4. Sortierung verbleiben in dieser

Die Sortierungsmerkmale.

1. Roter Anlauf:

bleibt unbeanstandet, wenn augenscheinlich nach dem Stechen eingetreten.

2. Kopfausbildung

a) bei der 1. und 2. Sortierung fest geschlossen (**Abb. 7—10,** *Kons.-Ind.* **nur Abb. 7 und 8**);
b) nicht festgeschlossene, aufgeblühte und krause Köpfe der 1. und 2. Sortierung gehören in die 3. Sortierung (**Abb. 11—14**);
c) aufgeblühte und krause Köpfe der 3. Sortierung bleiben in der 3. Sortierung;
d) beschädigte und mit Fehlern behaftete Köpfe gehören in die 4. Sortierung (**Abb. 15**);
e) grüne Köpfe der 1. bis 3. Sortierung in 3. Sortierung; Stangen mit grünen Köpfen der 4. Sortierung verbleiben in dieser.

3. Spargel mit blauen Köpfen:

a) Stangen der 1. und 2. Sortierung entsprechend zu etwa gleichen Teilen gemischt = Sortierung: „Blauer Spargel".
b) *Für die Konserven-Industrie:* Blauer Spargel der 1. Sortierung in 2. Sortierung, der 2. in 3. Sortierung, 3. und 4. bleiben in den Sortierungen 3 und 4.

4. Spargel mit grünen Köpfen

Stangen der 1. bis 3. Sortierung in 3. Sortierung; Stangen mit grünen Köpfen der 4. Sortierung verbleiben in dieser.

5. Rostfarbiger Spargel:

a) in Sortierung 1 bis 3 nur Rost zulässig, der durch Schälen zu entfernen ist;
b) rostige Stangen gehören in die 4. Sortierung.

6. Hohler Spargel:

In Sortierung 1 bis 2 unzulässig (kleine hohle Stellen beeinträchtigen die Sortierung nicht), **nicht** durchgehend hohl in 3. Sortierung; durchgehend hohle Stangen gehören in die 4. Sortierung (**Abb. 5 und 6**).

7. Beschädigte Stangen oder Köpfe:

gehören in die 4. Sortierung.

8. Gebogener und gekrümmter Spargel:

a) in 1. und 2. Sortierung unzulässig;
b) leicht gebogen der 1. bis 3. Sortierung gehört in die 3. Sortierung (**Abb. 3; vergleiche aber Abb. 2**);
c) gekrümmt in die 4. Sortierung (**Abb. 4**).

9. Kürzerer Spargel als 17 cm:

a) bis 12 cm der 1. und 2. Sortierung gehört in die 3. Sortierung;
b) alles übrige in die 4. Sortierung (Ausnahme Sortierung Köpfe).

10. Bruch:

a) Für den Frischmarkt: Gebrochene Stangen der 1. bis 3. Sortierung sind gesondert zu liefern als „Bruch", jedoch ohne abgeschnittene Unterenden.
b) *Für die Konserven-Industrie:* Gebrochene Stangen gehören in die 4. Sortierung.

11. Sortierung Köpfe:

a) Für den Frischmarkt: Köpfe bis 10 cm Länge, der 1. und 2. Sortierung entsprechend, können, besonders gekennzeichnet und gepackt, als Sonder-Sortierung „Köpfe" angeliefert werden.
b) Erfolgt keine Sonder-Sortierung, so gehören die Köpfe der 1. und 2. Sortierung ohne Rücksicht auf ihre Länge in die 3. Sortierung.
c) *Für die Konserven-Industrie:* Köpfe den Sortierungen 1 und 2 entsprechend, ohne Rücksicht auf ihre Länge, in die 2. Sortierung, Köpfe der Sortierung 3 entsprechend, bleiben in der 3. Sortierung.

12. Unterenden:

Abgeschnittene Unterenden dürfen nicht abgeliefert werden.

Der schlecht sortierende Spargelbauer schädigt sich selbst und gefährdet Preisgestaltung und Marktordnung.

Aus der Schriftenreihe: Obst und Gemüse in Landwirtschaft und verarbeitender Industrie
Merkblatt Nr. 16 — 7. Auflage — 1939 —
Verlag E. Appelhans & Co., Braunschweig

Klassifizierung von Spargel

Erläuterung von Qualitätsmerkmalen nach den „Gemeinsamen Qualitätsnormen“ der EG

Herausgegeben 1976 vom AID (Land- und Hauswirtschaftlicher Auswertungs- und Informationsdienst e. V.) Heerstraße 124, Postfach 708, 5300 Bonn-Bad Godesberg 1

Einführung

Der Handel mit frischem Spargel ist Teil der „Gemeinsamen Marktorganisation für Obst und Gemüse“ (Verordnung [EWG] Nr. 1035/72 des Rates der Europäischen Gemeinschaften vom 18. Mai 1972). Die „gemeinsamen Qualitätsnormen“ sind u. a. die Grundlage dieser Marktorganisation für die vergleichenden Preisermittlungen und des Referenzpreissystems, für Marktorientierungen, die Werbung sowie für Angaben in Rechnungen, Lieferscheinen und sonstigen Begleitpapieren.

Nach den Bestimmungen der Verordnung über Qualitätsnormen für Obst und Gemüse vom 9. Oktober 1971 (BGBl. Teil I, Nr. 103, Seite 1637 vom 20. 10. 1971) darf die Ware nur dann feilgehalten, angeboten, verkauft, geliefert oder sonst in den Verkehr gebracht werden, wenn sie diesen Qualitätsnormen entspricht und richtig gekennzeichnet ist.

Das Einhalten der Qualitätsnormen ist für alle Handelsstufen verbindlich. Erzeugnisse minderer Qualität werden vom Markt ferngehalten; den Wünschen der Verbraucher auf Belieferung mit einwandfreier Ware wird somit entsprochen.

Da die Spargelerzeugung der Bundesrepublik Deutschland fast ausschließlich aus „weißem“ Spargel besteht, werden hier auch nur Fotos dieser Farbgruppe gebracht.

Gemeinsame Qualitätsnormen für Spargel

I. Begriffsbestimmung

Diese Norm betrifft Spargelstangen aus „Asparagus officinalis L“ zur Lieferung in frischem Zustand an den Verbraucher.
Spargel für die Verarbeitung fällt nicht darunter.
Die Spargelstangen werden nach ihrer Färbung in drei Gruppen eingeteilt:

1. weißer Spargel;
2. violetter Spargel – der Spargelkopf muß eine rosa bis violette oder purpurne Färbung aufweisen;
3. grüner Spargel – der Spargelkopf und ein Teil der Spargelstange müssen eine grüne Färbung aufweisen.

Diese Norm gilt nicht für Spargel mit einem Durchmesser von weniger als 10 mm, verpackt in gleichmäßigen Partien.

II. Güteeigenschaften

A. Allgemeines

Die Norm soll die Anforderungen bestimmen, denen das Erzeugnis nach Aufbereitung und Verpackung beim Versand entsprechen muß.

B. Mindesteigenschaften

Die Spargelstangen müssen sein:

- ganz,
- von frischem Aussehen und Geruch,
- gesund,
- frei von Schäden durch Nagetiere oder Insekten,
- praktisch frei von Druckstellen,
- sauber, d. h., praktisch frei von Erde oder sonstigen Verunreinigungen,
- frei von anomaler äußerer Feuchtigkeit, d. h., nach etwaigem Waschen wieder ausreichend getrocknet (die Spargelstangen dürfen gewaschen, aber nicht gewässert sein),
- frei von fremdem Geruch oder Geschmack.

Die Schnittfläche am unteren Ende muß möglichst glatt und rechtwinklig zur Längsachse der Spargelstange sein.

Die Spargelstangen dürfen nach dem Stechen keiner anderen Behandlung als einer

Kühlung unterzogen werden, um ihnen ihr frisches Aussehen zu erhalten oder wiederzugeben.

Außerdem dürfen die Spargelstangen nicht hohl, gespalten, abgeschält oder gebrochen sein. Kleine, nach dem Stechen entstandene Risse sind jedoch zulässig, sofern sie die in Abschnitt „Toleranzen" festgelegten Grenzen nicht überschreiten.

Der Zustand des Erzeugnisses muß so sein, daß der Spargel Transport und Hantierung aushält und den Erfordernissen des Marktes am Bestimmungsort entspricht.

C. Klasseneinteilung

(i) Klasse „Extra"

Die Spargelstangen dieser Klasse müssen praktisch gerade und sehr gut geformt sein. Unter Berücksichtigung der normalen Merkmale der Gruppe, zu der sie gehören, müssen ihre Köpfe sehr fest geschlossen sein.

Nur wenige sehr leichte Spuren von Rost sind zulässig, sofern sie sich beim normalen Schälen durch den Verbraucher entfernen lassen.

In der Gruppe des weißen Spargels müssen Köpfe und Stangen weiß sein; nur eine nach dem Stechen aufgetretene leichte rosa Färbung auf den Spargelstangen ist zulässig.

Weißer Spargel und violetter Spargel dürfen keine Anzeichen beginnender Verholzung aufweisen; bei grünem Spargel ist eine beginnende leichte Verholzung zulässig.

Um eine bessere Aufmachung zu erreichen, kann gebündelter Spargel am Außenrand des Bündels leicht abgeschrägt werden, jedoch darf die Höhe der Abschrägung nicht mehr als 1 cm betragen.

(ii) Klasse „I"

Die Spargelstangen dieser Klasse müssen gut geformt sein. Sie können leicht gebogen sein. Unter Berücksichtigung der normalen Merkmale der Gruppe, zu der sie gehören, müssen die Köpfe fest geschlossen sein.

Leichte Spuren von Rost sind zulässig, sofern sie sich beim normalen Schälen durch den Verbraucher entfernen lassen.

Zur Gruppe des weißen Spargels gehören auch Spargelstangen, deren Kopf vor dem Stechen leicht gefärbt ist, sowie Spargelstangen, die sich nach dem Stechen rosa verfärbt haben, sofern diese Verfärbungen beim Kochen verschwinden.

Holzige Stangen sind in der Gruppe des weißen Spargels nicht zulässig. In den Gruppen des violetten Spargels und des grünen Spargels können die Spargelstangen eine beginnende Verholzung aufweisen.

(iii) Klasse „II"

Im Vergleich zur vorangehenden Klasse können die Spargelstangen weniger gut geformt und stärker gebogen sein; die Spargelköpfe brauchen nicht so fest geschlossen sein.

Spuren von Rost sind zulässig, sofern sie sich beim Schälen entfernen lassen.

Die Stangen dürfen leicht holzig sein.

Bei weißem Spargel dürfen die Köpfe eine Färbung aufweisen, die jedoch nicht grün sein darf.

III. Größensortierung

Bei Spargel erfolgt die Größensortierung nach Länge und Durchmesser.

A. Größensortierung nach Länge

Die Länge der Spargelstangen muß betragen:

- 17 bis 22 cm, wenn es sich um langen Spargel handelt,
- 12 bis 17 cm, wenn es sich um kurzen Spargel handelt,
- 12 bis 22 cm für Spargel der Klasse „II", lose, nicht gebündelt,
- weniger als 12 cm für Kopfabschnitte.

Grüne Spargelstangen dürfen jedoch eine Höchstlänge von 27 cm haben, wenn zumindest ein Drittel der Stange eine grüne Färbung aufweist.

B. Größensortierung und Durchmesser

Als Durchmesser der Stange gilt der Durchmesser in der Mitte der Spargelstange.

Der Mindestdurchmesser und die Größensortierung werden wie folgt festgestellt:

Güte-kl.	Mindest-durchmesser	Größensortierung	
Extra	12 mm	12 bis 16 mm	16 mm und mehr mit einem Unterschied von höchstens 8 mm in einem Packstück oder einem Bündel
I	10 mm	10 bis 16 mm	16 mm und mehr mit einem Unterschied von höchstens 10 mm in einem Packstück oder einem Bündel
II	10 mm	Keine Vorschriften für Gleichmäßigkeit	

IV. Toleranzen

Güte- und Größentoleranzen sind in jedem Packstück für nicht der Klasse entsprechende Erzeugnisse zugelassen.

A. Gütetoleranzen

(i) Klasse „Extra"

5% nach Gewicht oder Anzahl Stangen, die nicht den Anforderungen der Klasse genügen, aber denen der unmittelbar niedrigeren Klasse entsprechen, oder die leichte, nicht vernarbte Risse aufweisen, die nach dem Stechen entstanden sind.

(ii) Klasse „I"

10% nach Gewicht oder Anzahl Stangen, die nicht den Anforderungen der Klasse genügen, aber denen der unmittelbar niedrigeren Klasse entsprechen, oder die leichte, nicht vernarbte Risse aufweisen, die nach dem Stechen entstanden sind.

(iii) Klasse „II"

10% nach Gewicht oder Anzahl Stangen, die nicht den Anforderungen der Klasse entsprechen, aber zum Verbrauch geeignet sind.

B. Größentoleranzen

10% nach Gewicht oder Anzahl Stangen, die nicht den Größenanforderungen entsprechen, wobei höchstens eine Abweichung von 1 cm in der Länge und von 2 mm im Durchmesser zulässig ist.

V. Verpackung und Aufmachung

A. Gleichmäßigkeit

Der Inhalt jedes Packstückes oder jedes Bündels in ein und demselbem Packstück muß gleichmäßig sein; jedes Packstück darf nur Spargelstangen der gleichen Güteklasse, der gleichen Farbgruppen und, im Falle einer Sortierung nach Größenklassen, der gleichen Größenklasse enthalten.

Stangen einer anderen Farbe sind jedoch in folgenden Grenzen zulässig:

- weißer Spargel: 10% violetter Spargel,
- violetter und grüner Spargel: 10% Spargel einer anderen Farbe.

B. Verpackung

Die Verpackung muß so sein, daß sie dem Erzeugnis einen angemessenen Schutz gewährt.

Das im Inneren des Packstücks verwendete Papier oder andere Material muß neu und für den Menschen unschädlich sein.

Falls Angaben aufgedruckt sind, dürfen diese nur außen erscheinen, damit sie nicht mit dem Erzeugnis in Berührung kommen.

Das Erzeugnis muß bei der Verpackung frei von allen Fremdkörpern sein.

Spargelstangen können wie folgt aufgemacht sein:

(i) in (festgepackten) Bündeln von 0,5 kg, 1 kg oder 2 kg.

Die Spargelstangen an der Außenseite eines jeden Bündels müssen in Aussehen und Größe dem Durchschnitt der Spargelstangen entsprechen, die das Bündel enthält.

Die Spargelstangen müssen bei dieser Art der Verpackung gleich lang sein.

Die Bündel müssen in dem Packstück regelmäßig geschichtet sein; jedes Bündel kann durch Papier geschützt werden.

Die Bündel eines Packstückes müssen gleich schwer und lang sein.

(ii) geschichtet im Packstück, nicht gebündelt.

VI. Kennzeichnung

Jedes Packstück muß außen in lesbaren und unverwischbaren Buchstaben folgende Angaben tragen:

A. Identifizierung

Packer	Name und Anschrift oder
Absender	Geschäftssymbol.

Lesen Sie bitte weiter auf Seite 234

Sortieranleitung für den Erzeuger nach EG-Norm für Spargel

Klasse I · 12–26 mm

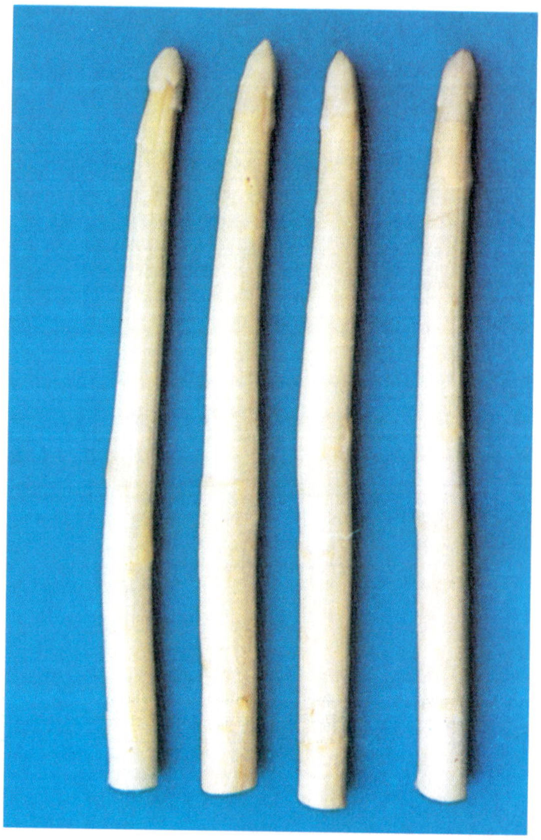

Form

Gut gewachsene Stangen, unbeschädigt, gerade.

Kopf

Fest geschlossen, unbeschädigt.

Schnittfläche

Sie muß glatt und rechtwinklig zur Längsachse der Stange sein. Dies erfordert einen sauberen Schnitt.

Klasse II · ab 12 mm

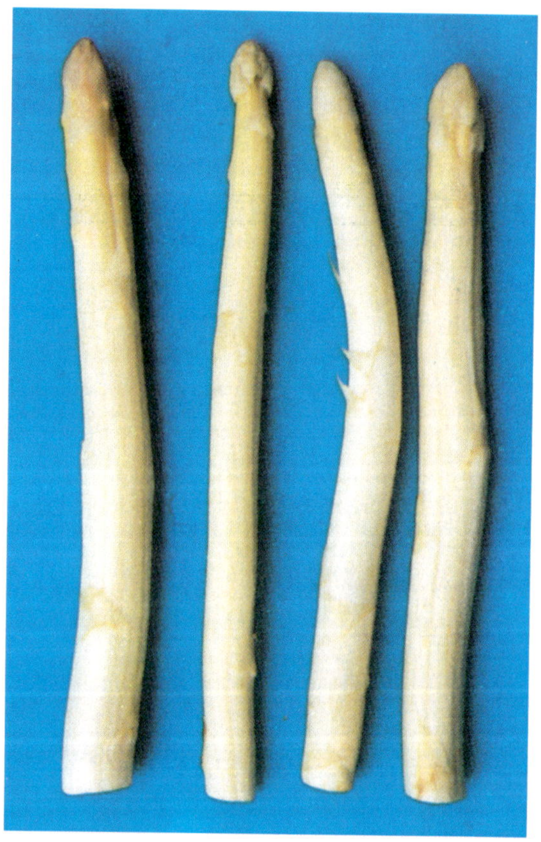

Form

Weniger gut gewachsene Stangen, jedoch unbeschädigt. Eine leichte Biegung ist zulässig.

Kopf

Weniger fest geschlossen.

Schnittfläche

Glatt und rechtwinklig zur Längsachse.

Klasse III · ab 10 mm

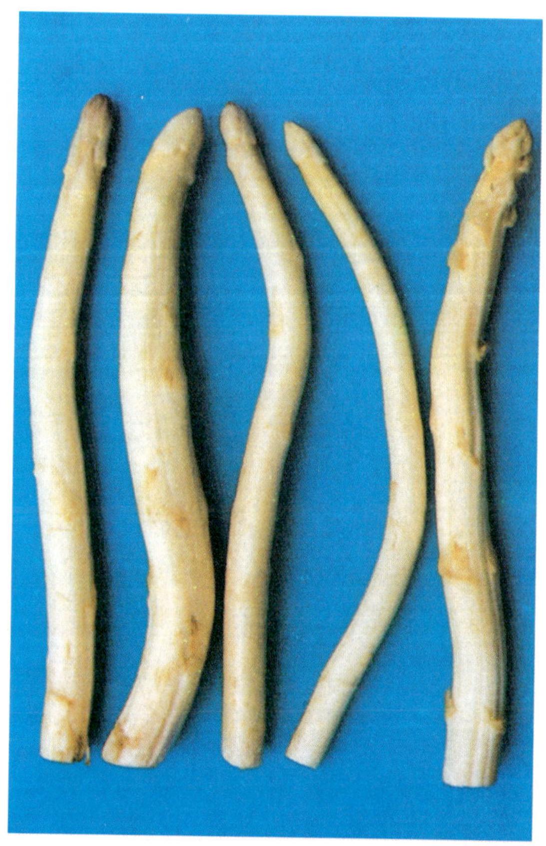

Form

Weniger gut gewachsene Stangen. Eine stärkere und unregelmäßige Biegung ist zulässig.

Kopf

Kann leicht geöffnet sein.

Nicht den Normen entsprechend

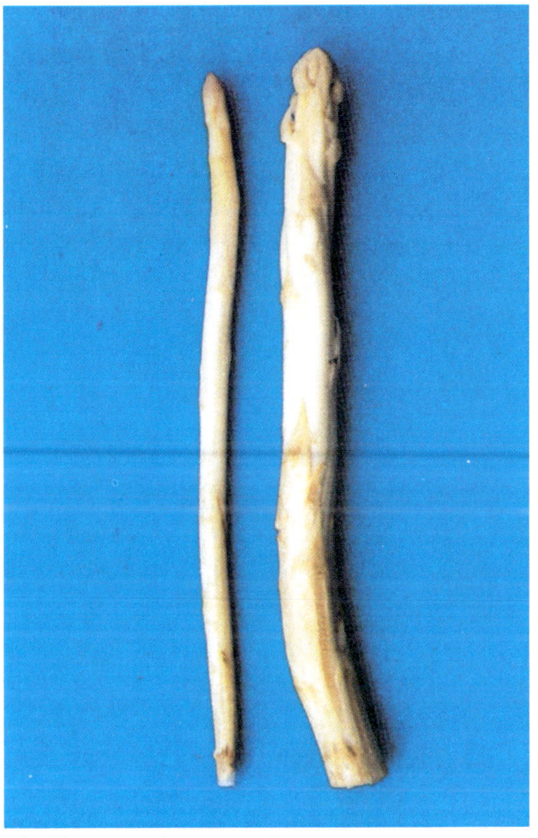

a) Untergröße unter 8 mm
b) Kopf offen

Deformiert

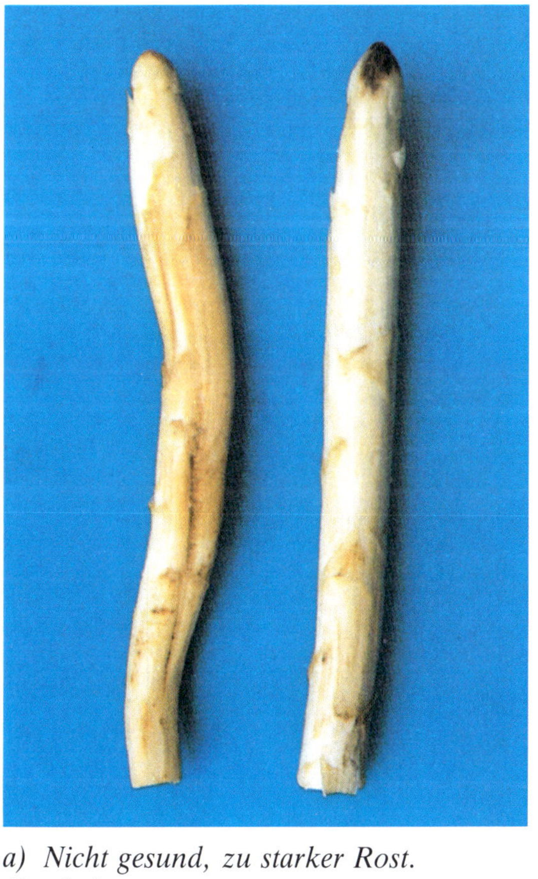

a) Nicht gesund, zu starker Rost. Geschält

b) Nicht gesund (Kopffrost)

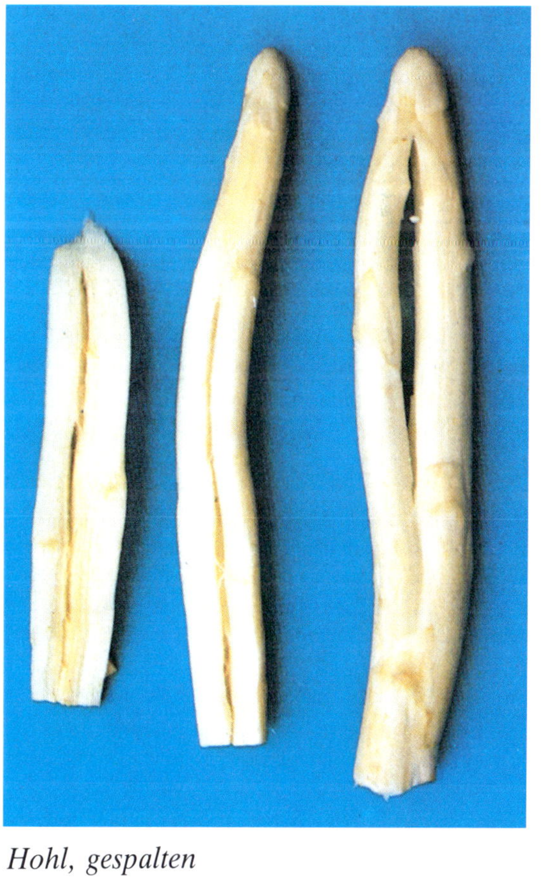

Hohl, gespalten

B. Art des Erzeugnisses

„Spargel" mit der weiteren Angabe „weiß", „violett" oder „grün", wenn der Inhalt des Packstückes von außen nicht erkennbar ist, und gegebenenfalls die Angabe „kurz" oder „Kopfabschnitte".

C. Ursprung des Erzeugnisses

Anbaugebiet oder nationale, gebietliche oder örtliche Bezeichnung.

D. Handelsmerkmale

- Güteklasse,
- Größe: Höchst- und Mindestdurchmesser der Spargelstangen oder die Angabe „keine Größensortierung",
- bei der Verpackung in Bündeln Anzahl der Bündel und Einheitsgewicht je Bündel.

E. Amtlicher Kontrollstempel (wahlfrei)

Klasse-„III"-Spargel

Diese Klasse umfaßt verkehrsfähige Erzeugnisse, die nicht in eine höhere Klasse eingestuft werden können, aber den untengenannten Eigenschaften entsprechen.

Güteeigenschaften

Spargel der Klasse „III" muß den in den gemeinsamen Normen für die Klasse „II" vorgesehenen Eigenschaften entsprechen. Jedoch kann der Spargelkopf leicht geöffnet sein; die Spitze von weißem Spargel kann eine leichte Färbung, einschließlich einer blaßgrünen Färbung, aufweisen.

Außerdem kann die Schnittfläche am unteren Ende der Spargelstange schief zur Längsachse sein.

Größensortierung

Für Spargel der Klasse „III" gelten die für die Klasse „II" vorgesehenen Bestimmungen des Abschnitts III der gemeinsamen Normen. Jedoch kann bei den lose im Packstück aufgemachten nicht gebündelten Spargelstangen jede Verpackung Stangen mit einem Durchmesser von weniger als 10 mm, aber mehr als 8 mm enthalten.

Toleranzen

Jedes Packstück darf höchstens enthalten:

- nach Gewicht oder Anzahl 15% Spargelstangen, die nicht den Eigenschaften der Klasse, einschließlich der Mindesteigenschaften dieser Erzeugnisse, entsprechen. Diese Erzeugnisse müssen jedoch verkehrsfähig und für den menschlichen Verzehr geeignet sein;
- nach Gewicht oder Anzahl 15% hohle Spargelstangen, die jedoch allen übrigen Eigenschaften der Preise entsprechen;
- nach Anzahl oder Gewicht 10% Spargelstangen, die nicht den Vorschriften für die Größensortierung entsprechen.

Verpackung und Aufmachung

A. Gleichmäßigkeit

Für den grünen Spargel sind höchstens 10% Spargelstangen einer anderen Färbung zugelassen; weißer und violetter Spargel darf gemischt aufgemacht werden.

Spiegelpackungen sind nicht zulässig, d. h., der sichtbare Teil muß der durchschnittlichen Zusammensetzung des Packstücks entsprechen.

B. Verpackung

Für Spargel der Klasse „III" gelten die Bestimmungen des Abschnitts VB der gemeinsamen Normen.

Hermann Waldenburg, „Ernte", 1969/70 (Deutsches Spargelmuseum Schrobenhausen).

Titelbild der 1931 erschienenen Werbebroschüre „Eßt Spargel".

Spargelwerbung 1935 mit Wurst, Bier und Brot.

Spargelversandwagen 1920.

Spargelwerbung

Keine andere Pflanze zieht so viele Fernseh-, Film- und Fotokameras auf sich wie der Spargel. Dazu kommt eine umfassende, keine Saison auslassende journalistische Behandlung des Edelgemüses in Magazinen, Wochenzeitschriften und Tageszeitungen, die zusammen mit gezielten Werbeveranstaltungen der Spargelorte und -erzeuger das königliche Erzeugnis in den Monaten Mai und Juni allgegenwärtig sein lassen.

„Spargel mit Minister", „Spargelfestwochen", „Spargelköniginnenwahl", „Spargelplakate", „Spargelfestzüge", „Spargelausstellungen", „Spargelwanderungen" oder „Spargelstaffelläufe": Im großen Spargeldreieck zwischen Braunschweig, Schwetzingen und Schrobenhausen ist buchstäblich „der Spargel los", wenn die weißen Stangen mit Vehemenz dem Lichte zustreben.

Dabei handelt es sich jedoch nicht um eine „Modeerscheinung" oder die Ergebnisse geschäftstüchtiger Spargel-Manager. Das „Werben" für den Spargel läßt sich vielmehr zurückverfolgen bis in das ausgehende 18. Jahrhundert. Damals schon nahmen die Spargelerzeuger die Aufklärung der Bevölkerung über die Vorzüge des Spargels, stets mit Betonung auf den eigenen Anbau natürlich, vor. Die Werbung erreichte den ersten Höhepunkt mit dem in alle Welt verkauften „Ruhm von Braunschweig", der buchstäblich den Weltruhm des deutschen Spargelanbaues begründete. Ihm folgte als Symbol herausragender Spargelqualität dann der „Schwetzinger Meisterschuß", für den ebenfalls die Werbetrommel kräftig gerührt wurde.

Große Plakate kündeten ab dem beginnenden 20. Jahrhundert von der „Spargelzeit", und das „Esst mehr Spargel" prangte nach 1925 bald von allen Wänden. Zuvor schon hatte die rührige Stadt Schwetzingen 1895 mit der ersten „Spargelausstellung" die Schallmauer der gezielten Öffentlichkeitsarbeit durchbrochen, ergänzt in den folgenden Jahren durch Spargelfestzüge und -wochen.

Eine besonders attraktive und wirkungsvolle, stets die Kameras auf sich lenkende Art der Werbung erfanden die Schrobenhausener „Spargelmotoren" Jakob Stief und Josef Plöckl: Während ersterer die Idee der Wahl einer Spargelkönigin hatte, setzte sich der Vorsitzende des Spargelerzeugerringes in Südbayern für Demonstrationsveranstaltungen in großen Städten, insbesondere München und Augsburg, ein.

So behauptet der Spargel heute, unterstützt durch gezielte Werbekampagnen der Ministerien und Fachstellen, unangefochten seinen Spitzenplatz unter den bevorzugten Gemüsen in Deutschland.

Spargelwerbeplakat (um 1918)

Immer neue Initiativen entwikkeln die Spargelerzeuger und -gastronomen in den Spargelgebieten, um auf das Edelgemüse hinzuweisen. Gemeinsames Werbeplakat (1984) aller Spargelerzeuger, -händler und -gastronomen in der Bundesrepublik.

Werbeschilder weisen Besucher schon weit vor den bekannten Spargelstädten auf die Saison hin.

Johannes der Täufer, Namensgeber des „letzten Stichtages" Johanni (Privatbesitz, Kupferstich Matheus Merian).

Johanni – der letzte Stichtag

Kurz nachdem die Sonne ihren höchsten Stand im Jahreslauf erreicht hat, kehrt auf den Spargelfeldern Ruhe ein. Das den Stechmessern plötzlich Einhalt gebietende magische Datum ist der 24. Juni eines jeden Jahres: Johanni, das kirchliche Fest für Johannes den Täufer, der, als Bußprediger taufend und das heranbrechende Reich Gottes verkündigend, am Jordan auftrat und schließlich von Herodes Antipas hingerichtet wurde. Vorbei sind mit diesem Tage die Ausflüge in die bekannten und weniger bekannten, immer aber typischen Anbauorte wie Schwetzingen, Volkach, Bruchsal, Abensberg, Tettnang oder Schrobenhausen, um nur einige aufzuzählen zwischen Hamburg und München.

Die Gastronomen verpacken die weithin sichtbaren, oft kunst- und liebevoll gestalteten Schilder „Frischer Spargel“ ebenso wie die Erzeuger, deren handgemalte Hinweistafeln „Spargel, 300 m links“ und dergleichen mehr die Direktkäufer und Sonntagsausflügler führen sollen. Verschwunden sind dann auch die das Straßenbild in den Spargelgegenden belebenden Stände, die dem zufällig oder bewußt vorbeifahrenden Liebhaber des edlen Gemüses nachweislich direkt gestochenen Spargel zur Mitnahme anbieten. Der einheitliche Stichtag „24. Juni“ hat sich bei den Spargelanbauern als Ultimo, der grundsätzlich eingehalten wird, zu Beginn des 19. Jahrhunderts durchgesetzt.

Es war das Ergebnis verstärkter wissenschaftlicher und empirischer Befassung mit der Pflanze, deren Lebens- und Ertragserwartung erkennbar mit der Wahl des richtigen Zeitpunktes für das Ende der Ernte zusammenhing. Einer der ersten, der sich mit der Problematik des zeitgerechten Stech-Endes auseinandersetzte, war der Spargelzüchter Christoph Friedrich Seidel, der 1781 bereits ausführte: *„Wie lang im Frühjahr man den Spargel stechen darf, ist eine Frage, welche alle Aufmerksamkeit verdient, indem die nur zu gewöhnliche Überschreitung der eigentlichen Zeit den besten Spargel zu Grund richtet, wenn er auch im übrigen mit aller Vorsicht behandelt wird. Die Antwort selbst ist jedoch kurz, daß das Abschneiden zu Anfang, längstens in der Mitte des Junius einzustellen.“*

Seidel hatte aus eigener Anbauerfahrung die Erkenntnis bezogen, daß Spargel nur dann für viele Jahre volle Ernte versprach, wenn ihm genügend Zeit zum Durchlaufen aller Wachstumsphasen blieb. Dazu aber mußte das ständige Zurückschneiden oder -stechen auf ein Minimum von wenigen Wochen zwischen Mai und „längstens“ Mitte Juni beschränkt werden.

Diese Regel erhielt ihre Festigung in den folgenden Jahrzehnten, nachdem die Notwendigkeit des vollständigen und jedenfalls über die gesamten Sommermonate sich erstreckenden Auswachsens allgemein von den mit dem Anbau befaßten Kreisen eingesehen wurde. Die strenge Handhabung war den Händlern und mehr noch den Liebhabern der zarten Speise zunächst nicht verständlich, zumal der eine oder andere Erzeuger auch in den Juli hinein Spargel anbot und deshalb das frühere Einstellen der Lieferung durch diejenigen Gärtner und Landwirte, die ihren Pflanzen gegenüber verantwortungsbewußt handelten, oft als Affront empfunden wurde.

Diesen Mißverständnissen und Wettbewerbsverzerrungen machten die Spargelanbauer durch die stillschweigende, gleichsam als „Stechbrauch“ eingeführte Einigung auf einen markten Zeitpunkt ein Ende.

Was lag näher, als „Johanni“, an der Wende vom Frühling zum Sommer, vom Blühen zum Auswachsen gelegen, als derartigen Termin zu wählen? Zumal dieser Festtag, mit seinen zahlreichen Bräuchen auch an das bereits bei den Germanen, Kelten und Slawen lange Zeit gefeierte Sommer-Sonnenwende-Ritual anknüpfend, auch im Kirchenjahr ein unveränderliches Datum bildete.

So findet sich einer der ersten Hinweise auf diesen Stichtag in den „Intelligenzblättern“ des Jahres 1815, wonach Spargel, der zur Aufbewahrung für den Winter vorgesehen sei, „um Johanni gestochen“ werden sollte.

In zahlreichen späteren Anbau-Anweisungen wurde dieses Schlußdatum wiederholt und so bis zum heutigen Tag derart gefestigt, daß im traditionellen Feldanbau eine über den 24. Juni hinaus erfolgende Ernte nur noch im Zuge des „Totstichs“ überalteter Kulturen erfolgt. Die durch Johanni eingegrenzte „Spargelsaison“ läßt auch aus einem anderen Grunde ein längeres Vermarkten nicht zu. So groß das Interesse der Spargel-Enthusiasten zu Beginn der Ernte, die kaum erwartet werden und nie früh genug sein kann, auch ist: Die Lebensweisheit „Alles zu seiner Zeit“ führt fast schlagartig in Annäherung an Johanni zum Ausbleiben der Käufer und Gäste. Spargel und Frühjahr gehören nun einmal zusammen wie Wein und Herbst. Und so verzichtet der echte Spargelkenner auf den Genuß der Delikatesse zu anderen Zeiten, vor allem aber in anderen Formen als frisch vom Feld auf den Tisch, selbst bei noch so perfektionierten Konservierungs- und Tiefkühlverfahren.

Denn „Johanni“ ist dem Gourmet in ebenso doppeltem Sinne heilig wie der 24. Juni sich zum „letzten Stichtag“ entwikkelt hat. Damit es rund ein Jahr später wieder heißen kann: „Bis Johanni – nicht vergessen – sieben Wochen Spargel essen!“

Johanni – Ende des Spargeltourismus für ein Jahr

Freinhausen (Erwin Hellinger, 1985)

KARIN WELPONER

Spargel ist einfach Spitze!

*Wolfram Siebecks Resümee**

Es ist nicht gerade so, daß die Leute zum Spargelessen nach Schwetzingen pilgern wie zum Skilaufen nach St. Moritz. Doch es gibt wohl niemanden, der den Namen des kleinen Ortes in der Nähe von Heidelberg hört und nicht automatisch an Spargel denkt. Und einmal im Jahr werden sechs Wochen lang, nämlich im Mai und Juni, in vielen guten Küchen wahre Spargelorgien gefeiert. Was ist also dran an diesem merkwürdigen Gemüse? Zunächst einmal: Wasser. 95 Prozent der weißen Stangen mit dem undefinierbaren Geschmack bestehen aus Wasser. Außerdem ist Spargel teurer als fast alle anderen Gemüse, er sättigt nicht und läßt sich fast nur auf eine einzige Art und Weise zubereiten: in Wasser gekocht, mit *Sauce Hollandaise*. Die nicht ganz glückliche Angewohnheit, ihn häufig zusammen mit Schinken zu servieren, ist lediglich das Eingeständnis, daß er als Beilage zu keinem anderen Fleisch paßt und letztlich nur eine Vorspeise ist und kein Hauptgericht.

Also noch einmal, was ist dran an diesem merkwürdigen Gemüse, das unter der Erde reif und hart wird? Vielleicht kann man es am besten am Beispiel des Champagners erklären. Im Gegensatz zum Wein ist guter Champagner nie schwer, nie wuchtig; er hat kein Bukett, man schmeckt weder die Traube heraus noch den Boden, auf dem er gewachsen ist – er hat, möchte man sagen, überhaupt nichts Typisches. (Außer der Kohlensäure, aber die hat Limonade auch.) Und gerade das ist das Typische am Champagner. Denn alle diese Nicht-Eigenschaften summieren sich zu dem, was man an ihm schätzt: seine Flüchtigkeit, die bei jedem anderen Getränk ein negatives Kriterium wäre, und seine Eleganz, die eben *nicht* langweilig ist.

So ähnlich, meine ich, kann man auch Spargel definieren. Ohne ein typisches Merkmal – wie es, sagen wir, Erbsen haben oder Bohnen, vom Kohl ganz zu schweigen – besteht seine Eigenart in der Frische, der Zartheit und der Eleganz, die zusammen ein einziges Urteil zulassen: Spargel ist edel.

Wer jetzt protestiert und sagt: Spargel ist bitter, ist holzig, ist einfach sein Geld nicht wert!, dem kann ich nicht grundsätzlich widersprechen. Denn was er gegessen hat, war wahrscheinlich bitter, holzig und sein Geld nicht wert. Das ist nämlich des große Risiko beim Spargelessen. Er muß in einem bestimmten Zustand sein, damit er die hohen Erwartungen, die man ihm entgegenbringt, auch erfüllt. Er muß frischer sein als frisch. Am besten ist er, wenn er vom Spargelbeet aus dem Dunkel der Erde ohne Umwege direkt in den Topf kommt. Deshalb ist es gar nicht so abwegig, zu erwarten, es könnten die Spargelliebhaber jedes Jahr dorthin pilgern, wo er wächst. Viele tun das auch, und ihnen kann ich ebenfalls nicht widersprechen, wenn sie sagen: Frischer Spargel ist das Größte!

Allerdings war ich nicht immer dieser Meinung. Meine kulinarischen Erfahrungen in meiner Jugend waren im höchsten Grade unzureichend. Ich verkneife mir, diesen Tatbestand mit dem Beiwort „bedauerlicherweise“ zu bezeichnen, weil ich nicht sicher bin, ob ich mich später mit der gleichen Freude dem guten Essen zugewandt hätte, wenn meine Mutter mir von Kindheit an kulinarische Genüsse

---

* abgedruckt mit freundl. Genehmigung des PLAYBOY, München. Illustration: Karin Wellponer

verschafft hätte. Sie war einfach keine gute Köchin.

Das hing keineswegs allein damit zusammen, daß meine Jugend in die Zeit des Krieges fiel, als gute Nahrungsmittel rar waren. Wenn es damals auch kaum Butter und fast nie Sahne gab, von so schönen Dingen wie Perlhühnern und zarten Lämmern ganz zu schweigen, so war doch das Gemüse mindestens so gut wie heute. Und auch in schlechten Zeiten ist es möglich, Gemüse so anzurichten, daß es eine Delikatesse ist. Doch wenn Generationen von Kindern schon bei dem Wort „Spinat" kreidebleich wurden, so lag das ausschließlich an der barbarischen Art und Weise, wie dieses feine Gemüse damals allgemein zubereitet wurde: mit gehackten Zwiebeln in Wasser gekocht und durchgedreht! Man lese nur in deutschen Kochbüchern aus jener Zeit nach, welche Vorstellungen vom Essen eine Nation hatte, die sich ohne Hemmungen als Hüter der abendländischen Kultur betrachtete.

Ähnlich wie dem Spinat, mit dem deutsche Kinder erst versöhnt wurden, als ihre Eltern in Italien lernten, wie man ihn richtig kocht, ging es mir mit Spargel. Weil man mit vielen Dingen sparen mußte, sparte meine Mutter auch am Spargel. Das heißt, er wurde dünn geschält, und bevor sie vielleicht versehentlich etwas abgeschnitten hätte, was eßbar war, ließ sie großzügig holzige und bittere Teile stehen. Diese Sparsamkeit war durchaus keine persönliche Marotte meiner Mutter. Ich erinnere mich gut, daß auch der Spargel in den Restaurants kaum besser war. Die Folge davon war, daß ich noch in einem Alter, in dem ich bereits außergewöhnliche kulinarische Erfahrungen gemacht hatte, Spargel immer noch für ein völlig überschätztes Gemüse hielt.

Meine Bekehrung fand in Burgund statt – in jener schönen französischen Landschaft, der wohl jeder Liebhaber guter Küche das eine oder das andere zu verdanken hat. Ich war damals zum erstenmal mit Johanna unterwegs, und ich hatte mir als festlichen Auftakt unserer Reise ein Mittagessen im Restaurant *Côte d'Or* in Saulieu ausgesucht, das unter seinem Gründer, Alexandre Dumaine, stets einer der berühmten Wallfahrtsorte für Freßtouren war und seitdem auch unter seinen Nachfolgern zu den besten Restaurants Frankreichs gehört. Es war im Mai: Spargelzeit.

Natürlich dachte ich keine Sekunde daran, in diesem Restaurant Spargel zu essen. Schon hundert Kilometer vor Saulieu hatte ich Johanna von den herrlichen Terrinen und Pasteten erzählt, die in der *Côte d'Or* so unvergleichlich sind, und von der Spezialität des Hauses, einen frischen Lachs in Champagner so kurz zu pochieren, daß er am Rückgrat fast noch blutig ist. Ich schwärmte von den erlesenen Desserts und von dem wunderbar frischen und fruchtigen Pouilly-Fuissé, den ich dort einmal getrunken hatte. Als wir dann an unserem Tisch saßen und ich endlich die Speisekarte in der Hand hatte, passierte es.

Es gibt zwei Situationen, in denen ich alle Vorsichtsmaßnahmen außer acht lasse und meine Aufmerksamkeit von einer schönen Begleiterin abwende: wenn eine noch schönere vorbeigeht und wenn ich eine Speisekarte in der Hand habe. Mit der Karte *Côte d'Or* vor Augen achtete ich also nicht auf Johanna. Deshalb traute ich meinen Ohren nicht, als sie mir zuflüsterte: „Ich möchte auch Spargel!" Und zeigte diskret auf den Nebentisch, wo gerade ein Kellner dabei war, etwas zu servieren, auf das die Bezeichnung „Spargel" eigentlich nicht zutraf. Es waren Stangen von der Dicke einer Banane, mit Köpfen so lang wie Finger. Wie Kinderfinger, zugegeben; aber trotzdem: So was hatte ich noch nicht gesehen. Außerdem waren sie nicht weiß, sondern hellgrün oder richtiger: grüngelb.

„Kann ich nicht zuerst eine Portion Spargel essen?" drängte Johanna. Dieses „zuerst" versöhnte mich auf der Stelle mit ihr. Einen Augenblick lang hatte ich nämlich geglaubt, sie wolle hier, wo sich die größten Köche die größte Mühe geben mit verschwenderisch getrüffelten Bresse-Hühnern und Ochsenkoteletts von den sagenhaften Charollais-Rindern, sie wolle hier als Hauptgericht lediglich Spargel essen.

Also bestellte ich zuerst einmal eine Portion Spargel für Johanna und danach zwei vollständige Menüs. Als der Kellner den Spargel brachte, fragte er, ob ich davon vielleicht etwas mitessen wolle, und schon hatte ich einen Teller vor mir und eine Stange Spargel in der Hand. „In der Hand" ist tatsächlich der richtige Ausdruck; denn diesen Superspargel konnte man kaum, wie es die feine Art ist, etepetete mit den Fingern zum Mund führen, sondern man hatte das Bedürfnis, ihn in die Faust zu nehmen wie der Läufer von Olympia seine Fackel. Was soll ich sagen: Beim ersten Biß in den überirdisch zarten Spargelkopf brach in mir ein Vorurteil zusammen, beim zweiten Biß war ich ein Spargel-Fan.

Danach aßen wir unsere Vorspeisen. Wenn auch hier vom Spargel die Rede ist, so hielte ich es für unfair, würde ich die Gelegenheit verstreichen lassen, ohne über die Terrinen und Pasteten des *Côte d'Or* zu berichten. Wohl habe ich woanders ein- oder zweimal genauso gute gegessen, aber nie bessere. Die *Galantine de Saumon,* die Johanna aß, war eine Forellenmousse mit Stücken vom Lachsrücken, Trüffeln und Pistazien.

Diese prosaische Inhaltsangabe kann weder den optischen Eindruck beschreiben, den dieses äußerst schwierig herzustellende Kunstwerk machte, noch eine annähernde Vorstellung davon vermitteln, wie es schmeckte. Aussehen tat es übrigens ein bißchen wie der bunte, türkische Honig, den es auf Rummelplätzen gibt: der rosa Lachs in der weißen Mousse, dazwischen schwarze Trüffelstücke und grüne Pistazien, und das alles so arrangiert, daß man sah: Hier war nichts dem Zufall überlassen! Noch schwieriger als das Arrangement ist es aber, den richtigen Geschmack und die richtige Konsistenz hinzukriegen. Wie leicht bleibt eine Forellenmousse fade, wie schnell wird sie trokken gekocht!

Nachdem ich Johannas Lachsterrine probiert hatte, wandte ich mich meiner Vorspeise zu. Ich aß eine *Paté de Brillat-Savarin.* Das waren in Blätterteig eingebackene, kleingeschnittene Kutteln und Stücke von Truthahnfleisch, mit Nelken und Rosinen gewürzt. Ich hatte Truthahn immer für etwas trocken gehalten und vor Kutteln sogar ein heimliches Grauen. Doch nur bis zu diesem Tag.

Als wir uns aufatmend zurücklehnten und der Kellner den letzten Tropfen Pouilly-Fuissé aus unserer Flasche in die Gläser goß, sagte Johanna: „Wie wär' es, können wir zwischendurch nicht schnell noch eine Portion Spargel essen? Er war doch sooo wunderbar . . . !" Es gibt zwei Dinge, die ich einer schönen Frau nicht abschlagen kann. Das zweite ist, wenn sie etwas Gutes zu essen haben will. Also teilten wir uns vor dem Hauptgericht noch eine Portion von diesem unglaublich dicken, unglaublich zarten und unglaublich delikaten Spargel. Und wir aßen noch eine dritte Portion. Als nämlich der Kellner den Rotwein brachte und zweifelnd fragte, ob wir zu unserem *Côte de Boeuf* noch eine Beilage essen wollten, antwortete Johanna kaltblütig: „Warum nicht Spargel?" Und so geschah es.

Es soll hier nicht der Eindruck entstehen, als wäre vollkommener Spargelgenuß – wie allerdings viele andere kulinarische Dinge – nur in Frankreich möglich. Man muß nicht einmal unbedingt nach Schwetzingen. Denn die modernen Transportmittel ermöglichen es uns glücklicherweise, daß Spargel auch noch 1000 Kilometer von seinem Anbaugebiet entfernt frisch gegessen werden kann.

Wer ihn kauft, muß aber unbedingt auf folgendes achten: Die Schnittenden dürfen noch nicht angetrocknet oder gar eingeschrumpft sein. Beim Zusammendrücken – und genieren Sie sich keinesfalls, vor dem Kauf diese Probe zu machen! – muß noch Wasser herausquellen, wenn der Spargel frisch ist! Mit jedem Tag, den er älter wird, verliert er mehr von seinem Saft. Dadurch wird er zäh und holzig. Die zweite wichtige Bedingung ist, daß er sorgfältig geschält wird. In diesem Fall heißt das: großzügig! Und zwar mit einem kleinen scharfen Messer, von der Stelle hinter dem Spargelkopf abwärts bis zum Spargelende.

Denken Sie beim Schälen bitte nicht daran, wie teuer das Kilo war, das Sie für zwei Personen brauchen; rechnen Sie nicht aus, daß der Abfall allein soviel kostet wie eine Dose Formosaspargel im Sonderangebot des Supermarkts. Fangen Sie oben am Kopf dünn an, weil nicht nur der Kopf, sondern auch der obere Teil der Stange am zartesten ist. Je näher Sie aber dem Spargelende kommen, um so dicker müssen Sie die Schale wegschneiden. Denn nichts ist ärgerlicher, als wenn man sich genußvoll über eine Portion Spargel hermacht und dann auf jeder Stange herumkaut wie auf nassem Stroh.

Für den Geschmack des Spargels spielt es übrigens keine Rolle, ob er dick ist oder dünn. Der dünne hat nur den Nachteil, daß von ihm nicht viel übrigbleibt, wenn er gut geschält wird. Schließlich gibt es eine dritte Möglichkeit, den schönsten Spargel zu ruinieren: indem man ihn zu weich kocht. Wie lange er nun kochen muß, läßt sich nicht genau sagen; der eine Spargel ist schon nach 15 Minuten gar, der andere braucht eine halbe Stunde. Es gibt die verschiedensten Ratschläge, den richtigen Zeitpunkt zu erkennen: Man kann mit einer Nadel in einen Spargelkopf stechen, man kann mit den Fingern probieren, ob sich der Spargel kurz hinter dem Kopf eindrücken läßt. Am einfachsten wäre es, eine Stange aus dem kochenden Wasser zu nehmen und sie zu essen.

Aber – Spargel sollte immer gebündelt sein, das heißt, mit einem dünnen Bindfaden hinter den Köpfen und am Schnittende zusammenge-

Michael Heinlein, „Spargelfrühstück" (Deutsches Spargelmuseum Schrobenhausen).

bunden, ins kochende Wasser gelegt werden. Nur so kann man ihn, wenn er gar ist, mühelos herausnehmen, ohne daß die wertvollen und empfindlichen Köpfe abbrechen.

Denken Sie jedenfalls daran, daß Spargel mit den Fingern gegessen wird. Die Stangen dürfen also nicht so weich sein, daß sie, wenn man sie vom Teller nimmt, schlaff nach unten hängen. Auf die Assoziationen, die der Spargel wegen seiner Form (vor allem bei den Mädchen) auslöst – aber nicht nur wegen dieser, sondern weil das ganze Drum und Dran jede nicht eingetrocknete Phantasie auf einen einzigen Gegenstand lenkt –, darauf braucht hier wohl nicht eingegangen zu werden; es liegt auf der Hand. Wohl auch deshalb galt er schon im Altertum als Aphrodisiakum, was allerdings bei einem Gemüse, das zu 90 Prozent aus Wasser besteht, eine gewagte Behauptung ist.

Daß aber schon die Griechen ihn aßen und die Römer sogar die verschiedensten Zubereitungsarten kannten, wen wundert's noch? Es gibt ja kaum eine Delikatesse, die sie nicht schon ausprobiert haben, als die Barbaren des Nordens noch vom Mehlpamps lebten. Immerhin waren es Stuttgarter, die den Spargel zum erstenmal in unseren Breitengraden anpflanzten. Das war 1565. Seitdem hat das Frühjahr eine zusätzliche, kulinarische Bedeutung für alle Feinschmecker.

Serviert wird der Spargel übrigens auf einer zusammengefalteten Serviette, damit das Wasser möglichst aufgesaugt wird. Nasser Spargel verbindet sich nur schlecht mit Saucen, und mit heißer Butter schon gar nicht. Vergessen Sie auch nicht, Ihren Gästen eine Fingerschale mit lauwarmem Wasser auf den Tisch zu stellen. Denn mag es noch so rustikal aussehen, wenn man Spargel mit den Fingern ißt, so bedeutet das noch lange nicht, daß sich Ihre Gäste den Spargelsaft an der Serviette abwischen müssen.

Was nun die unterschiedlichen Sorten angeht, den Spargel mit den langen, blauen Köpfen, den grünen Spargel, den geraden, weißen Kurzkopfspargel, so sind diese zwar auch von unterschiedlichem Geschmack, jedoch nur in Nuancen. Der eine schmeckt ein wenig intensiver, der andere vielleicht eine Spur bitterer – aber ich möchte behaupten, daß das alles keine qualitativen Unterschiede sind. Ein Spargelesser bevorzugt diese Sorte, ein anderer jene; und ich glaube, eine Wertung ist hier unangebracht. Jede Sorte kann zur Handelsklasse A gehören. Wichtig ist nur, um das noch einmal zu wiederholen, daß er frisch ist.

Wenn man mich nun fragt, was denn ein Hobbykoch tun könne, damit seine Gäste nicht nur vom edlen Spargel begeistert sind, sondern auch dem Koch Respekt bezeugen müssen, so kann ich nur sagen: Das schafft er mit der Sauce. Denn Spargelkochen ist keine Kunst. Aber jeder, der etwas vom Kochen versteht, wird sich achtungsvoll die Lippen lecken, wenn Ihnen eine Holländische Sauce perfekt gelungen ist. Das ist nämlich eine ziemlich vertrackte Angelegenheit. Und wenn Sie in Ihren Kochbüchern nachsehen, werden Sie finden, daß es für diese berühmte Sauce in sieben verschiedenen Büchern sieben verschiedene Rezepte gibt. Aus den verschiedenen Möglichkeiten habe ich eine herausgesucht, die zwar nicht die einfachste ist (die wird mit Mehl gemacht, danke!), aber eine besonders pikante Variation darstellt.

Eine *Sauce Hollandaise* besteht hauptsächlich aus Eigelb und Butter, das bedeutet, daß sie auf keinen Fall stark erhitzt werden darf, weil sonst das Eigelb stockt. Die wichtigste Voraussetzung für das Gelingen ist eine schwache und vor allem gleichmäßige Hitze. Die erreichen Sie am sichersten, wenn Sie die Sauce im Wasserbad „montieren", wie der Koch es nennt. Also zuerst eine große, hochwandige Pfanne mit Wasser aufsetzen.

Daneben zerlassen Sie in einem kleinen Pfännchen langsam frische Butter, und zwar pro Eigelb 60 Gramm, das bedeutet für 4 Personen: 3 Eigelb = 180 Gramm Butter. In eine schwere Kasserolle geben Sie 1 Teelöffel Butter, 1 Eßlöffel Wasser, 1 Eßlöffel Zitronensaft und 3 Eigelb. Diese Kasserolle in die Pfanne mit dem heißen Wasser stellen und langsam, aber ständig mit dem Schneebesen schlagen, während sich Eigelb, Wasser und Butter erwärmen. Mit dem Finger prüfen, daß die Wärme nicht zur Hitze wird. Haben Sie eine Temperatur von ungefähr 40 Grad erreicht, gießen Sie die inzwischen flüssige, aber nicht heiß gewordene Butter portionsweise, also nicht auf einmal, in das Eigelb, wobei Sie ständig weiterschlagen. Die weiße Molke, die sich auf dem Boden des Butterpfännchens abgesetzt hat, verwenden Sie nicht. Zwischendurch schmecken Sie mit Salz und weißem Pfeffer ab und geben eventuell noch etwas Zitronensaft hinzu. Sie werden merken, wie die Masse nach und nach wunderbar sämig wird. Dann ist Ihre *Sauce Hollandaise* auch schon fertig.

Das dauert ungefähr 15 Minuten, und wenn man es kann, ist es wirklich kein Grund zur Aufregung, besonders wenn man sie im Wasserbad montiert. Profis machen die Sauce am Rande des Herdes, und manche schlagen die ungeschmolzene Butter stückchenweise hinein wie bei einer *Sauce Beurre Blanc.* Dadurch wird sie noch sämiger, fast so steif wie Mayonnaise; die Herstellung dauert aber länger. Und da man Buttersaucen nur frisch machen kann, halte ich es für unzumutbar, daß ein Hobbykoch sich eine halbe Stunde in der Küche mit der Sauce abmüht, während sich seine Gäste auf dem Sofa verlustieren. Wenn Sie es noch raffinierter lieben, so ziehen Sie unter die fertige, diesmal aber stärker gewürzte *Sauce Hollandaise* noch 3 Eßlöffel steifgeschlagene Sahne: Dann haben Sie eine *Sauce Mousseline* montiert, und das macht Ihnen so leicht keiner nach.

Zum Spargel passen aber auch kalte Saucen, wie eine *Sauce Vinaigrette,* eine *Sauce Tatar* usw. Die entsprechenden Rezepte finden Sie in allen Kochbüchern. Natürlich kann man Spargel auch kalt als Vorspeise essen. Das hat den Vorteil, daß man ihn vor Ankunft der Gäste vorbereiten kann. Und ebenfalls die Sauce, die berühmte *Grüne Frankfurter Sauce* – Goethes Lieblingssauce. Das ist eine Kräutersauce, die gerade zur Spargelzeit, wenn es frische Kräuter gibt, am besten schmeckt.

Sie besteht aus 1 Tasse feingehackter Petersilie, Estragon und Kerbel; 1 Tasse feingehackter Borretsch. Die Kräuter vermengt man mit 1 Teelöffel Senf, 1 Tasse Olivenöl, 3 Eßlöffel Weinessig , 3 hartgekochten Eigelb sowie Salz und Pfeffer und streicht sie durch ein feines Sieb. Experimentierfreudigen Köchen ist auch Dill und Majoran erlaubt. Schließlich kann man das Eiweiß feinhacken und zum Schluß unter die Sauce rühren. Wichtig ist nur, daß der Spargel makellos ist, so frisch, so zart und so delikat, daß sich auch der passionierteste Wintersportler nach dem Mai und Juni sehnt – der Spargelzeit.

Spargel – Namen, Städte und Begriffe

Abensberg: Bekannte und sehr sehenswerte Spargelstadt im Dreieck Landshut–Regensburg–Ingolstadt. Ca. 50 Hektar Anbau, 150 Erzeuger; typische Lokale.

Anthozyan: Blauer Pflanzenfarbstoff, der beeinträchtigend auf den Kopf und dann die Stange des Bleichspargels (s. dort) einwirkt, sobald dieser durch die Erde an die Luft stößt.

Apothekenspargel: Spätmittelalterliche Bezeichnung für Spargel, der zur Durchführung verordneter Spargelkuren (s. dort) nur in Apotheken, meist vom Apotheker selbst gezogen, erhältlich war.

Asparagin: Chemischer Stoff mit diuretischer, d. h. harntreibender Wirkung, insb. in den Spargelköpfen enthalten (Aminosäure; dient als Eiweißbaustein vor allem der Bildung weißer Blutkörperchen).

Asparagus Linné: Botanischer Oberbegriff aller Spargelgattungen, zugehörig zur 6. Klasse und natürlichen Familie der Liliaceae.

Asparagus officinalis Linné: Botanische Bezeichnung des zum Verzehr regelmäßig verwendeten kultivierten Spargels. Frühere Bezeichnungen: asparagus hortensis; asparagus domesticus (Gartenspargel bzw. gezähmter Spargel im Unterschied zum wilden Spargel). Auch: asparagus sativus und asparagus altilis.

Augustus: Kaiser des Römischen Reiches (63 v. Chr. bis 14 n. Chr.); bekanntester Spargelliebhaber der römischen Spargelepoche; ihm wird der Satz zugeschrieben: velocius quam asparagi coquentur! (Tue es schneller, als du Spargel kochen kannst!).

Ausländische Bezeichnungen (Auswahl): Französisch: asperge; Italienisch: asparago, spargi; Niederländisch: asperge, spargel; Englisch: asparagus (16. u. 17. Jh.), sperage (17. u. 18. Jh.), sparrowgrass (= Sperlingsgras); Dänisch: asparages, sparges; Schwedisch: sparges, spargel, spargen; Lettisch: spargeli; Litauisch: sparelis, starelis; Polnisch: szparag; Russisch: sparza; Serbokroatisch; sparog, sparga; Rumänisch: sparanghel, sparangin; Griechisch: asparagos.

Bassermann, Max: Schwetzinger Spargelgroßanbauer, der 1871 die erste große Kultur von 24 Morgen anbaute.

Bergspargel: Spargelsorte im Römischen Reich, von der Juvenal berichtet; auch in Ägypten um 200 n. Chr. bekannt.

Musterbifang zur Demonstration auf dem Münchener Viktualienmarkt.

Bifang: Erdwall über den Spargelpflanzen, um Wachstum der Sprossen unter Ausschluß des Lichtes zu erreichen (s. a. Bleichspargel und Kegelbau); seit Anfang des 19. Jh. gebräuchlich („Pifänge anlegen“).

Bleichspargel: (Auch: weißer Spargel); seit Mitte des 18. Jh. durch verschiedene Hilfsmittel wie Holunder- u. Tonröhren, Holzhauben, Flaschen, schließlich Erdaufschüttungen (s. a. Kegelbau; Bifang) erreichte Verzögerung der Farbstoffbildung durch Lichtausschluß; zunächst nur im geringen Umfange, ab Mitte des 19. Jh. jedoch mit dem Aufkommen der Konservenindustrie und der damit verbundenen Notwendigkeit der Gleichförmigkeit des Doseninhalts in Deutschland nahezu ausschließliche Erzeugung des Bleichspargels. Heute auch im traditionellen Grünspargelland Frankreich dominierend (Ausnahme: Südfrankreich).

Braunschweig: Bedeutendste Spargelstadt Deutschlands seit Mitte des 19. Jh. für die Spargelkonservierung; berühmteste Sorte: „Ruhm von Braunschweig“. Die Stadt Heinrichs des Löwen ist voller Sehenswürdigkeiten aus historischer Vergangenheit. So der Dom, der Burgplatz, das Gildehaus, die Burg, das Altstadtrathaus oder die einmaligen Hallenkirchen. Mit über 250 000 Einwohnern ist Braunschweig liebenswerte Großstadt. Bekanntestes Spargel-Restaurant in ebenso sehenswertem Gebäude: „Haus zur Hanse“.

Brechspargel: Frühere Bezeichnung für durch Brechen gewonnenen Spargel; heute Bez. für mindere Qualität, insb. Stärke der Stangen.

Bruchsal: Bedeutende Spargelstadt in der Nähe von Karlsruhe. Die Anbaufläche beträgt etwa 370 Hektar im Landkreis. Bekannteste Anbaugemeinden Oberhausen, Wiesental, Philippsburg, Weiher, Huttenheim, Kronau, Karlsdorf, Forst, Hambrücken und

Büchenau. Absatz über die Großmarkthalle Bruchsal, die zu den führenden Spargelmärkten der Bundesrepublik zählt. Viele typische Spargelgaststätten in der Stadt und im Umland.

Bruchspargel: Für Konserven verwendbare Stücke von Spargel. Darf nicht in Qualitätsbündeln enthalten sein.

Bundessortenamt: Überwacht (u. a.) die in das Sortenschutzverzeichnis aufgenommenen Spargelsorten aufgrund des „Sortenschutzgesetzes“ vom 20. 5. 1968.

Chlorophyllbildung: Bewirkt das Ergrünen der Spargelköpfe (u. später d. Stangen) nach dem Durchstoßen des Bodens.

Cladodien: s. Spargelblätter.

Corruda: Wildwachsender Spargel in der Antike und Frühzeit; nach Plinius auch zu Beginn der nachchristl. Zeitrechnung „reichlich in Obergermanien vorkommend“.

Deutsches Spargelmuseum: Ausstellung und Sammlung typischer Spargelgeräte, Geschirrs, Zangen und Heber, Gemälde, Speisekarten, Rezepte, wissenschaftl. Beschreibungen, Plastiken, Werbematerialien, Fotos u. v. a. m. 1983 initiiert von Dr. Klaus Englert, Otto Schöpf und Rudolf Peterke in Schrobenhausen/Bayern, nunmehr im Eigentum der oberbayerischen Spargelstadt.

Dörrspargel: An Schnüren aufgereihte, luft- oder heißluftgetrocknete Stangen, die schon bei den Römern im Winter Verwendung fanden.

Düngung: Wesentlichste Voraussetzung für das Gedeihen des Spargels; schon Cato empfahl um 150 v. Chr. Schafsmist. Ein eigener Zweig der Wissenschaft befaßt sich heute damit. Heute üblich – außer Stall- und Kompostdüngung mit Stickstoff- und Kalisalzbeimengung sowie Gründüngung – Kunstdünger, insb. mit Magnesiumbestandteilen.

Edelgemüse: Herkömmliche Bezeichnung für Spargel seit dem 16. Jh.; (auch: königliches Gemüse; Gaumenschmeichler).

Federspargel: Asparagus plumosus; für Blumensträuße häufig verwendete Zierpflanze.

Flaschenspargel: Im 19. Jh. zum Patent angemeldetes Verfahren, weißen Spargel durch Aufsetzen einer Flasche möglichst lang zu erhalten. Wird vereinzelt noch heute in Frankreich als besondere Delikatesse gezogen, insb. auch wegen der oft bizarren Formen, die sich in der Flasche durch „Umwachsen“ ausbilden.

Folienanbau: Seit der zweiten Hälfte des 20. Jh. zum Teil vollmechanisierte Möglichkeit, durch Abdecken der Bifänge (s. dort) mit dünnen Plastikfolien um Wochen früher Spargel ernten zu können. Bewährt: schwarze Mulchfolien.

Frischspargel: Spargel, der spätestens einen Tag nach dem Stechen zur Verarbeitung gelangt. Zu erkennen am Schnittende: bei nicht zu starkem Druck tropft aromatisch duftender, keinesfalls sauer riechender Saft heraus. (Die Geruchsprobe schützt vor der Manipulationsmöglichkeit, alten Spargel durch „Nachschneiden“ der Stangen als Frischware anbieten zu können.)

Gefrierspargel: In Tiefkühlgeräten frisch, jedoch nicht im vollen Aroma gehaltener Spargel.

Geldern-Walbeck: Spargelanbaugebiet am unteren Niederrhein.

Gemüse-Spargel: Andere Bezeichnung für Asparagus officinalis (s. dort).

Gennep-Venlo: Spargelanbaugebiet im benachbarten Holland. Große Teile der Ernte werden in Deutschland, besonders am Niederrhein, abgesetzt.

Goch-Kessel: Bekanntes Spargeldorf am Niederrhein, im Kreis Kleve gelegen, mit hervorragenden Spargel-Restaurants. Gesamtanbaufläche im Kreis Kleve: 55,32 ha mit einem Gesamtertrag von ca. 2000 Doppel-Tonnen.

Göschke, Franz: Königlicher Gartenbaudirektor und Lehrer am königl. pomologischen Institut zu Proskau. Bedeutender Forscher und Züchter in der Zeit von 1870 bis 1910 (Schriften, u. a.: „Einträgliche Spargelzucht“ in mehreren Auflagen).

Grünspargel: Bis Mitte des 18. Jh. ausschließlich erzeugter Spargel; heute vor allem in Südfrankreich und den USA. Verstärkter Anbau nun auch in der Bundesrepublik Deutschland und in den Niederlanden; wird ca. 15 bis 20 cm über dem Boden gestochen; durch Lichteinwirkung ist der oberste Teil der Sprosse grün, der Geschmack deutlich herber und „gemüseähnlicher“, die Vitaminanreicherung größer als beim Bleichspargel.

Handelsklassen: Seit der Mitte des 19. Jh. gebräuchliche Klassifizierung von Spargel nach Größe und Aussehen; zunächst nur örtliche Handelsbräuche, später allgemein verbindliche Übereinkünfte (s. z. B. Schwetzinger Marktordnung), nunmehr im Rahmen der Europäischen Wirtschaftsgemeinschaft (EWG) gültige Normen. Klassen: „Extra“, „I“, „II“ und „III“.

Hartmann, Hans-Dieter: Professor, Leiter der Forschungsanstalt Geisenheim; bedeutendster Spargelforscher des 20. Jahrhunderts.

Hopfenspargel: Keimlinge von Sprossen der Hopfenpflanze, die wie Spargel genossen werden können. Geschmacklich völlig anders. Heute wegen der chemischen Behandlung der Hopfenanlagen nicht mehr sehr verbreitet.

Huchel, A.: Diplom-Landwirt und Züchter der sog. „Huchels Leistungsauslese“ in Osterburg/Mark Brandenburg.

Hügelpflanzung: Aufbringen der Wurzeln, kegelförmig, auf einem Erdhügel.

Johanni – 24. Juni: Traditioneller letzter „Stichtag“ für die Spargelernte, um der Pflanze Gelegenheit zur Assimilation und damit Stärkung zu geben. Überschreitung des Termins regelmäßig nur zum „Totstechen“ von Kulturen (s. dort).

Korallenbeere: Frucht der Spargelpflanze, auch „Teufelstraube“ genannt; erbsengroß, ziegelrot bis 8 mm dicke kugelige Beere, in der sich der Spargelsamen (s. dort) befindet.

Lhérault, Louis: Bekanntester Spargelzüchter in Argenteuil/Frankreich und Erfinder der gleichnamigen Zuchtmethode (1803–1888). Sorten: Précoce d'Argenteuil; Tardire violette d'Argenteuil; Blanche rosèe d'Argenteuil.

Marsch-Spargel: Spargelsorte in Ägypten um 200 n. Chr. (neben dem Bergspargel).

Nienburg: Typischer und idyllischer Spargelort im Norden Deutschlands mit ebenso gemütlichen wie spezialisierten Lokalen.

Osten, N.: Züchter des in aller Welt bekannten „Ruhm von Braunschweig“.

Patentspargel: Um 1880 patentiertes Verfahren (auch „Schutzkappenverfahren“ genannt), um weißen Spargel zu erhalten (s. auch Flaschenspargel). Verwendung fanden hauptsächlich Blechbüchsen und Blumentöpfe.

Pfeife: Andere Bezeichnung für Spargelstange.

Pflanzarten: 1. Beetpflanzung für mehrreihige Anlagen; 2. Reihenpflanzung für einreihige Anlage; 3. Grubenpflanzung für Einzelspargelanlage.

Pflanzgraben: Ist zum Aufnehmen der Jungpflanzen bestimmt. Die exakte Erstanlage ist von wesentlicher Bedeutung, da die Vorgabe der Abstände für praktisch die gesamte Ertragsdauer erfolgt.

Pflanzzeit: Beste Pflanzzeit für den Spargel ist das Frühjahr, wenn die Pflanze zu treiben beginnt, meist zweite Hälfte des April.

Qualitätsspargel: Spargel, der den Anforderungen der Handelsklassen (s. dort) entspricht (s. auch: Spargel-Sortierung).

Quecke: Unkraut, grasartig mit langen Wurzeln, das zu den größten Schäden in Spargelanlagen bei nicht konsequenter Vernichtung führen kann.

Requita asparagus: Römische Spezialität mit Honig, in den Spargel zur Haltbarmachung eingelegt wurde.

Rhizom: s. Spargel-Wurzelstock.

Riesenspargel: Plinius berichtet um die Zeitenwende von Riesenspargel aus Ravenna (3 Stück auf ein Pfund); „Erfurter Riese“; „Braunschweiger Riese“ (s. Spargel-Sorten); Sortierungsbegriff für Konservenspargel: 18 Stangen von 17 cm Länge in 1/1-Dose.

Rohspargel: Nichtzubereiteter, frischer Spargel.

Salzspargel: In Salz eingelegter Spargel.

Setzholz: Dient zum Distanzhalten beim Pflanzen des Spargels.

Spargel: 1. Allgemeine Bezeichnung für junge Triebe von Pflanzen, die noch zart und noch nicht verholzt sind. Hieronymus Bock schreibt im 16. Jh. bereits: „Sonst ist der nam Asparagus ein gemeiner name aller Kreutter, die das erst mal jre junge Dolden oder bletter herfür stoßen."
2. Gebräuchliche Bezeichnung für das aus den Sprossen des asparagus officinalis L. gewonnene Gemüse.

Spargelaroma: Typischer Geschmack des frischen Spargels, der je nach Sorte und Boden verschieden ist.

Spargelarten: Die Wissenschaft kennt rund 100 verschiedene Spargelarten (s. auch Spargel-Spezies).

Spargelausstellung: Erstmals 1875 in Schwetzingen veranstaltete Schau zur Vorstellung und Prämierung verschiedenen Saatgutes und neuer Zuchterfolge. Heute in vielen Anbaugebieten, meist auch bei Landwirtschaftsausstellungen, üblich.

Spargelbau: s. Spargelzucht.

Spargelbaum: Strauch (rhamnus frangula), der wegen seines weichen, weißen Holzes mit Spargel in Beziehung gebracht wurde.

Spargelbeere: s. Korallenbeere.

Spargelbeet: Anlage zum kontrollierten Wachstum des Spargels in Forschungsanstalten, aber auch in Gärten.

Spargelbohne: Pflanzenart (Lotus), die nicht mit Spargel verwandt ist.

Spargelbündel: Seit der Antike wird Spargel zum Kochen bündelweise zusammengefaßt (so auch auf dem ältesten bekannten Gemälde aus Pompeii). Spargelbündel dienen auch dem Verkauf.

Spargelbündler: Seit dem 19. Jahrhundert, erstmals in Frankreich eingesetzte Hilfsvorrichtung zur leichteren und einheitlichen Bündelung der Spargelstangen (s. Spargelbündel).

Spargelerbse: (Lotus siliqosus). Die Triebe dienen als Spargelersatz. Die Bezeichnung Spargelerbse wird auch für in kleine Stücke geschnittene Grünspargel (in „Erbsengröße") verwandt.

Spargelertragsdauer: Wird beeinflußt von Bodenkraft (s. Düngung), Standweite und insb. auch die pflegliche Behandlung beim Stechen; im allg. bis zu 20 Jahren; der in seiner Entwicklung ungehindert flach wachsende wilde Spargel erreicht infolge ständiger Verjüngung ein praktisch endloses Alter.

Spargelerzeugergenossenschaft: Zusammenschluß mehrerer Spargelanbauer zu fester Verkaufsverpflichtung gegenüber Großabnehmern (z. B. Konservenfabriken oder Großmärkten (z. B. Heidelberg, Bruchsal, Braunschweig, Ingelheim, Straehlen, Hamburg, Griesheim, München).

Spargel-Eßweise: In Jahrhunderten entwickelte, sich stets wandelnde Art: Im Römischen Reich mit den Fingern, übernommen auch in Deutschland, z. T. bis heute. „Vorschriftsgemäß" ist heute auch die Verwendung von Gabel und Messer.

Spargelfachberater: Bei nahezu allen Landwirtschaftsämtern in Anbaugebieten eingesetzte Spezialisten zur Beratung von Erzeugern.

Spargelfliege: (Platyparea poeciloptera). Schädling, der seine Eier durch Stich in oder an die Pflanze bringt. Die Maden wachsen im Inneren der Stengel.

Spargelgeräte: Oberbegriff für alle Gerätschaften, die speziell für den Spargelanbau seit dem 18. Jahrhundert entwickelt wurden. Z. B.: Spargelpflüge (Häufelpflug, z. B. „Kastenadler"; Spargelbeet-Scheibenpflug; Zweischarbeetpflug; Vierscharpflug; Universalpflug); Spargelbeetformer; Spargelegge; Spargelwalze (Ringel- und Glättwalze); Untergrundlockerer; Stechmesser; Spargel-Sägen; Spargel-Klappe; Schneidholz; Spargellade; Spargel-Dammgerät; Spargel-Grabemaschine; Spargel-Pflanzmaschine; Pflanzstuhl; Abschneid-Box; Spargel-Wasch- und Sortiermaschine; Folienaufbringanlage.

Spargelgericht: Speise unter Verwendung von Spargel als Hauptbestandteil.

Spargelgeschirr: Spezielle Form von Keramik zum Servieren der Stangen. Seit dem 18. Jh. als Platten und Liegen (s. Spargelliege); Teller erst seit dem 20. Jh.

Spargelhähnchen: (Crioceris asparagi). Blattkäfer mit rotbraunem Halsschild, der mit seinen Larven das Laub der Spargelpflanzen frißt.

Spargelheber: Tortenschaufelähnliches Gerät zum Servieren der Spargelstangen, meist mit Querrillen (s. auch: Spargelzange).

Spargelkäfer: (Crioceris Geoff.). Auch Schirmkäfer genannt; lebt auf und vom Spargel.

Spargelkaffee: Aus Spargelsamen gewonnenes Surrogat für Kaffee, insb. zur Zeit Napoleons I. um 1806 wegen der durch die Kontinentalsperre bewirkten Kaffee-Einfuhr-Reduzierung.

Spargelkeller: Seit dem 18. Jahrhundert gebräuchliche, meist aus Ziegeln errichtete, rechteckige Form zur „Erziehung" des Spargels im Winter.

Spargelkenner: Gourmet mit der Fähigkeit zur Unterscheidung der Spargelsorten nach ihrem Geschmack. „Der Spargelkenner liebt den frisch gestochenen Spargel, 1 Pfund pro Mahlzeit, nur mit Butter."

Spargelkiste: Für den Versand seit Mitte des 19. Jh. verwendete Spezialkiste.

Spargelklee: Art aus der Gattung Hornklee ohne Bezug zum Spargel.

Spargelkocher: Spezieller Topf mit Einsatz zur Zubereitung des Spargels; bekannt seit dem 19. Jahrhundert, vermutlich um 1870 durch Ka-

„Kastenadler-Pflug“ – Dreiergespann mit zwei Pferdeführern.

tharina Prato in die Kochlehre eingeführt. Heute in verschiedenen Formen, insb. aus Emaille, im Gebrauch.

Spargelkochwasser: Ausgangsmedium für die Spargelzubereitung seit der Antike. Zusatz von Salz (ein gehäufter Teelöffel/Liter) bei weißem Spargel. Bei Grünspargel zusätzlich eine Prise Zucker.

Spargelkochzeit: Je nach Sorte und Dicke verschieden. Zwischen 4, 5 und 30 Minuten. Die Garzeit ist erreicht, wenn sich die Stangen am dickeren Ende leicht anstechen lassen. I. d. R. weißer Spargel 10 bis 20 Minuten, Grünspargel 8 bis 15 Minuten.

Spargelkönigin: Seit 1975 auf Initiative des Gastronomen Jakob Stief sen. in der Anbauregion Schrobenhausen eingeführte Wahl einer jungen Dame mit zwei Vertreterinnen zur Repräsentation des „königlichen Gemüses“ in Presse, Rundfunk, Fernsehen, bei der Werbung und Empfängen. Voraussetzung ist eigener oder elterlicher Spargelanbau.

Spargelkohl: Andere Bezeichnung für Brokkoli-Gemüse.

Spargelkonserve: In der Mitte des 19. Jahrhunderts in Braunschweig entwickelte Methode, Spargel in einer Blechdose einzulöten und dadurch länger haltbar zu machen. Heute im Angebot: Stangenspargel, Brechspargel und Spargelköpfe. Daneben Bruchspargel in sog. Mischgemüse-Dosen.

Spargelkonservierung: Bereits die Römer und Griechen kannten die Konservierung des Spargels durch Einlegen in Salz oder Honig. In Deutschland seit dem 17. Jahrhundert in verschiedenen Varianten bekannt (Leder/Schmalzgefäßkonservierung; Lorbeer-/Pfeffer-Methode; Salzeinlage). Ab 1852 in Blechdosen (s. Spargelkonserve) und sog. „Weck-Gläsern“ mit Essigessenz und anderen Zutaten. Heute erfolgt das mechanisierte Eindosen (bei Temperaturen bis zu 120 Grad Celsius) im sog. Vakuumverfahren. Für die Sortierung bestehen exakte Richtlinien.

Spargelkorb: Seit dem 19. Jahrhundert gebräuchlicher Korb zur Aufnahme der frisch gestochenen Stangen in rechteckiger, aus Holzspan (mit Griff) bestehender Form. Wird heute durch Plastikkörbe ersetzt. Als Spargelkorb wurden auch die ab ca. 1880 bis 1950 gebräuchlichen 1-Zentner-Weidenkörbe für den Bahnversand bezeichnet.

Spargelkraut: Farnig-grüner Staudenbewuchs beim Auswachsen der Pflanze.

Spargelkürbis: Speisekürbis, der keine Ranken bildet und porzellanweiße bzw. glänzend-grüne Früchte bringt (daher der Name). Auch: Zwergkürbis.

Spargelkur: Seit dem Mittelalter gebräuchliche Kur, ausschließlich auf den Genuß von Spargel in verschiedenen Varianten (Sud; Stangen; Salat etc.) aufbauend; sog. „Reinigungskur“ (s. auch: Apothekenspargel). Wegen der diuretischen Wirkung insb. dickleibigen Personen verordnet.

Spargellade: Dreiseitiger Holzkasten als Hilfsmittel zur Erreichung einheitl. Spargellängen zum Verkauf.

Spargellagerung: Spargel darf weder im Wasser aufbewahrt werden (auch das Waschen nur unter fließendem Wasser) noch dem Frostbereich ausgesetzt sein. Beste Temperatur zur Aufbewahrung im frischen Zustand: 0,5 bis 1 Grad C. Seit dem 16. Jh. wird Spargel zum Frischhalten auch in dunklen, kühlen Kellern, mit Sand bedeckt, aufbewahrt.

Spargelland: Frühere Bezeichnung für die reine Anbaufläche; heute Regionsbezeichnung für Anbaugebiete, z. B. Schrobenhausener Spargelland, Volkacher Spargelland.

Spargellehre: Meßholz zur Feststellung von Wuchs und Größe von Spargelstangen.

Spargelliege: Keramikgeschirr, meist mit naturalistischer Abbildung von Spargel. Dient seit dem 18. Jahrhundert zum Servieren des Spargels im Bündel. Erste spezielle Nutzform von Spargelgeschirr (im Unterschied zu den sog. Spargel-Deckeldosen, die reine Tischzierfunktion hatten).

Spargelliteratur: Spezielle Abhandlungen über Anbau und Verwertung von Spargel in Form von Monographien, Aufsätzen und Kurzbeiträgen (s. Literaturübersicht). Bedeutende Sammlungen: Forschungsanstalt Geisenheim/Rhein; Europäische Gartenbaubücherei bei der Techn. Universität Berlin; Deutsches Spargelmuseum Schrobenhausen.

Spargelmarkt: Bezeichnung für örtliche Verkaufsstätten (z. B. Schwetzinger Spargelmarkt), aber auch für die Verbreitung über Ländergrenzen hinweg. Heute gibt es zahlreiche Länder, die in irgendeiner Form Spargel produzieren, z. B. Frankreich, Formosa, Belgien, Ceylon, Italien, Algerien, Norwegen, Australien, Niederlande, USA, Österreich, Peru, Spanien, Marokko, Südafrika, Sowjetunion, Griechenland, Israel, Großbritannien, DDR und Bundesrepublik Deutschland.

Spargelmesser: Seit der Mitte des 18. Jahrhunderts gebräuchliches Spezialmesser zum Stechen des Spargels, erstmals beschrieben 1781 von C. F. Seidel. Aus zahlreichen Typen haben sich drei Grundformen durchgesetzt.

Spargelminierfliege: (Ophiomyia simplex). Etwa 2,5 mm große, glänzend-schwarze Fliege, deren Larve im Gewebe grüner Spargelstengel Gänge frißt.

Spargelmuseum: s. Deutsches Spargelmuseum.

Spargelnamen: Seit 1516 „Spargel“ (erstmals in Augsburg). Im 14. Jh. „sperhagen“, im 15. Jh. „spargen“, „sparagus“, „sparger“. Regional verschiedene Bezeichnungen, z. B. „Spargus“ (Pommern 1828); „Sparjes“ (Bremen 1770); „Sparges“ (Aachen); „Schpargel“, „Spergel“ (Niederböhmen); „Spargele“, „Sporje“ (Frankfurt/Main); „Sparigel“ (Niederösterreich); „Spargle(n)“ (Deutsch-Schweiz); „Sprajel“ (Lothringen); „Speigle“ (Billigheim/Pfalz); „Sporcheln“ (Oberelsaß). Auch (umgangssprachlich): Spike, Spieke, Donnerwurz, Schwammwürz, Hosendall (Anspielung auf Aphrodisiacum).

Spargelnormen: 304 n. Chr. erstes bekanntes „Spargeldekret“ durch Kaiser Diocletian (Spargelhöchstpreisverordnung). Über Regionsvereinbarungen heute allgemein gültige Normen zur Spargelsortierung und Bezeichnung. Auch Sortenschutz seit 1968 möglich (s. auch EWG-Normen sowie: Zusammenstellung d. Spargelgesetzgebung).

Spargelplatte: Spezielles Spargelgeschirr, meist mit natural. Darstellung des Spargels in Keramik und Silber, seit dem 19. Jh. (s. auch: Spargelliege und Spargelgeschirr).

Spargelproduktion: In der Bundesrepublik Deutschland wurden – Stand 1980 – aus 3854 ha Anbaufläche rund 10 000 Tonnen Spargel gewonnen (im Vergleich: Frankreich 41 100 t aus 20 331 ha; Spanien 50 686 t aus 14 740 ha).

Spargelpifang: s. Bifang.

Spargelredewendungen: „Tue es schneller, als Spargel gekocht ist!“ (Augustus); „Was eine Traubenkur im Herbst, ist eine Spargelkur im Frühling“ (Altmärker Werbung); „Eßt mehr Spargel!“ (Werbung um 1925); „Wie sehr die wilde Spargen sticht, Pringt sie doch hertzlich süße Frücht.“ (Ehzuchtbüchlein 1578); „Laßt die Spargel munter schießen, laßt die Buttersauce fließen, taucht die Spargel fluchs hinein, doch laßt keinen holzig sein!" (Fassadenspruch aus Schwetzingen). „Bis Johanni – nicht vergessen – sieben Wochen Spargel essen!" (Alter Spargelreim)

Spargelregionen: Bezeichnung für Gebiete mit besonders großem Anteil Spargelerzeugung (Auswahl, ohne Reihen- oder Rangfolge): Abensberg/Hallertau, Alt-Mölln, Amelinghausen, Bamberg, Berlin, Braunschweig, Bruchsal, Burgdorf, Darmstadt, Didderse, Erlangen, Germersheim, Hannover, Hopsten, Ingelheim, Kitzingen, Lübeck, Lüneburg, Mainz, Münster, Nienburg, Nürnberg, Oberbaden, Rastatt, Schrobenhausen, Schwetzingen, Tettnang, Uelzen, Ulm, Vechta, Veitshöchheim, Volkach, Winsen/Luhe, Worms.

Spargelrestaurant: Bezeichnung für ein Speiselokal, in dem während der Saison (April–Juni) frisch gestochener Spargel (in oft hundertfacher Variation, z. B. „Spargel-Hawaii") verarbeitet und praktisch ausschließlich auf der Speisekarte zu finden ist. In den USA gibt es sog. „Spezial-Spargel-Restaurants", die ganzjährig Spargel aus aller Welt in sämtlichen Zubereitungsarten anbieten.

Spargelrezepte: Spezialrezepte für die Spargelzubereitung mit zahlreichen Zutaten. Deutsche Sammlungen: Adam (Spargel, Du meine Wonne); Reimers (Das Spargelkochbuch) und Stein (Schwetzinger Spargelbuch). In praktisch allen Kochbüchern, erstmals 1581 durch Marx Rumpoldt, finden sich Einzelrezepte. Bekannt auch die alljährlich in der Zeitschrift „Essen & Trinken" erscheinenden Rezepte.

Spargelrost: (Puccinia Asparagi DL). Häufige Pflanzenkrankheit in Form eines Schmarotzerpilzes, der sich in der äußeren Rindenhaut festsetzt.

Spargelsaatzuchtanstalt: Landwirtschaftl. Betrieb, der entweder selbst oder durch sog. Vermehrerbetriebe Saatgut und Jungpflanzen zieht. Älteste Zuchtstation Europas: Südwestdeutsche Saatzucht Dr. Hans Rolf Späth, Rastatt (Sorten: „Schwetzinger Meisterschuß" und „Lucullus"). Weitere bekannte Anstalten: H. Steiner, Moers (Grünspargel, Sorte Spaganiva); Deutsche Spargelhochzuchtstation A. Huchel; Sorten: „Huchels Leistungsauslese"; „Huchels Schneewittchen". In Frankreich bekanntester Betrieb: Darbonne, mit zahlreichen Sorten.

Spargelsamen: Enthalten in der Spargelbeere (s. dort). Schwarz, 3 bis 4 mm breit; runzelig gestreift.

Spargelsammelstelle: Abgabeort für die Tagesproduktion, oft auch nur Halbtagesernte, von Erzeugern einer Region oder Genossenschaft. Von dort Verladung und Transport auf schnellstem Wege zu den Großmärkten und Konservenfabriken, z. B. mit Großraum-Rollcontainer-Fahrzeugen.

Spargelsauce: Spezielle Sauce für Spargelgerichte. Bekannt: „Sauce Béchamel".

Spargelschäler: Messerartiges Küchengerät zum Entfernen der harten, fasrigen Schale der Stangen. Seit Ende des 19. Jh. in Gebrauch. Bekannt: „Braunschweiger Messer".

Spargelschalen: Fallen beim Schälen der Stange an. Werden gewaschen und getrocknet seit dem Mittelalter zum Kochen einer geschmackstypischen Brühe verwendet.

Spargelsirup: Harntreibendes, homöopathisches Mittel, auch als Aphrodisiakum verwendet.

Spargelsorten: Seit dem 19. Jh. gibt es zahlreiche, meist auf Gebiets- oder Züchternamen lautende Sorten. Auswahl (ohne Qualitätszuordnung): „Gelber Burgunder Spargel (Züchter: A. Lucke, Osterburg); „Schneekopf" (Z.: B. Pee, Hallerstadt) (auch verbreitet als „Gubener Riesenspargel", „Non plus ultra", „Weißköpfiger Riesenspargel", „Weißkopf", „White Columbian", „Silberblick"). „Connovers Colossal" (Z.: P. Henderson, New Jersey); „Palmetto" (auch „Wunder von Amerika"), „Ruhm von Braunschweig" (Z.: N. Osten); „Erfurter Riesenspargel"; „Schwetzinger Meisterschuß (Z.: G. A. Unselt); „Lucullus"; „Huchels Leistungsauslese" (Z.: Huchel); „Optima"; „Rekord"; „Sieg"; „Heiser"; „Spaganiva" (zum Teil finden sich mehrere Untergruppen der Sorten, z. B. beim Lucullus 6 Arten). Französische Sorten (Auswahl): „Argenteuil" (mit versch. Untergruppen); „Darbonne 231"; „Minerve"; „Junon"; „Diane"; „Aneto"; „Desto"; „Larac"; „Steline"; „Cito"; „Niederländ. Sorten: „V 18 × L 10"; „Limbras" (4 Untergruppen); DDR: „Start"; „Eros".

Spargelspitze: Oberster, weichster Teil der Spargelstange, der bes. gegen Frost empfindlich ist. Als „Spargelkopf" eigene Handelsklasse.

„Spargelspitzen": Laien-Kabarett mit kommunalpolitischen Bezügen in der Spargelstadt Schrobenhausen.

Spargelstangeninhaltsstoffe: 100 Gramm weißer Spargel enthalten im Mittel: Vitamin A: 0,004 mg; Vitamin B 1: 0,1 mg; Vitamin B 2: 0,1 mg; Vitamin C: 16 mg; Niazin: 0,5 mg; Eisen: 0,7 mg; Kalzium: 16 mg; Kalium: 15 mg; Phosphor: 35 mg; Kohlehydrate: 2,5 g; Eiweiß: 1,5 g.

Spargelstechen: Ernte des Bleich- und Grünspargels mit Hilfe spezieller Stechmesser (s. dort), durch die mit einem Stich die Stange kurz über der freigelegten (Teil-)Wurzel bzw. 15 cm unterhalb des Kopfes (beim Grünspargel) durchtrennt wird. Früher wurde Spargel mit den Fingern gebrochen (Spargelbrechen), Grünspargel gepflückt (Spargelpflücken), geschnitten (mit normalen Küchenmessern) und gesägt (spez. Spargelsäge).

Spargelstecher(in): Person, die mit Hilfe des Stechmessers (s. dort) den Spargel sticht. Beim Bleichspargel sind Erfahrung und Fingerspitzengefühl sowie ein gutes Auge erforderlich, um zunächst die feinen Risse auf den Bifängen (s. dort) zu erkennen, die das Durchstoßen der Spitzen anzeigen. Beim Stechen selbst muß genauestens darauf geachtet werden, daß der Wurzelstock selbst nicht verletzt wird, insb. auch nicht mit gewärmter Erde die freigelegte Stelle wieder bedeckt wird, da dies bereits zu nachteiligem Einfluß auf die nachfolgenden Stangen führen kann. Werden austreibende Spitzen übersehen, so färben sich diese im Verlaufe des weiteren Austretens durch Lichteinwirkung rosa bis violett, später grün, was zur Qualitätsminderung führt (s. auch Chlorophyllbildung).

Spargelstengel: In der Wachstumsphase der 2. Jahreshälfte entstehender, mehr oder weniger holziger Stiel, verästelt und verzweigt, aufrecht, dünn, rankend, gewöhnlich einjährig; wird bis 3 m hoch.

Spargelstock: Bezeichnung der einzelnen Pflanze. Sie kann samentragend (weiblich), nicht samentragend (männlich) und gemischtgeschlechtlich sein (zählt zu der triözischen Gruppe der polygamischen Pflanzen).

Spargelteller: Spezieller Teller, meist in länglicher Form mit Darstellung von Spargel; gebräuchlich seit Mitte des 20. Jh., Ursprung meist Italien und Frankreich (s. auch: Spargelgeschirr).

Spargeltopf: Seit Ende des 19. Jh. in verschiedenen Formen in Gebrauch. Heute überwiegend aus Edelstahl, Chromargan mit Spezialeinsätzen. Zum Spargelkochen darf nie ein Aluminiumtopf verwendet werden, da dieser durch die chemische Reaktion mit den Spargelinhaltsstoffen (s. dort) zu grauer Verfärbung des Spargels führen kann.

Spargeltreiben: Gewinnung von Spargel in speziellen Behältern oder Treibhäusern unabhängig von der Jahreszeit. Erstmals 1774 in großem Umfang in Berlin durchgeführt, seit dem 17. Jh. schon in Kellern mit lauem Wasser (s. auch: Spargelkeller).

Spargelversand: Wegen der großen Standortgebundenheit der Spargelerzeugung wird ein großer Teil der Ernte zum Versand gebracht. Frü-

Einsatz des „Spargel-Universal-Gerätes" mit Eggen und Beetwalzen.

her mit Kurieren und Kutschen, seit Mitte des 19. Jh. vorwiegend mit der Bahn, heute i. d. R. durch sog. Großhändler mit Expreßfahrzeugen und speziellen Großcontainern. Versandspargel wird unmittelbar nach dem Stechen gewaschen, sortiert, verpackt und zum Versand gebracht, meist zweimal täglich nach den Stechzeiten (frühmorgens bzw. spätnachmittags). „Je frischer, desto besser!"

Spargelvorkommen: 1. Wilder Spargel: an grasigen Abhängen, auf Dünen, Schuttplätzen, an Wegrändern, Ufern, steinigen Orten, in Weinbergen, Hecken, auf Flußgeschiebe, an Dämmen, bis zu 1500 m Meereshöhe (s. Bergspargel). 2. Kultivierter Spargel: vorwiegend auf sandigen Böden, in Gärten.

Spargelwaage: Seit Mitte des 20. Jh. sind für den Kleinverkauf spezielle Waagen in Gebrauch, die eine dem Spargel angepaßte Schüssel haben. Früher wurde Spargel mit den üblichen landwirtschaftlichen Waagen (z. b. Feldhandwaage; Balkenwaage; Dezimalwaage) abgewogen.

Spargelwhisky: Aus Samen und Beeren gewonnenes Alkoholgetränk, ähnlich dem Whisky aus Getreide. „Mild" bei Gewinnung aus maskulinem Samen, „Herb" bei femininem Rohprodukt.

Spargelwirkstoff: s. Asparagin; auch: Spargelinhaltsstoffe.

Spargelwurzelstock: Bei allen Spargelspezies ausdauernd, besteht aus dichtem Bündel filziger, dicker, walzenförmiger und fleischiger Wurzeln, die tief in den Boden eindringen und sich dort weit ausbreiten können. Der Spargelwurzelstock bildet das sog. Rhizom, an welchem sich oben zahlreiche Knospen befinden, die als Anlage für die Stangen dienen.

Spargelzange: (s. auch Spargelheber). Seit dem 17. Jh., vorwiegend in herrschaftl. Häusern, zum Vorlegen des Spargels in Gebrauch. Häufig auch in sog. Scherenform; in kleiner Art auch zum Verzehr des Spargels statt der Benützung der Finger (heute noch z. T. in der Schweiz). Material: Silber, Chrom, Sheffield, Holz, Kunststoff.

Spargelzeit: Herkömmlich die Monate der Spargelernte zwischen Ende April und Ende Juni. Durch Folienanbau heute schon ab Ende März möglich.

Spargelzucht: Allgemein verwendeter Begriff für Anbau und Züchtung des Spargels.

Schadt, Christian: (1871–1935). Geometer, der 1912 den Spargelanbau von Groß-Gerau nach Schrobenhausen brachte; dort auf dem „Oberhaidhof", der heute von seinem Enkel Rolf Schadt geführt wird, Begründung der Spargelregion Schrobenhausen.

Schrobenhausen: Oberbayerische Spargelmetropole; Sitz des Deutschen Spargelmuseums; Spargelanbau seit 1912; dort alljährlich Wahl der Spargelkönigin (s. dort); typischer Spargelort mit zahlreichen Spargellokalen (z. B. „Restaurant Grieser", „Gasthof Stief", „Oefelebräu", „Gritschenbräu-Stüberl", „Ratskeller", „Riederhütte", „Gasthof Wenger", „Gasthof zur Post"). Alljährliche Spargelwochen mit Vorstellung des „Schrobenhausener Spargels" auf dem Viktualienmarkt in München sowie in den umliegenden größeren Städten wie Augsburg oder Neuburg/Donau. Von Schrobenhausen aus Wandermöglichkeiten in das umgebende Spargelland, insb. nach Waidhofen und Klosterberg möglich. Sehenswürdigkeiten: Lenbach-Museum (Gemäldesammlung im Geburtshaus des berühmten Malerfürsten Franz von Lenbach); Sattler-Sammlung; Heimatmuseum; Zeiselmair-Haus (ältestes Haus der Stadt); Stadtwall- und Maueranlage mit Wehrtürmen; Pflegschloß; jährlich im Juli „Schrannenfest".

Schrubeisen: Auch Schiebeisen; in Braunschweig entwickeltes Gerät zur Unkrautbeseitigung auf Spargelfeldern.

Schwächling: Spargelpflanze, die am spärlichen und dürftigen Kraut im Sommer erkennbar ist. Soll – gesondert durch Stäbchen gekennzeichnet – wenigstens eine Saison nicht gestochen werden.

Schwarzer Spargel: Volkstümliche Bezeichnung für Schwarzwurzel-Gemüse (sog. „Spargel des kleinen Mannes").

Schwetzingen: Bekannteste Spargelstadt der Welt, 18 000 Einwohner; Spargelanbau seit dem 17. Jh., im großen seit Mitte des 19. Jh. Zahlreiche Sehenswürdigkeiten, u. a. das Schloß mit Parkanlage, Museen. Jährliche Festspiele und Spargelwochen; viele typische Spargellokale in der Stadt und der Umgebung, u. a. „Hotel Ritter" und „Hotel Löwe". Liegt im Städtedreieck Mannheim, Speyer, Heidelberg. Bekannteste Sorte: „Schwetzinger Meisterschuß". Wanderungen in die Umgebung sehr lohnend.

Stangenspargel: Normgerechter Spargel von 22 cm Länge. Bekannt: „Braunschweiger Stangenspargel", Ende des 19., Anfang des 20. Jh.

Steinspargel: Alte Bezeichnung für Wildspargel.

Straelen: Hauptumschlagplatz für die Spargelanbaugebiete am unteren Niederrhein. In und um Straelen wird Spargel angebaut. Zur Spargelzeit empfehlen sich die Spezialitäten-Restaurants.

Teufelstraube: Alte Bezeichnung für die ziegelroten Beeren des Spargels (s. auch: Korallenbeere).

Totstich: Bezeichnung für die „endlose" Stechzeit vor dem Auspflügen der gesamten Kultur bei Überalterung der Pflanzen (i. d. R. nach 12 bis 20 Jahren).

Uelzen: „Schrobenhausen des Nordens" mit beachtenswerten Sehenswürdigkeiten und typischen „Spargel-Ort-Veranstaltungen" sowie Saison-Lokalen.

Umrechnungsformel: 1 Morgen = 25 Ar = ¼ Hektar = 2500 qm.

Unselt, Gustav A.: Bedeutendster Spargelzüchter Schwetzingens; seine Arbeit und sein Werk „Die Steigerung der Spargel-Erträge" waren Grundlage für den Aufstieg der Region Schwetzingen zu einer der bedeutendsten Spargelgegenden der Welt und für die badische Saatzuchtanstalt für Spargel und Mais. Wirkte von 1899 bis 1924 als großherzoglicher Hofgärtner und Verwalter des Schloßparks.

Veiling-Versteigerungsverfahren: Bevorzugtes Versteigerungssystem für Spargel. Ausgehend vom Höchstpreis wird mit Abschlag angeboten. Der auf den sinkenden Preisvorschlag Sofortbietende erhält (als Erst-Höchstbietender) den Zuschlag. Dadurch wird ein rascherer Verkauf ermöglicht als beim herkömmlichen Überbietsystem. Zu Beginn der Spargelsaison wird der (Ausgangs-)Höchstpreis willkürlich festgesetzt, orientiert z. B. am Tages-Kalbfleischpreis.

Violett-Spargel: Spargel, dessen Kopf bereits dem Licht ausgesetzt war. Dadurch etwas herber Beigeschmack; Vorstufe zum Grünspargel.

Wildspargel: Wildwachsender Spargel, sehr ausdauernd und anspruchslos (s. auch Spargelvorkommen, corruda).

Wurzelkrone: Oberer Teil der gesamten Wurzel, liegt bis zu 35 cm unter dem gewachsenen Boden, bildet das Zentrum der kräftig-langen Wurzeln (s. auch: Rhizom).

Xerophyten: Bezeichnung für Pflanzen mit safthaltenden Wurzeln und Kleinblättern, die deshalb gut in trockenem Klima gedeihen können, wie z. B. auch Spargel.

Zierkraut: Spargelkraut wird oft als Zierkraut verwendet. Speziell: Federspargel (s. dort).

Zwischenkultur: Anbau anderer Pflanzen zwischen den Pflanzreihen des Spargels zur besseren Ausnutzung des Bodens, z. B. Staudenbohnen, Kartoffeln oder Kohl. Zwischenkulturen werden meist nur bei einjährigen Pflanzen angelegt. Überwiegend wird von Spargelerzeugern der Anbau jedoch abgelehnt (Auszehrung).

„Nach dem Buchgenuß noch ein Pfund Spargel?“
(Schwetzinger Spargeloma).

Spargelliteratur

Seit der Anbauanweisung des römischen Schriftstellers Cato aus der Zeit um 154 v. Chr. haben sich zahlreiche Verfasser mit dem Spargel befaßt. Die Thematik beschränkte sich dabei auf die Bereiche Landwirtschaft/Gemüseanbau, Heilmittel und Zubereitung.

In dieser Reihenfolge läßt sich auch die zahlenmäßige Aufteilung vornehmen. Vielen Wissensmittlern zur Bodenkultivierung, Züchtung, Pflanzung und Ernte stehen wenige Ausführungen zu den Heilwirkungen und nur vereinzelte Rezeptsammlungen in Taschenbuchform gegenüber.

In verschiedensten Bibliotheken verstreut erhalten sind die ältesten und alten Schriften, die sich (auch) mit Spargel gründlich befaßten, wobei an erster Stelle die sog. „Kräuterbücher" zu nennen sind.

Kopien der wesentlichen Werke dieser Zeit befinden sich nun auch in der Bibliothek des Deutschen Spargelmuseums in Schrobenhausen. Hier sind auch viele der nachstehend aufgeführten Abhandlungen im Original bzw. in Kopie zu einer Sammlung gefügt.

Sie verdankt ihr Entstehen hauptsächlich der Europäischen Gartenbaubiliothek in Berlin, die aus ihrem reichen Fundus zahlreiches Material zur Verfügung stellte. Daneben erwies sich auch die Bayerische Staatsbiliothek als bemerkenswerte Fundgrube. Die umfangreichste wissenschaftliche Sammlung über Spargel befindet sich schließlich bei der Forschungsanstalt Ingelheim/Geisenheim.

I. Abhandlungen in Kräuterbüchern: (Auswahl)

1484
Herbarius Moguntiae impressus; Mainz, Peter Schöffer,
(Staatsbibl. München);

1485
Gart der Gesundheit; Mainz, Peter Schöffer,
(Staatsbibl. München);

1485
Gart der Gesundheit; Augsburg, Hanns Schönsperger,
(Staatsbibl. München);

1491
Hortus sanitatis; Mainz, Jacob Meydenbach,
(Staatsbibl. München);

1539
Kreuter Buch, darinn Underscheidt Namen unnd Würckung der Kreutter / Stauden / Hecken unnd Beumen / sampt ihren Früchten / so inn Deütschen Landen wachsen / Auch derselbigen eigentlicher und wolgegründter gebrauch inn der Artznei / fleissig dargeben / Leibsgesundheit zu fürderen unnd zu behalten sehr nutzlich und tröstlich / Vorab dem gemeinen einfaltigen Man.; Straßburg, Hieronymus Bock (genannt Tragus),
(Staatsbibl. München);

1543
New Kreuterbuch; Basell, Leonhard Fuchs *(Faksimile);*

1553
Kräuterbuch; Nürnberg, Georg Oelinger,
(Univers.-Bibl. Erlangen);

1578
Kreuter Buch, Frankfurt/M., Adam Lonicer,
(Staatsbibl. München);

1586
Historia generalis plantarum; Lyon, Jacques Dalechamps,
(Staatsbibl. München);

1588
Hortus medicus et philosophicus; Frankfurt/M., Joachim Camerarius d. J.,
(Staatsbibl. München);

1613
Hortus Eystettensis; Eichstätt; Basilius Bessler,
(Bischöfl. Dom-Museum Eichstätt);

1664
New vollkommenlich Kraeuter Buch; Basel; Jacobus Theodorum Tabernaemontanum,
(Deutsches Spargelmuseum Schrobenhausen);

1752
Herborarium Blackwellianum; London; Elisabeth Blackwell,
(Bot. Inst. d. Univ. Zürich).

II. Monographien

Bayerischer Landesverband für Obst und Gartenbau e.V. (Hrsg.): *Kurz ist die Spargelzeit!,* München, um 1925;

Biester: Der Spargel und seine Kultur, o. Jahr u. Ort;

Böttner, Johannes: *Praktisches Lehrbuch des Spargelbaus,* Frankfurt/Oder, 1899, 8. Aufl. 1929;

Born, Hans-Ulrich: *Beurteilung und Regulierung der Magnesium-Ernährung des Spargels Asparagus officinalis,* L., Diss., Hannover 1981;

ders.: *Nährstoff-Mangelsymptome bei Spargel,* Geisenheim 1979;

Buchholz, Heinrich: *Das Spargelstechen.* Eine arbeitswissenschaftliche Studie, Berlin 1932;

Bürstenbinder, N.: *Feldmäßiger Spargelbau,* Berlin 1890;

Burmaster, G. und Bültemann, A.: *Der Spargelbau mit besonderer Berücksichtigung der Braunschweiger Kultur,* Braunschweig 1880;

Cohrs, Helga: *Der Spargelanbau im Landkreis Schrobenhausen,* München, 1963;

Debus, Paul: *Wege zum erfolgreichen Spargelbau,* Graben 1931;
Diel, Joseph: *Erzeugung und Absatz von Spargel,* Berlin 1934;
Dressler, E.: *Der Spargel,* Berlin 1900;
Eichholtz, G.: *Der Spargel im Garten- und Feldanbau,* o. Jahr u. Ort;
Ernst, Manfred: *Spargel im Garten,* Berlin 1976;
Göschke, Franz: *Die rationelle Spargelzucht,* 1. Aufl. Berlin 1874;
ders.: *Einträgliche Spargelzucht,* Leipzig 1904;
Greiner, Hans-Dieter: *Untersuchungen über Viren und Fusarien an Spargel (Asparagus officinalis L.) im nordbadischen Anbaugebiet unter besonderer Berücksichtigung einer Virus-Pilz-Wechselbeziehung,* Diss., Hohenheim, 1980;
Hahn, Mechthild und Zell, H.: *Spargelanbau,* Stuttgart 1964 (u. w. Jahre);
Hanna, G. C.: *Asparagus Production in California,* Berkeley 1935;
Hartmann, H. D. u. Wuchner, A.: *Spitzenwelke bei Spargel,* Geisenheim 1975;
Hassebrank, K.: *Der Spargelrost,* Merkblatt Nr. 25, Biolog. Bundesanstalt f. Land- u. Forstwirtschaft, Braunschweig 1962;
Heinemann, F. C.: *Die Kultur des Spargels,* 5. Aufl., Erfurt um 1900;
Hertel, Fritz: *Spargelbau,* Minden 1951/1981;
Hessisches Landesamt für Landwirtschaft (Hrsg.): *Spargel.* Information für Beratung und Praxis, Kassel 1975;
Junge, E.: *Spargelbau und Spargelverwertung,* Wiesbaden 1925;
v. Lamsdorf, Frhr. Josef: *Das Spargelbuch,* Linz 1820;
Laubert, N. und Wilde, N. *Spargelschädlinge und ihre Bekämpfung,* 5. Aufl. 1930;
Lipschitz, A.: *Neue Erfahrungen über Anlage und Düngung von Spargelpflanzungen,* Bochum 1916;
ders.: *Erfolgreicher Spargelbau unter besonderer Berücksichtigung der neueren Anbauarten, der Düngung und der Zwischenkulturen,* Hannover 1916;
Löptien, Harm: *Untersuchungen zur Identifizierung des Geschlechtschromosoms und zur Vererbung der Andromonözie beim Spargel (Asparagus officinalis L.),* Diss., Hannover 1977;
Matejek, Gerhard: *Der Spargelanbau im Landkreis Schrobenhausen,* München 1965;
Meyer, E. H.: *Spargelbau und Konservengemüse nach Braunschweiger Methode,* Berlin 1927;
Moreau, Bernhard u. Zuang, Henri.: *L'Asperge,* Paris 1977;
Pätzold, E.: *Spargelbau,* Leipzig 1932;
Plöckl, Josef (Hrsg.): *Spargelkultur im Schrobenhausener Land,* Pfaffenhofen 1982;
Rasp, Helmut: *Qualitätserzeugung im Spargelanbau,* Speyer 1973;
Riepl, Christoph: *Der Anbau von Spargel – unter besonderer Berücksichtigung des Anbaugebietes Schrobenhausen,* Regensburg 1983;
Rörig, G. und Krüger: *Spargelschädlinge* (hrsg. v. d. Biolog. Abteilung des kaiserlichen Gesundheitsamtes Berlin), um 1900;
Rolow, B.: *Die Kultur des Spargels,* Leipzig 1825;
Ruck-Pauquet, Gina: *Mit Spargel schießt man keine Hasen,* (Kinderbuch), Ravensburg 1970;
Schamal, Johann: *Die Spargelzucht zu Jungbunzlau,* 1852;
Scheunert, A.: *Spargel ist gesund!* Leipzig, o. Jahr;
Seidel Christoph Friedrich: *Kurze Anweisung den Spargel mit wenigen Kosten und zugleich vorzüglich schön zu bauen,* Erlangen 1781;
Seitz, P.: *Flachfolien,* Landwirtschaftskammer Rheinland, Heft 6, 1974;
Stein, Bernhard: *Schwetzinger Spargelbuch,* Schwetzingen 1982;
Stobbe, Siegfried: *Feldmäßiger Spargelanbau in neuzeitlicher Beleuchtung,* Braunschweig 1929;
Ulmer Spargelgärtner: *Der Ulmer Spargel-Gärtner oder Nachricht, wie bei Ulm der Spargelbau getrieben wird,* Ulm 1828;
Unselt, G. A.: *Die Steigerung der Spargelerträge,* Schwetzingen 1917;
Vothmann, Johann Georg: *Die richtigste und nuzbarste Anlegung und Wartung des Spargels,* Flensburg/Leipzig 1784;
Wendisch, Ernst: *Praktische Anleitung zum Spargelbau,* Berlin 1895;
Wonneberger Christoph: *Spargel,* Osnabrück 1978.
Anonym: *Gründliche Anweisung den Spargel vorzüglich schön und auch dauerhaft anzulegen nebst einem Unterricht wie man den ganzen Winter mit wenigen Kosten Spargel erzeugen kann.* Budißin, Leipzig, o. Jahr (18. Jh.);
Anonym: *Der Spargelbau, wie er eigentlich zu behandeln ist,* Wien 1824.

Eine der reichsten Fundgruben für Spargelköche und Kenner ist die Zeitschrift „essen & trinken", die eine Vielzahl von Rezepten seit dem Beginn ihres Erscheinens veröffentlicht hat.
U. a.: Die hohe Kunst, dem Spargel nichts zu nehmen, abgedruckt in: essen & trinken 5/82, S. 12 ff.
Der neueste technische Stand des Spargelanbaues ist zusammengefaßt im Sonderheft der Zeitschrift „Gemüse", herausg. v. d. BLV Verlagsgesellschaft München, April 1983.

III. Beiträge in Lehrbüchern und Zeitschriften sowie Vorträge (Auswahl)

Arbeitskreis Spargelanbau in Südwestdeutschland: *Jahresberichte,* Ingelheim-Geisenheim, Jahr

Banzhaf, A.: *Der Anbau von Spargel,* in: Der Landbote (1971), 3, S. 12;
Becker-Dillingen, J.: *Der Spargel,* in: Handbuch des gesamten

Gemüsebaues, S. 818 ff., 5. Aufl., Berlin–Hamburg, 1950;
Beckmann, Johann: *Von dem Spargel,* in: Grundsätze der teutschen Landwirtschaft, Göttingen, 1790;
Bielka, R.: *Spargel,* in: Feldgemüseanbau, VEB Deutscher Landwirtschaftsverlag, 1965;
Blaszinski, J.: *Verschiedene Standweiten und ihr Einfluß auf den Ertrag,* in: Gemüse, 8 (1972), S. 142;
Bührer, Peter: *Spargel ist einfach Spitze,* BLV Verlag München – Wien – Zürich, 1985;
Crüger, G.: *Spargel,* in: Pflanzenschutz im Gemüsebau, Handbuch des Erwerbsgärtners, Stuttgart, 1972;
Dennig: *Wie haben sich die einzelnen Spargelhäufelgeräte in der Praxis bewährt?,* in: Obst- und Gemüsebau, 1928;
Drechsler, Hans: *Morgens im Mai,* in: Zeitmagazin, Nr. 21, v. 20. 5. 1983, S. 9;
Englert, Klaus: *Das Deutsche Spargelmuseum,* in: Gemüse, 12/84, 436;
Frenz, F. W., und Munz, R.: *1) Folienbedeckung bei Spargel,* in: Gemüse, 4 (1968), 2, S. 27; *2) Weitere Untersuchungen mit Folienabdeckungen bei Spargel auf verschiedenen Böden,* in: Gemüse, 5 (1969), 5, S. 114;
Fritz/Stolz: *Spargel,* in: Handbuch des Erwerbsgärtners, Band 9, 1973;
Hartmann, H. D.: *Ergebnisse der Untersuchung von Spargelböden,* in: Landwirtschaftliche Forschung, Band 29, Heft 1, 1976;
ders.: *Die Bewässerung bei Spargel und ihre Auswirkung auf die Pflanze,* in: Arch. Gartenbau, Berlin, 29 (1981), Heft 4, S. 167–175;
ders.: *Spargelversuche in Ingelheim,* in: Der Gemüsebau (Schweiz), Nr. 12, 1982, S. 27–29; in: Der Landbote, 36, 1982, S. 370–372; in: Industr. Obst- und Gemüseverwertung, 67, 1982, S. 134–136;
ders.: *Alterung von Spargelanlagen,* in: Gartenbauwissenschaft, 49 (2), S. 68–73, 1984;
Hartmann, H. D., und Born, H. U.: *Beurteilungsmöglichkeiten der Magnesiumernährung von Asparagus officinalis L.,* in: Landwirtschaftl. Forschung, Band 35, Hefte 3–4, 1982;
dies.: *Einfluß von Mg, Ca und Al auf den Spargelertrag,* in: KALI-Briefe, 16 (8), S. 421, 1983;
Hartmann, H. D., und Klapproth, H.: *Spargelanbau in den Tropen – Erfahrungen und Empfehlungen,* in: Der Tropenlandwirt, Okt. 1977, S. 143 ff.;
dies.: *Cultivation of Asparagus in the Tropics,* in: Volume 7/1978;
Hastreiter, Günther: *Spargel – Bodenschatz der Landwirtschaft,* in: Schrobenhausen und seine Sparkasse, Schrobenhausen, 1980;
Hertling, Dieter: *Ein hessischer Geometer begründet Spargelkultur in Oberbayern,* in: DVW Hessen, Mitteilungen, Nr. 1/84, 25;
Heymann, G.: *Düngung im Spargelanbau,* in: Gemüse, 2 (1965), 24;
von Hösslin, R., Steib, Th., und Mappes, F.: *Der Spargel,* in: Gemüsebau, S. 327 ff., München, Basel, Wien, 1964;
Huchel, A.: *Wieviel Ertrag bringt eine Spargelpflanze?,* in: Der Obst- und Gemüsebau, Sonderheft, Januar 1931;
Janson, A.: *Spargel,* in: Feld- und Konservengemüsebau, Berlin, 1919;
Karmann, W.: *Spargelrost und Spargelbau,* in: Die Konservenindustrie, Nr. 12, v. 19. 3. 1931;
Kidner, Alfred: *Asparagus,* London, 1959;
Krödel, F.: *Der Spargelernte folgt die Düngung,* in: Hann. Landw.- und Forstzeitung, 1965, 25, S. 5;
ders.: *Spargel im Frühjahr oder Herbst düngen?,* in: Hessenbauer, 4. 6. 1966;
Krünitz, Johann Georg: *Stichwort: Spargel,* in: Oeconomische Enzyclopädie, Berlin, 1773;
Lange, H. J.: *Ergebnisse eines 5jährigen Spargelversuches,* in: Rhein. Monatsschrift f. Gemüse, Obst und Gartenbau, 46 (1958), 8;
Lieber, N.: *Ratschläge für Spargelbau und Spargeldüngung,* in: Badische Monatsschrift v. 1. 4. 1932;
Lueder, Franz H.: *Spargel,* in: Vollständige Anleitung zur Wartung aller in Europa bekannten Küchengartengewächse, Lübeck, 1780;
Maschmeyer: *Spargel,* in: Die Konserven-Industrie, Braunschweig, 1925, S. 509 ff.;
Michel, H.: *Zeitgerechte, richtige Durchführung der Düngung im Spargelbau,* in: Der Gartenbau, 1955, 7, S. 135 ff.;
Miller, Philipp: *Asparagus/Spargel,* in: Allgemeines Gärtner-Lexikon, Nürnberg, 1769;
Mühle, Wilhelm: *Die Anlage und Kultur des Spargels,* in: Rathgeber für Gartenbau, Temmesvar, 1904;
Müller-Rech, Hans: *Über den Spargel,* Schrobenhausen, 1979;
Munz, R.: *Spargelanbau noch lohnender betreiben,* in: Der Landbote, 25 (1971), 14, S. 10;
ders.: *Folienabdeckung bei Spargel,* in: Gemüse, 6 (1970), 12, S. 307;
ders.: *Spargel unter Schwarzfolie,* in: Hann. Landw.- und Forstzeitung, 124 (1971), 16, S. 17;
ders.: *Spargeltunnel in der Diskussion,* in: Der Erwerbsgärtner, 49 (1971), S. 2269;
ders.: *Folienspargel große Mode,* in: Rhein. Monatsschrift, 1973, 6, S. 222;
ders.: *Arbeitsextensiver Spargelanbau gegen Stagnation in der Erzeugung,* in: Der Erwerbsgärtner, 11 (1973), S. 509 ff.;
Philips-Duphar GmbH: *Düngung von Spargelpflanzen mit Terragon-Humushorn,* Bad Kreuznach, 1973;
Reichelt, K.: *Spargel,* in: Der landwirtschaftliche Gemüsebau, 4. Aufl., Wiesbaden, 1942;
Rümpler, Th.: *Spargel,* in: Illustriertes Gartenbau-Lexikon, Berlin, 1882;
Schmitt, O.: *Spargelsortenversuche am Oberrhein,* in: Gemüse, 8 (1972), S. 137;
Schneider, Kurt: *Der Absatz der deutschen Spargelerzeugung,* in: Blätter für landwirtsch. Marktforschung, Juni 1931, S. 33 ff.;

Scholl, W., und Gehlkes, H.: *Boden- und Standortuntersuchungen zur Klärung der Ursache der Wurzelfäule des Spargels,* in: Landw. Forschung, 28 (1972), Sonderheft;
Seitz, P.: *Zur Düngung der Spargelanlage,* in: Der Badische Obst- und Gartenbau (1963), 12, S. 277;
Serger, H., und Hempel, B.: *Spargel,* in: Konserventechnisches Taschenbuch, Braunschweig, 1928;
Siebeck, Wolfram: *Spargel ist einfach Spitze!,* in: Playboy, Heft 5, 1980, S. 112 ff.;
Stahl, M.: *Die Wurzelfäule des Spargels,* in: Zeitschrift f. Pflanzenkrankheiten und Pflanzenschutz, 77 (1970), S. 353;
Summerer, Sebastian: *Beim Spargel gibt es keine „Berge". Erst nach vier Wartejahren stechreif!,* in: Landwirtschaftliches Wochenblatt, Nr. 43, v. 29. 10. 1983, S. 19 ff.;

Unterholzner, O.: *Inhaltsstoffe in Gemüse: Spargel,* in: Der Erwerbsgärtner, 34, 1973;

Vogel, Ilona: *Ein Freund der Figur und des Gaumens. So ist Spargel ein Gedicht . . .,* in: PER SALDO, Mitarbeiterzeitschrift der Bayer. Vereinsbank, 3/84, S. 11 u. 24;

Wehr, Ernst: *Spargeldüngung in Stichworten,* in: Kulturanweisung für Spargeljunganlagen, Ingelheim/Rhein, Oberböhl 9, o. J.;
Winkler, August F.: *Am Spargel scheiden sich die Geister,* in: Diners Club Magazin, 5/84, S. 23;
Wöbeking, Helmut: *Der Spargel,* in: Der Feldgemüsebau der Kreise Braunschweig und Wolfenbüttel 1939, Diss. Münster, 1939;
Wuchner, A.: *Die Bedeutung des Phosphors bei der Düngung von Spargel,* in: Der Landbote, 1972, 52, S. 8;

Anonym: *Merkblatt zur Spargelsortierung,* Braunschweig, 1939;
Klassifizierung von Spargel, Bonn-Bad Godesberg, 1976;
Angebaut seit 1912: Schrobenhausener Spargel, um 1982;
Spargel: Der Götter Liebling, in: Savoir Vivre, o. J.

IV.
Weiter verwendete Literatur:

Bianchini, N., und Corbetta: *Der große Heilpflanzenatlas,* BLV Verlag, Bern/Wien, o. J.;
Bickel, Walter: *Who is Who auf der Speisekarte,* Stuttgart, 1960;
Brillat-Savarin: *Physiologie des Geschmacks,* Braunschweig, 1913;
Fahrenkamp, Hans J.: *Wie man eyn teutsches Mannsbild bey Kräfften hält,* München, 1975;
Germer, Renate: *Archäologische Veröffentlichungen,* Sonderschrift 14 des Dt. Arch. Inst., Abt. Kairo, Mainz, 1984;
Grimm, Jacob und Wilhelm: *Deutsches Wörterbuch,* Leipzig, 1905;
Grospietsch, Hans-Dieter: *Vom Zauber alten Porzellans,* Freiburg, 1981;
van Haller: *Medizin Lexicon,* o. O., 1755;
Hegi, Gustav: *Illustrierte Flora von Mitteleuropa,* Band II, 2. Aufl., München–Berlin, o. J.;
Helbig, W.: *Wandgemälde der vom Vesuv verschütteten Städte Campaniens,* o. O., 1868;
Hierneis, Theodor: *Ein Mundkoch erinnert sich an Ludwig II.,* München, o. J.;
Jashemski, Wilhelmina: *The Gardens of Pompeii,* New York, 1979;
Keimer, Ludwig: *Die Gartenpflanzen im alten Ägypten,* Hamburg–Berlin, 1924;
Klötscher, Theodor: *Verordnung über gesetzliche Handelsklassen für frisches Obst und Gemüse,* Hamburg, 1955;
Kroeber, N.: *Das neuzeitliche Kräuterbuch,* Stuttgart–Leipzig, 1934;
Lau, Katja: *Speisen wie ein König,* München, 1983;
Lutze, Eberhard, und Retzlaff, Hans: *Pflanzenbuch des Apothekers Georg Oellinger zu Nürnberg,* Wien, o. J.;
de Logu, Giuseppe: *Natura Morta Italiana,* Bergamo, 1962;
Madaus, Gerhard: *Lehrbuch der biologischen Heilmittel,* Leipzig, 1938;
Maurizio, A.: *Die Geschichte unserer Pflanzennahrung von den Urzeiten bis zur Gegenwart,* Berlin, 1927;
Mazal, Otto: *Pflanzen, Wurzeln, Säfte, Samen. Antike Heilkunst in Miniaturen des Wiener Dioskurides,* Graz, 1981;
Mitzka, Walter: *Trübners Deutsches Wörterbuch,* 6. Band, Berlin, 1955;
Pahlow, M.: *Das große Buch der Heilpflanzen,* Gräfe & Unzer, o. J.;
Pfaff, Karl: *Geschichte der Stadt Stuttgart,* Stuttgart, o. J.;
Reinhardt, Ludwig: *Kulturgeschichte der Nutzpflanzen,* Band IV, 1. Hälfte, München, 1911;
Pazzini, Adalberto, und Pirani, Emma: *Herbarium, Naturmedizin nach antikem Manuskript,* Mailand, 1980;
Schönberger, Otto (Hrsg.): *Marcus Porcius Cato: Vom Landbau, Fragmente,* München, 1980;
Stoll, H. W.: *Bilder aus dem altrömischen Leben,* 2. Aufl., Leipzig, 1877;
Udupa, K. N., und Tripathi, S. N.: *Natürliche Heilkräfte,* Zug, 1980;
von Wesendonk, Aladar: *Tafelfreuden für Liebesleute,* München, 1977;
Winzer, Fritz: *Kulturgeschichte Europas,* Braunschweig, o. J. (um 1982);
Woenig, Franz: *Die Pflanzen im alten Aegypten,* Leipzig, 1886.

V.
Spezialkochbücher

Spezialkochbücher:
Adam, Hans Karl: *Spargel, du meine Wonne,* K. G. Lohse-Verlag, Frankfurt/Main, um 1960
Bührer, Peter: *Spargel einfach Spitze,* BLV-Verlag München–Wien–Zürich, 1985
Reimers, Emil: *Das Spargel-Kochbuch,* Heyne-Verlag, München, 1971
Stein, Bernhard: *Schwetzinger Spargelbuch,* Schimper-Verlag, Schwetzingen, 1982

Spargelkunstwerke und -Künstler

Unbekannter Maler,
(Italien):
„Spargelbündel" auf einem „Vari Quadretti" betitelten Wandgemälde aus einer Villa in Pompeji, um 10 v. Chr., (Nationalmuseum Neapel/Italien, Inv.-Nr. 8658);
Unbekannter Maler,
(Niederlande):
„Spargel im Topf" auf „Stilleben mit Küchengerät und Lebensmitteln", Flämisch, um 1620 (vermutlich: Frans Snyders, s. dort), (Staatl. Kunsthalle Karlsruhe);
Birkle Albert,
geb. 1900, lebt in Salzburg-Parsch; war einer der mitgestaltenden Künstler im Berlin der zwanziger Jahre; die zahlreichen, ganz unterschiedlichen Motive bezeugen seine vielfältige Begabung: Großstadtszenen, Landschaften, Portraits, religiöse Darstellungen, Wand- und Kirchengemälde;
„Tauben und Spargel", Öl/Pappe, 53 × 71 cm, 1926, sign., (Neue Münchner Galerie);
Bonzi Pietro Paolo,
genannt Il Gobbo dei Carracci o dei frutti, (1576–1636), malte überwiegend Früchte und Weintrauben, später Blumen und Fruchtgirlanden im Palazzo Antici Mattei in Rom;
„Erdbeerenbüschel, Spargel und Früchte", Leinwand, 56 × 76 cm, um 1610, (Sammlung Silvano Lodi, Florenz);
Bouquet Augustin,
Mitte d. 17. Jh., Mitglied einer bekannten Pariser Malerfamilie;
„Obstkorb mit Spargel", Öl auf Holz, 47 × 58,5 cm, um 1680, (Kunstsammlung J. Böhler, München);
Campi Vincenzo,
geb. 1536 in Cremona, gest. 1591; Sohn des Galeazzo Campi, lernte zunächst bei seinem Bruder Giorgio; malte viele Bilder für die Kirchen in Cremona und Mailand; bekannt durch seine Stilleben und Genrebilder;
„La Fruttivendola", Stilleben um 1580; (Pinacoteca di Brera, Mailand);
„Marktstilleben", um 1575, (Schloß Kirchheim, Schwaben);
Chimenti Jacopo,
genannt Da Empoli, geb. 1554, gest. 1640 in Florenz; Mitglied der Accademia del Disegno in Florenz; schulte sich selbst an den Florentiner Künstlern der Hochrenaissance; zahlreiche Gemälde in den Kirchen von Florenz und der Toscana;
„Natura Morta con Asparagi e fiasco", um 1580, (Sammlung Molinari Pradelli, Bologna);
de Clerck Hendrick,
(1570–1629) und
van Alsloot Denis,
(gest. um 1626), niederländische Maler;
„Das Paradies", Öl auf Lwd., um 1600, (Alte Pinakothek München, Nr. 2890);
Coorte Adrian,
Daten nur unbestimmt erfaßbar, Ende 17./Anf. 18. Jh., niederl. Maler, der die eindrucksvollsten Spargelbilder in dieser Epoche malte, u. a.:
„Stilleben mit Früchten und Spargel", um 1680, (Museum voor schone Kunsten, Antwerpen);
„Spargelbündel", Öl auf Lwd., 1703, (Fitzwilliam Museum Cambridge);
„Spargelbündel", Öl auf Lwd., um 1705, (Kurpfälzisches Museum Heidelberg);

Eberlein Wolfgang,
geb. 1944 in Schrobenhausen; Sohn eines Holzbildhauers; 1965–67 Holzbildhauerschule München; 1968–74 Stu-

dium der Malerei an der Akademie der Bildenden Künste in München bei Prof. Tröger; Diplom für Kunstmalerei; Kulturpreisträger der Stadt Schrobenhausen; freischaffender Künstler; zahlreiche Ausstellungen; *„Lenbach-Spargel-Wappen"*, satirische Collage, 1978 (Deutsches Spargelmuseum Schrobenhausen);

Finotti Nello,
geb. 13. 8. 1939 in Verona; Bildhauer; arbeitet überwiegend mit Bronze; lebt in Sommacampagna/Italien;
„Spargelkörper", Bronzeplastik, um 1968, (Deutsches Spargelmuseum Schrobenhausen);
„Spargelvereinigung", Bronzeplastik, um 1969, (Privatbesitz);

Heinlein Michael,
geb. 10. 6. 1953 in Speyer; die Herkunft aus einem Blumengeschäft und die dadurch offenen Augen für Pflanzen spiegeln sich in vielen seiner Werke wider; Fachhochschule für Gestaltung in Mannheim; dann Münchner Akademie der Künste, Studium bei Prof. Robin Page, 1982 Diplom als akademischer Maler; zahlreiche Ausstellungen;
„Spargelfrühstück im Grünen", Acryl, 83 × 59 cm, 1983, (Deutsches Spargelmuseum Schrobenhausen);

Hermsdorf Thoman,
zählt zum Kreis der „Worpsweder Künstler", geb. 1948 in Hamburg, Studium der Freien Malerei an der Hochschule für Bildende Künste in Hamburg, vorwiegend Ölbilder, Radierungen (Neuer Realismus), zahlreiche Ausstellungen;
„Spargel", Öl auf Lwd., 56 × 47 cm; 1982, (Deutsches Spargelmuseum Schrobenhausen);

Janssens Abraham,
genannt van Nuyssen, fläm. Maler, geb. um 1575, gest. 25. 1. 1632 in Antwerpen; ausgebildet in Italien;
„Scaldis und Antwerpia", 1609, Öl auf Lwd., (Museum voor schone Kunsten, Antwerpen);

Jordaens Jacob,
geb. 1593, gest. 1678 in Antwerpen; zählt neben Rubens und van Dyck zu den bedeutendsten flämischen Malern des 17. Jh.; malte meist in großen Formaten sittenbildliche, mythologische und religiöse Themen;
„Die Ausschüttung des Füllhorns", 1649, Öl, (Museum Kopenhagen);

Keller-Diez Barbara,
geb. 1941 in Stuttgart; nach Abitur in Aachen und Studium in München Entdeckung der Freude am Töpfern; zahlreiche Studienreisen durch Europa prägten ihren Stil bodenständiger Töpferei; arbeitet neben Ton auch viel im Linolschnitt;
„Kunstspargel", Tonplatte mit weißen Spargeln, 1984, Unikat, (Deutsches Spargelmuseum Schrobenhausen);
„Spargel-Eßteller mit Saucen-Unterteilung", 1983, Unikat, (Deutsches Spargelmuseum Schrobenhausen);
„Spargel-Service", 6teilig, 1981–82, Unikate, (Privatbesitz);

Keller-Schenitza Adelheid,
geb. in Zürich, Ausbildung als Primar- und Werklehrerin, zeichnerische und malerische Weiterbildung an der Schule für experimentelle Gestaltung, verschiedene Gruppen- und Einzelausstellungen in der Schweiz; lebt und malt in Birmensdorf/Zürich;
„Asparagus vivens" – Serie von 30 Bildern, auf denen Spargel zum Hauptdarsteller menschlicher Probleme wird, z. B. „Frei" und „Unfrei" (Loser und gebündelter Spargel), (Privatbesitz);

van Kessel Jan d. Ä.,
geb. 1626 in Antwerpen, gest. 1679; Sohn des Malers Hieronymus van Kessel und Schüler des Simon de Vos; wurde 1645 Meister der Antwerpener Malergilde;
„Die vier Elemente“, Öl auf Lwd., (Musée des Beaux Arts Straßburg);

Kraemer Dieter,
Professor an der Fachhochschule Köln, Studium an der Hochschule für Bildende Künste Hamburg und – als Meisterschüler – in Berlin; geb. 1937; zahlreiche Ausstellungen im In- und Ausland; Stipendium Kulturkreis im BDI und Cité des Arts, Paris;
„Spargelbund mit Weinglas“, 1981, Aquarell, 42 × 51 cm, (Deutsches Spargelmuseum Schrobenhausen);
„Spargelbund“, Aquarell, 1982, (Privatbesitz);
„Spargelstück“, Aquarell, 14,5 × 10 cm, 1984, (Deutsches Spargelmuseum Schrobenhausen);
„Spargel“, Radierung, (Privat);
„Spargel“, Litho, (Privat);

Kränzlein Irene,
geb. in Brüx/Sudetenland; Zeichen- und Malkurse in München, Unterrichtung durch namhafte Künstler in den Techniken Zeichnen, Radierung, Linol- und Holzschnitt, Öl; seit Jahren bevorzugte Bilder: Aquarell; regionale und private Ausstellungen; wohnt in Schrobenhausen;
„Spargelherbst bei Waidhofen“, Aquarell, 48 × 36 cm, 1983, (Deutsches Spargelmuseum Schrobenhausen);

Lüpertz Markus,
geb. 25. 4. 1941 in Liberec/Böhmen; 1956–61 Studium an der Werkkunstschule Krefeld bei Laurens Goosens; Kunstakademie Düsseldorf; Erfinder der Dithyrambe; Professur an der Staatlichen Akademie der bildenden Künste in Karlsruhe; ungezählte Ausstellungen im In- und Ausland;
„Spargelfeld – Dithyrambisch“, Leimfarbe/Nessel, 145 × 1020 cm, 1966, (Galerie Michael Werner, Köln);
„Ohne Titel“ (Spargelfeld), Leimfarbe/Leinwand, 81,5 × 209 cm, 1966, (Galerie Michael Werner, Köln);

Manet Édouard,
geb. 23. 1. 1832 in Paris, gest. 30. 4. 1883; Schüler Coutures; fand im Gegensatz zum Realismus Courbets einen neuen Stil des Figurenbildes, dessen harmonisch aufeinander abgestimmte und flächenhaft das Bild gliedernde Farb- und Tonwerte die Erscheinung mit überlegener Sicherheit erfassen.
Seine beiden Spargelbilder sind die berühmtesten der Welt:
„Une botte d'asperges“, Öl auf Lwd., 1880, Sign.: „Manet“, 13,5 × 11,5 cm, (Wallraf-Richartz-Museum, Köln);
„L'asperge“, Öl auf Lwd., 1880, bez. o. r.: „M“, 16,5 cm × 21 cm, (Musée du Louvre, Galerie du Jeu de Paume, Paris);
(vgl. dazu: von der Oten Gert, „Manets Spargelbündel“, in: Wallraf-Richartz-Jahrbuch 31/1969, S. 135–148);

Mc Besch Sonja,
geboren in Hamburg, lebt in München; Studium an der Akademie München bei Prof. H. Kaspar; Mitglied u. Mitbegründerin der Jungen Secession e. V., Haus der Kunst, München; zahlreiche Ausstellungen;
„Springtime“, Öl/Hartfaser, 43 × 57 cm, (Galerie Margelik, München);

Meggendorfer Lothar,
(1847–1925), München; bekanntester Bilderbuchschöpfer des 19. Jahrhunderts; Erfinder des „laufenden Bilderbuches"; *„Des Zwergenkönigs Geburtstagsfeier"*, Münchner Bilderbogen Nr. 684, um 1900, (Deutsches Spargelmuseum Schrobenhausen);

Moillon Louise,
geb. 1610, gest. 1696 in Paris; Tochter des Malers Nicolas Moillon; erste Ausbildung bei ihrem Stiefvater, dem Stillebenmaler François Garnier; beeinflußt von niederländ. Malern, insb. Jacob van Hulsdonk; *„Spargelbündel mit Weintrauben, Äpfel und Melonen"*, Öl auf Lwd., 1630, 53 × 71 cm, (Art Institute, Chicago);

Muhrmann Ludwig,
geb. 15. 9. 1886, gest. 1931 (?) Dresden; dtsch. Landschafts- und Stillebenmaler, Schüler von K. Bantzer an der Dresdner Akademie; ausgestellt in Museen Karl-Marx-Stadt, Charlottenburg und Dresden; beeinflußt von Karl Schuch (vgl. dessen Stilleben in der Neuen Pinakothek München);
„Spargel-Stilleben mit Glaskrug", Öl auf Lwd., 50,5 × 65,5 cm, um 1910, sign. oben links „M" (Deutsches Spargelmuseum Schrobenhausen);

Sauer Kurt,
Künstlername „Kusa", Dr. med., geb. 1939 in Rumänien, praktiziert und malt in Maximiliansau/Karlsruhe, zahlreiche Ausstellungen, u. a. bei „Aesculap malt"; bevorzugte Motive sind Menschen, Pflanzen und Landschaften;
zahlreiche, z. T. satirische Zeichnungen und Gemälde zum Thema „Spargel", u. a.:
„Asparagus rex", Acryl auf Papier, 48,5 × 63 cm, 1984;
„Spargel-Platte", Collage, 47 × 60 cm; o. J.;
„Spargel-Stecher", Bleistift/Tintezeichnung, 31,5 × 24 cm, 1984; (alle Deutsches Spargelmuseum Schrobenhausen);

Scheck Viktor,
geb. 1952 in Schrobenhausen; Studium an den Fachhochschulen für Gestaltung in München und Augsburg; freischaffend in Edelshausen tätig;
„Froh-spargel", satirische Zeichnung, 34 × 29 cm, 1982, (Deutsches Spargelmuseum Schrobenhausen);

Schuch Karl,
geb. 30. 9. 1846 in Wien; gest. 13. 9. 1903; Malunterricht bei L. Halauska in Wien; anschl. Weiterbildung in Italien; 1869–1876 in München, wo er W. Trübner kennenlernte; Bekanntschaft mit Wilhelm Leibl, der sein „bester Freund und künstlerisches Vorbild wurde";
„Spargelstilleben mit Krug", Öl auf Lwd., um 1885/90; (Neue Pinakothek München, Inv.-Nr. 8907);
„Küchenstilleben mit totem Hasen, Geflügel und Gemüse (Grünspargel)", Öl auf Lwd., 75 × 61 cm; unsign., (Privatbesitz);

Snyders Frans,
fläm. Maler, geb. 11. 11. 1579 in Antwerpen, gest. 19. 8. 1657; Schüler von P. Brueghel d. J., malte große Stilleben, öfters mit Spargel, manchmal in Zusammenarbeit mit Rubens;
„Stilleben mit Früchten und Gemüse", um 1630, Öl auf Lwd., 119,4 × 120 cm; (Staatliche Museen zu Berlin, Gemäldegalerie Kat. 2140);
„Küchenstilleben", um 1625, Öl auf Lwd., (Alte Pinakothek München);
„Früchte und Blumen", um 1628, Öl auf Lwd., (Koninklijk Museum Antwerpen);
„Stilleben mit Fleischkorb", um 1640, Öl auf Holz, 99 × 201 cm, (Privatbesitz);
„Obst- und Gemüsestand", um 1640, (Alte Pinakothek München);

Soreau Isaak,
getauft 17. 10. 1604 in Frankfurt/Main, gest. (?); vermutlich Sohn des Malers Daniel Soreau; tätig in Hanau und Frankfurt/ Main; nur wenige Bilder sind bekannt; die Zuschreibung des „Spargelbildes" ist umstritten;
„Früchtekorb", Öl auf Kupfer, um 1650, 30 × 39,5 cm, (Staatliches Museum Schwerin);

Strozzi Bernardo,
geb. 1581 in Genua, gest. 1644 in Venedig, dominierende Figur der genuesischen und venezianischen Schule in der 1. Hälfte des 17. Jahrhunderts, dem durch Rubens die Welt der venezianischen Malerei des 16. Jahrhunderts erschlossen wurde;
„Die Gärtnerin", Öl auf Lwd., 125,5 × 151 cm, um 1615, (Sammlung Silvano Lodi, Florenz);

Wachinger Heinrich,
geb. 1947 in Schrobenhausen; Autodidakt seit 20 Jahren; bevorzugte Maltechniken: Öl, Buntstifte; Themen: Landschaften, Surreales, Verfremdungen, Volkskunst; mehrere Ausstellungen;
„Spargelfeld im Schnee", 40 × 30 cm, Öl auf Pappe, 1984, (Deutsches Spargelmuseum Schrobenhausen);
„Haidhof", Öl auf Pappe, 61 × 40 cm, 1985, (Deutsches Spargelmuseum Schrobenhausen);

Waldenburg Hermann,
Professor, geb. als Hermann Vogt in Waldenburg (Schlesien), Ausbildung als Schriftsetzer, dann Kunstakademie Stuttgart und Hochschule für Bildende Künste in Berlin; Preisträger der Bundesrepublik Deutschland auf der 4. Int. Grafik-Biennale Florenz, zahlreiche Ausstellungen im In- und Ausland;
„Ernte", Lithographie, 27 × 27 cm, 1969/70, (I/VII), (Deutsches Spargelmuseum Schrobenhausen);
„Ohne Titel", Lithographie, 11 × 15 cm; 1978, (Violettspargel), (17/60), (Deutsches Spargelmuseum Schrobenhausen);

Warhol Andy,
geb. 6. 8. 1928 in Pittsburgh/USA; Besuch des Carnegie Institute of Technology in seiner Heimatstadt; zunächst Entwürfe für Schuhreklame, später Zeichnungen, 1960 „erste Bilder", denen Comic strips als Vorlagen dienten; berühmt insb. auch für seine „Flower-Bilder"; zählt zu den Klassikern der Moderne; zahlreiche Ausstellungen in der gesamten Welt;
„Salade de alf Landon", Portfolio mit 18 Offsetlithographien, handkoloriert, 1959, (Sammlung Marx, Berlin); (Warhol und S. Frankfurt);
„Silver Asparagus", 582 × 370 mm; Zeichnung (Umdruckverfahren), 1957, Blattsilber, Wasserfarbe auf chamoisfarbenem Zeichenkarton, sign. verso unten „Andy Warhol", (Sammlung Marx, Berlin);

Weber A. Paul,
Professor, geb. 1. 11. 1893, gest. 9. 11. 1980; zählt zu den bedeutendsten Zeichnern und Karikaturisten des 20. Jh., arbeitete lange für den „Simplizissimus" und für die Zeitschrift „Erasmus"; Träger des Großen Bundesverdienstkreuzes;
„Der Spargel-Esser", Lithographie, um 1955, 14 × 20 cm, (Deutsches Spargelmuseum Schrobenhausen).

Personen- und Sachregister

Im Nachfolgenden blieben Sachen, Namen und Orte unberücksichtigt, die in Bildunterschriften, in Gesetzestexten oder Verordnungen u. ä. vorkommen. Im übrigen sei neben dem Register auf das Kapitel „Spargel – Namen, Städte und Begriffe" (S. 250–265) verwiesen.

Zu den Autoren:
Franz J. Mayer: Journalist; Dr. Klaus Englert: Rechtsanwalt, Projektleiter des Deutschen Spargelmuseums; Hans-Peter Wodarz, Restaurateur der „Ente vom Lehel", Wiesbaden; Dr. Hans J. Lind: Zahnarzt; Stephan Boos: Journalist; Hardy Rodenstock: Weinfachautor; Dipl.-Ing. (FH) Sebastian Summerer: Spargelfachberater; Rolf Schadt: Spargelanbauer; Prof. Dr. Hans-Dieter Hartmann: Leiter der Forschungsanstalt Ingelheim; Ludwig Grieser: Chefkoch und Inhaber des Restaurant Grieser, Schrobenhausen; Dieter Distl, M.A.: Hochschullehrer in Mühlhausen/Frankreich; Wilhelm Heuss: Beigeordneter und Heimatschriftsteller in Schwetzingen; Werner Vitzthum: Lehrer und Heimatschriftsteller in Scheyern/Singenbach; Otto Schöpf: Möbelkaufmann und Mitinitiator des Deutschen Spargelmuseums; Hanns Schultes: Apotheker; Rudolf Peterke: Kriminalbeamter und Mitbegründer des Deutschen Spargelmuseums; Wolfram Siebeck: Food-Fachjournalist; Josef Plöckl: Vorsitzender des Spargelerzeugerverbandes Südbayern e.V.

Zu den Gestaltern:
Günther F. Hastreiter: Journalist und Fotograph; Rudolf Höfler: Graphiker; Ernst Wintermeir: Werksführer und Fotograph; Michael Hagemann: Graphik Designer; Helmut Uffermann: Fotosatz; Franz Krois: Umbruch.

Abbildungsberzeichnis

Titelblatt: Archivbild Wallraff-Richartz-Museum, Köln; Umschlagrückseite: Foto-Meinen, München (links); Studio Werneke, Wiesbaden (re.); S. 6: Roger Schmidt, Zürich; S. 10: Jochen Littkemann, Berlin; S. 13: Günther F. Hastreiter, Schrobenhausen; S. 14/15: Galerie Werner, Archiv, Köln; S. 17: Studio Photographique du Louvre/Paris; S. 18: Prof. D. Kraemer, Köln; S. 19: Günther F. Hastreiter, Schrobenhausen; S. 20: Archivbild Kurpfälzisches Museum, Heidelberg; S. 20: Adelheid Keller-Schenitza, Birminsdorf/Zürich (4); S. 24: Nachzeichnung aus Helbig, Die Gemälde in Pompeij, 1868; S. 25: Günther F. Hastreiter, Schrobenhausen; S. 26: Archivbild Bibliotheca Casanatense, Rom; S. 31: Archivbild Staatsbibl. München; S. 32: Repro vom Originalblatt (Deutsches Spargelmuseum); S. 34/35: Archivbilder Staatsbibl. München (5); S. 36: Repro vom Originalblatt (Deutsches Spargelmuseum); S. 37: Stadtarchiv Schwetzingen; S. 39: Repro vom Originalblatt (Deutsches Spargelmuseum); S. 40: Stadtarchiv Schwetzingen; S. 41: Stadtarchiv Ulm (oben); Repro von Originalen (Deutsches Spargelmuseum) (4 Repros Mitte); Stadtarchiv Braunschweig (unten); S. 42: Archivbild Bayerisches Hauptstaatsarchiv; S. 43: Repro vom Originalblatt (Deutsches Spargelmuseum); S. 44: Archivbild Forschungsanstalt Ingelheim/Geisenheim; S. 46: Foto-Himpsel, München; S. 47: Archivbild Metropolitan-Museum New York/USA; S. 53/54: Repros von Originalblättern (Deutsches Spargelmuseum); S. 57: Günther F. Hastreiter, Schrobenhausen; S. 59: Repros von Originalblättern (Deutsches Spargelmuseum) (2); S. 61: Archivbild Deutsches Spargelmuseum; S. 62: Günther F. Hastreiter, Schrobenhausen; S. 63: Jochen Littkemann, Berlin; S. 65: Arthotek Hinrichs, Gauting (mit freundl. Genehmigung der Neuen Pinakothek, München); S. 66–75: Werbefotografie Günter Wilsmann, Wiesbaden; S. 76: Archivbild Anita Albus (mit freundl. Genehmigung von Eckart Witzigmann, Restaurant Aubergine, München); S. 78/79: Archivbilder „Haus zur Hanse", Braunschweig; S. 80/81: Werbefotografie Günter Wilsmann, Wiesbaden; S. 82/83: Archivbilder „Zur Schwane", Volkach; S. 84/85: Archivbilder „Kirchmühle", Pfungstadt; S. 86/87: Archivbilder „Hotel Löwe", Schwetzingen; S. 89: Archivbild „Gasthaus Rottner", Nürnberg; S. 90: Günther F. Hastreiter, Schrobenhausen (2); S. 92/93: Günther F. Hastreiter, Schrobenhausen (4); S. 94: Archivbild „Hotel Rad", Tettnang; S. 96/97: Archivbilder „d'Latern", Abensberg; S. 98: delta-press, München; S. 100–105: Archivbilder der abgebildeten Personen; S. 106–113: Günther F. Hastreiter, Schrobenhausen; S. 114–117: Archivbilder der abgebildeten Personen; S. 118/119: Kartengestaltung: Rolf Höfler, Dr. Klaus Englert, Michael Hagemann; S. 120: Günther F. Hastreiter, Schrobenhausen; S. 122: Günther F. Hastreiter, Schrobenhausen; S. 125: Ernst Wintermeir, Mühlried; S. 126: Günther F. Hastreiter, Schrobenhausen; S. 129: Hans Kreipl, Kapstadt/Südafrika; S. 130/131: Gerhard Bernecker, Ingolstadt; S. 134/135: Ernst Wintermeir, Mühlried; S. 136: Stephan Boos, Berg im Gau; S. 139: Sebastian Summerer, Schrobenhausen (2); S. 140: Archivbild Rolf Schadt, Haid am Rain; S. 143: Hans Kreipl, Kapstadt/Südafrika; S. 151/152: Archivbilder Forschungsanstalt Ingelheim (6); S. 154: Archivbild Bremer Landesmuseum (mit freundl. Genehmigung d. Museumsleitung); S. 157: Archivbild Werksmuseum Porzellanmanufaktur Fürstenberg; S. 158: Günther F. Hastreiter, Schrobenhausen (oben); Archivbild Bremer Landesmuseum (unten) (mit freundl. Genehmigung d. Museumsleitung); S. 159: Foto-Orth, Gießen (mit freundl. Genehmigung des Kunsthauses Heylshof, Worms); (unten): Günther F. Hastreiter, Schrobenhausen (mit freundl. Genehmigung des Antiquariats Wölfle, München (auch Abb. S. 158 oben); S. 161: Günther F. Hastreiter, Schrobenhausen; S. 162 (oben) u. 163: Claus Hansmann, Gauting; S. 162 (unten): Günther F. Hastreiter, Schrobenhausen; S. 164/165/167: Günther F. Hastreiter, Schrobenhausen (6); S. 169/170: Archivbilder Deutsches Spargelmuseum; S. 172: Repro vom Originalblatt (Deutsches Spargelmuseum); S. 173: Abdruck mit Genehmigung d. Gemeinde Waidhofen, Bgm. Plöckl; S. 175: Repro vom Original (Deutsches Spargelmuseum) (oben); Archivbild Maria Mottl, Sandizell (unten); S. 177: Günther F. Hastreiter, Schrobenhausen; S. 180: *Luftbild*aufnahme der Stadt Schwetzingen (oben) (freigegeben durch das Regierungspräsidium von Stuttgart, mit Nr. 19321); *Luftbild*aufnahme der Stadt Schrobenhausen (unten) (freigegeben durch die Regierung von Oberbayern; mit Nr. GS 300/38/85); S. 181: Wappen der Städte Schwetzingen (links) und Schrobenhausen, mit Genehmigung der Stadtverwaltungen; S. 182/183/184/185/187/189: Stadtarchiv Schwetzingen; S. 190/191: Kartengestaltung Rolf Höfler, Schrobenhausen; S. 192: Günther F. Hastreiter, Schrobenhausen (freigegeben durch die Regierung von Oberbayern mit Nr.: GS 300/38/85); S. 193: Repro vom Originalblatt (Deutsches Spargelmuseum); S. 194/195: Archivbilder Rolf Schadt, Haid am Rain; S. 197–200: Günther F. Hastreiter, Schrobenhausen; S. 202: Foto-Böhmer, Bremen; S. 203–205: Günther F. Hastreiter, Schrobenhausen; S. 206: Archivbild Universitätsbibliothek Erlangen; S. 207: Archivbild Vatikanische Museen, Rom; S. 208: Günther F. Hastreiter, Schrobenhausen; S. 219: Günther F. Hastreiter, Schrobenhausen; S. 235: Günther F. Hastreiter, Schrobenhausen; S. 236: Archivbilder Hannelore Grimm, Westerham; S. 238/239/240: Günther F. Hastreiter, Schrobenhausen; S. 244: Repro vom Original Karin Welponer (mit freundl. Genehmigung des Playboy-Verlages, München); S. 248: Günther F. Hastreiter, Schrobenhausen; S. 261: Hans Kreipl, Kapstadt/Südafrika; S. 265: Stadtarchiv Schwetzingen; S. 271: Archiv Wolfgang Eberlein, Schrobenhausen; S. 272: Dr. Eckart Keller, Steingriff (oben); Archivbild A. Keller-Schenitza, Zürich (unten); S. 273: Archivbild Prof. Kraemer, Köln (oben); Foto-Kramer, Schrobenhausen (unten); Archivbild Louvre/Paris (Mitte); S. 274: Archivbild Viktor Scheck, Edelshausen (oben); Dr. Klaus Englert (unten); S. 275: Archivbild H. Wachinger (oben) u. Prof. Waldenburg (unten); Archiv dpa-Bonn (Mitte).